"신적 이야기"(신화)는 상징이다. 상징은 지시하는 대상과 의미가 통하는 심상을 써서 생생하게 표현한다. 이스라엘 백성들에게, 그리고 성경을 읽는 이들에게 성전, 특히 예루살렘 성전은 야웨 신앙의 "신적 이야기"를 전해주는 주된 상징이다. 그런 뜻에서 이 책에서 저자는 성전에 대하여 찬찬히, 그리고 깊게 그 상징의 세계를 짚어나간다. 저자는 성전과 관련한 성경의 역사를 되짚는 데서 시작해서, 성전과 관련한 중요한 상징들을 고대 근동의 배경은 물론, 구약성경 전통, 신구약 중간기의 문헌을 거쳐 신약성경에 이르기까지 포괄적인 자료들을 분석하고 설명한다. 따라서 이 책을 읽는 동안 독자들은 성전이 구약성경에서 시작해서, 유대 전통을 거쳐서 신약성경에 이르고 독자에게까지 어떤 의미가 있는지를 통찰할 수 있게 된다. 저자는 이 책의 끝부분에서 신앙의 주된 바탕 가운데 하나를 이루는 성전의 의미가 자칫 오늘날 역사 이해와 충돌해서 그 의미를 상실할 것을 우려하는데("신화를 단번에 역사 안으로 편입함으로써 신화의 힘이 깨졌다", 287쪽), 이 말은 성전은 물론 성경의 상징 체계를 접하는 사람이라면 모두 귀 기울여 들어야 할 말이다. 성전의 신적 이야기를 통해서 성경의 독자들은 그것이 상징하는 하나님의 본성을 감지한다. 그러므로 성전에 관심을 두는 독자들은 누구라도 성전의 상징 체계를 상세히 풀어주는 이 책을 손에 잡고 정독할 필요가 있다고 본다.

김정훈 | 부산장신대학교 교수(구약학)

『하늘의 문』은 매우 독특하고 특별한 책이다. 이 책은 "예루살렘 성전의 역사와 상징"이라는 부제를 달고 있는데, 이 제목만으로도 책의 내용과 저자의 집필 방식이 암시되고 있다. 우선 저자는 유대교 성전을 "하늘의 문"으로 비유했는데, 이를 통해 독자는 성전이 묵시 문학의 배경을 형성하며, 유대교의 메르카바 신비주의와 깊은 관련이 있음을 알 수 있다. 또한, 성전 휘장과 대제사장이 성전 제사에서 경험하는 의식이 마치 하늘의 문을 여는 신비로운 의식처럼 이해된다는 점도 드러낸다. 저자는 성전을 에덴동산의 축소판으로 보고, 창세기의 에덴 이야기에 앞선다고 주장한다.

　이 책은 "야웨의 집", "동산", "휘장", "보좌" 등 성전 연구의 핵심 요소들을 철

KB208364

저하게 다룬다. 저자는 히브리어 성경과 신약성서뿐만 아니라 유대교와 기독교 외경, 사해 두루마리, 고대 근동 문헌, 영지주의 문헌, 후기 랍비 시대의 유대인 저술 등 방대한 자료를 참고하여 성전의 역사와 상징에 대해 깊이 있는 분석을 제공한다.

이 책은 유대교 성전에 관한 전통과 그 발전 과정을 자세히 탐구하며, 기존의 학계 입장에 대해 창의적이고 도발적인 의견을 제시한다. 성전의 신화와 상징을 깊이 파고들며, 기독교의 기원에 대한 이해를 확장할 기회를 제공한다. 성전에 관한 구약성서의 신화적 기반과 기독교 전통 사이의 연결성에 관심이 있는 사람들에게 매우 유익한 책이 될 것이다.

류호준 | 백석대학교 신학대학원 은퇴 교수

성막과 성전은 예루살렘 도시와 (남 왕국 유다와 북 왕국 이스라엘을 모두 아울러) 이스라엘 나라 그리고 그곳에서 살다 간 모든 이들의 삶과 세계, 종교와 역사를 지배하는 중심이었다. 출애굽 이후 광야 여정 중에 야웨 하나님이 언약을 체결하신 이스라엘 진영 한가운데에 그 백성과 함께하기 위한 거처로 만들어진 성막이든, 이스라엘 왕정이 수립되고 솔로몬 통치기에 세워진 예루살렘 왕궁 안에 세워진 성전이든, 그곳은 야웨 하나님의 하늘 보좌가 이 땅에 강림하여 안착하는—즉 하나님 임재의 수직적 차원과 수평적 차원이 하나로 통합되는—우주적 사건이 성취되는 공간이었다. 그래서 바커는—창세기의 창조기사부터 요한계시록 마지막 장의 새 예루살렘이 하늘로부터 내려오는 장면에 이르기까지—구약과 신약을 오가며 야웨 하나님의 임재와 관련된 다양한 기사와 변화무쌍한 상징들(에덴 동산, 생명나무, 언약, 언약궤 등)에 천착하거나 성막이나 성전 내부 부분들과 기구들(휘장, 성소, 성전 뜰 등)의 의미를 설명하는 방식으로 성막과 성전에 대한 성경적이고도 신학적인 담론들을 전개해 나간다. 이런 맥락에서 바커가 성서를 풀어가는 방법론을 상호 본문성(또는 책간 연관성 [intertextuality]) 연구라고 지칭할 수 있다. 여기에 더하여 바커의 저작이 갖는 또 하나의 독특한 특징이 있다. 바커는 본서를 통해 남 유다의 최종 멸망시부터 여러 제국들에 의한 연속된 포로기 그리고 기원후 1세기 헤롯 성전이 붕괴

된 시기까지 포함하는 제2성전기(Second Temple Judaism Period)에 기록된 성전 관련 문헌들과 기타 랍비 및 초기 교회 역사가들과 교부들의 자료들을 대거 활용해 성전의 위치와 모양, 상징과 기능, 신학적 의미를 재구성하는 시도를 한다. 그러기에 바커의 저작은 성막과 성전 관련 본문을 알레고리에 지나치게 의존하여 설교해 온 메마른 해석 전통과 척박한 강단을 촉촉히 적셔 줄 단비와 같은 선물이 아닐 수 없다! 야웨 하나님 그분의 숨결과 입김이 깊고 충만하게 스며든 성막과 성전 본문뿐만 아니라 "구약과 신약으로 이루어진 하나의 성경"(Two Testaments and One Bible)을 절실한 마음과 진지한 자세로 읽고 공부하며 또 설교하고자 하는 주님의 신실한 목회자들과 신학도들에게 바커의 작품을 정독하기를 권하며 기꺼이 추천한다.

주현규 | 백석대학교 신학대학원 교수(구약학)

저자는 "성전 신학" 연구자로 널리 알려진 영국의 여성 구약학자이며, 이 분야와 관련된 여러 권의 주목할 만한 저서를 남기기도 하였다. 저자는 성전 신학이 기독교의 뿌리를 형성하는 데 지대한 영향을 끼쳤다고 주장한다. 저자는 이 책을 통하여, 창조와 갱신의 장소로서의 성전, 매개와 속죄 장소로서의 성전, 하나님의 환상을 체험하고, 과거와 현재와 미래의 모든 것의 정수를 보는 장소로서의 성전에 대한 증거를 자세하게 제시한다. 이를 위해 히브리 성서, 70인역, 사해 두루마리, 신약성서, 유대교 및 기독교의 외경과 위경, 영지주의 텍스트, 초기 기독교 문헌들에 이르기까지 관련 자료를 찾아내서 꼼꼼히 분석한다. 예루살렘 성전에 담긴 깊은 의미가 낱낱이 드러나는 장면을 접할 때마다 구약과 신약에서 간과하거나 놓쳤던 내용들이 아주 새롭게 다가올 것이다.

차준희 | 한세대학교 교수(구약학), 한국구약학연구소 소장, 한국구약학회 회장 역임

이 책은 예루살렘 성전의 역사와 예루살렘 성전의 상징을 다룬다. 저자가 분석한 성전의 의미는 크게 세 가지다. "창조와 갱신"의 장소로서의 성전, "매개와 속죄"의 장소로서의 성전, 그리고 하나님의 환상을 체험하고 과거와 현재와 미래

의 모든 것의 정수를 보는, 즉 "계시"의 장소로서의 성전이다. 이러한 성전의 의미가 야웨의 집, 동산, 휘장, 보좌의 네 가지 주제어를 통해 제시된다. 성전은 고대 이스라엘 신앙의 핵심이었다. 하나님이 거주하시는 집으로서의 성전은 하나님을 예배하고 만나는 곳이었다(왕상 8:13). 이러한 성전의 의미는 예수 그리스도를 통해 체현되고(요 2:21), 하나님의 성령이 내주하시는 그리스도인들에게 적용된다(고전 3:16). 그러나 저자는 이러한 성전의 의미를 고대 이스라엘의 사상적 뿌리를 찾아 근본적으로 이해하게 만든다. 저자가 제시하는 성전의 의미는 "공간과 시간" 모두의 중심이자 핵심 지점이다. 성전은 하늘과 땅의 교차 지점에 있다. 높은 곳에 세워져 있을 뿐 아니라 뜰과 성소와 지성소로 구분되는 성전의 구조는 "높이 올라감"과 "깊이 들어감"이라는 거룩의 두 가지 방향성을 동시에 보여준다. 300제곱미터의 영역을 지닌 성전이 온 세상을 대표하면서 동시에 천상의 세계 그 자체로 이해된다. 성전은 이처럼 이중적이다. 우주의 축소판이면서 동시에 천상의 세계를 보여주는 성전의 의미는 신구약 성경을 관통하는 하나님 나라 신학을 제시한다. 성전에는 처음과 마지막이 동시에 존재한다. 에덴과 새 하늘 새 땅, 창조와 종말이 동시에 계시된다. 저자는 이러한 성전의 의미를 고대 중동의 맥락과 신구약 중간기 문헌을 거쳐 신약성서에 이르는 전통과 성서시대 이후 유대교 문헌에 나타난 성전 이해에 대한 고찰을 통해 탁월하게 분석했다. 이 책은 성전 신학의 깊이와 넓이와 높이를 동시에 경험하게 한다.

하경택 | 장신대학교 교수(구약학)

THE GATE OF HEAVEN

The History and Symbolism of the Temple in Jerusalem

Margaret Barker

THE GATE OF HEAVEN

예루살렘 성전의 역사와 상징

하늘의 문

마가레트 바커 지음 · 노동래 옮김

새물결플러스

사람이 내게 말하기를

"여호와의 집에 올라가자" 할 때에 내가 기뻐하였도다.

예루살렘아, 우리 발이 네 성문 안에 섰도다.

시편 122:1-2

목차

감사의 글 · 13
서론 · 14

1장 야웨의 집 · 19

간략한 역사 · 20 이스라엘의 고대 성전들 · 33 다윗 왕 · 34 바위 · 38
성전 건축 · 42 성전과 성전 뜰 · 45 성전 내부 · 50 성전 뜰의 비품들 · 55
제사들 · 60 유월절 · 68 속죄일 · 72 성전의 음악 · 78 성전의 종말 · 83

2장 동산 · 95

시간과 공간 · 97 큰 바다 · 107 에덴으로서의 성전 · 112 심판의 장소 · 115
에덴에 있는 왕 · 119 생명의 원천 · 123 영원한 언약 · 127 비라는 선물 · 133
낙원의 강들 · 139 생명나무 · 145 송가와 찬가 · 154

3장 휘장 · 167

하늘과 땅 사이 · 169 휘장의 역사 · 170 휘장의 상징 · 173 대제사장 · 179
필론의 로고스 · 184 몇몇 영지주의 텍스트 · 189 초기 기독교 문헌들 · 198
휘장 너머 · 204

4장 보좌 · 213

야웨의 현존 · 215 언약궤 · 222 그룹들 · 227 좌정 · 233 큰 빛 · 237
보좌 환상들 · 241 묵시 문헌들에 등장하는 보좌 환상들 · 247
신비주의자들의 보좌 환상들 · 264 불타는 듯한 천사들 · 272

5장 "하지만 이스라엘에는 신화가 없었다" · 283

참고문헌 · 289
1차 자료 색인 · 295

감사의 글

여느 때와 마찬가지로, 내가 저술할 수 있게 해준 사람들에게 감사합니다. 노팅엄 대학교 도서관의 직원들에게 감사합니다. 그곳에서 나는 이 작업의 많은 부분을 수행했으며 그 친구들이 여러모로 도와주었습니다. 환대해 주고 자신의 책장에 있는 자료들을 빌려준 언스트 밤멜 박사(Ernst Bammel)와 예수회의 로버트 머레이(Robert Murray)에게 감사합니다. 세바스찬 브록(Sebastian Brock) 박사가 자신이 번역한 성 에프렘(Ephrem)의 몇몇 저작을 사용하도록 허락해 준 데 감사합니다. 내게 콥트 교회에 관해 많이 가르쳐 준 조지 베바위(George Bebawi) 박사에게 감사합니다. 그에게 이 책을 헌정하고 싶습니다.

마가레트 바커
1990년 성령강림 주일에 씀

서론

예루살렘에는 1,000년이 넘는 기간 동안 그 도시와 그곳 사람들을 지배했던 야웨의 성전이 있었다. 로마가 기원후 70년에 예루살렘 성전을 파괴한 뒤에도 성전은 유대인의 사고와 문헌에 계속 영향을 주었다. 기독교는 그 성전이 파괴되기 몇 년 전에 탄생했으며, 신약성경의 대부분을 쓴 최초의 유대인 그리스도인들은 성전 전통에 흠뻑 젖어 있었다. 제4복음서, 히브리서, 요한계시록 모두 성전의 세계에 의해 직접 영감을 받았다.

그런데 이 세계의 모습은 어떠했는가? 그 예배 장소에 의미를 부여한 것이 무엇이었든 그 신학, 논리, 신화를 재구성하기는 지극히 어렵다. 다양한 시기에 그것이 어떤 모습이었는지와 그것에 무슨 일이 일어났는지에 관해 현재 상당히 많은 증거가 존재한다. 제사와 의식(ritual), 제사장들의 권리와 의무, 수입, 건축과 재건축 작업 등에 관한 지시들이 남아 있다. 하지만 기독교 이전 유대교의 핵심이었던 이 모든 거대한 예배 체계의 의미에 관한 내용은 거의 존재하지 않는다. 성전의 **의미**에 관해 쓰인 모든 것은 2차 문헌이나 3차 문헌으로부터 도출되어야 하며, 성경과 성경 밖 문헌에서 간접적인 언급이나 기억일 수 있는 것을 골라

내야 한다. 성전에 관해 저술하려고 하는 사람에게는 누구에게나 커다란 문제들이 존재하는데, 나는 그 문제들을 잘 알고 있다. 확실성은 별로 없고 여러 가능성이 존재한다.

나는 우선 성전의 외적인 사항들—구조 자체, 성전의 건축 및 재건축, 성전 비품, 예배가 수행된 방식—을 간략히 설명할 것이다. 이 자료 중 일부는 성전을 다루는 일반적인 문서 모두에서 발견되겠지만 일부는 그렇지 않을 것이다. 나는 성전이 나타내는 신화를 재구축하기 전에 성전을 설명할 필요가 있다고 생각한다. 이 부분은 포괄적이지 않으며 단지 신화들을 실제 건축물들에 연결하는 특성들의 준거 틀로 의도되었다. 성전은 야웨가 나타나신 곳이자 동산 성소였으며, 신적 보좌와 큰 놋 바다와 기초석과 제단들이 있는 곳이었다. 제사는 가장 넓은 개요만 언급되는데, 이는 성전의 중요한 특징인 제사를 빠뜨리는 설명은 왜곡될 것이기 때문이다. 이미 수많은 책에서 제사들의 의미가 해석되었기 때문에 나는 속죄일에 드리는 제사들 외에는 제사들의 의미를 해석하려고 하지 않는다. 서열이 낮은 제사장들에 관한 복잡한 내용들 역시 다른 책들에서 많이 다뤄졌기 때문에 나는 그 내용들도 다루지 않았다.

내 주된 관심은 성전 신화의 덜 알려진 측면들에 놓여 있는데, 나는 주로 역시 덜 알려진 성경 밖 텍스트들로부터 그 측면들을 재구성하여 광범위한 주제들과 이미지들이 어느 정도로 성전에 공통의 뿌리를 두고 있는지 보여줄 것이다. 첫째, 창조와 갱신의 장소로서의 성전에 대한 증거가 제시될 것이다. 이 주제들은 에덴동산에 초점을 맞추는데, 성전은 그곳을 나타내도록 건축되었다. 둘째, 매개와 속죄 장소로서의 성전에 대한 증거가 제시될 것이다. 이는 물질세계와 영적 세계 사이의 경계를 상징한 성전의 휘장과 관련이 있는 주제들이다. 셋째, 혹자가 휘장을 넘어 하나님의 환상을 체험하고 과거와 현재와 미래의 모든 것의 정수를 보는 장소로서의 성전에 대한 증거가 제시될 것이다. 이것들은 요한계시록을 통해 잘 알려진 신적 보좌의 환상들이었다. 각각의 경우에 나는 이런 아이디어들이 어떻게 처음에 초기 그리스도인들의 사고 안으로 들어왔으며 이후에는 잘 알려진 많은 찬송의 이미지 안으로 들어왔는지를 보여주는 한두 가지 예를 제시할 것이다. 성전 신화의 가장 이례적인 측면들 가운데 하나는, 그것이 기원으로부터 멀리 떨어져 있음에도 매우 친숙하다는 것이다.

이런 작은 책은 종합적일 수 없다. 사실 성전에 관해 상세하게 연구하려면 두꺼운 책 여러 권이 필요하겠지만, 그것은 내가 이 책을 저술하면서 염두에 둔 목적이 아니다. 나는 이 책이 기독교의 많은 이미지를 드러냄으로써 중요한 주제에 대한 개론 역할을 할 수 있기를 바랄 뿐이다. 나는 성전을 다루는 고대 텍스트들을 통해 연구했으며, 몇몇 텍스트는 사본을 구하기 어려운 경우가 있기 때문에 모든 구절의 전문을 인용했다.

내 관심은 성전에 대한 유대교와 기독교의 설명에 놓여 있기 때문에 사용된 텍스트들의 대다수는 유대교나 기독교에 기원을 두고 있다. 고대의 성전을 고대 근동 전체의 맥락 안에 두려고 시도하는 성전 연구의 한 측면이 있지만, 이는 매우 사변적인 작업이며 이질적인 아이디어들이 성전 연구에 측면에서 빛을 비춰주는 흥미로운 설명으로 여겨지기보다 성전 연구의 **토대**로 사용될 수도 있다. 나는 유대교 또는 기독교의 텍스트라고 알려진 것 위에 이질적인 아이디어들을 부과하는 이 위험을 피하려고 노력했다.

　모든 성경 인용은 성전 용어를 많이 보존한 번역본인 미국 개정 표준 번역(RSV)에서 따왔다(번역서에서는 달리 언급하지 않는 한 개역개정을 사용했음—역자주). 많은 현대 성경 번역본의 문제들 가운데 하나는 이런 용어들이 현대화되었거나 간소화를 위해 빠지기도 했다는 것이다. 따라서 많은 경우에 성전의 배경이 모호해지며, 독자들은 원래의 신학적 맥락으로부터 단절된다. 그런 경우 의미가 명확해지기는커녕 상실되었다.

1장

야웨의 집

간략한 역사

예루살렘에는 야웨의 성전 세 개가 있었다. 최초의 성전은 기원전 10세기 중반에 솔로몬에 의해 건축되어(왕상 5-8장; 대하 3-4장) 기원전 585년에 바빌로니아인들에 의해 파괴되었다(왕하 25:8-17). 두 번째 성전은 유배된 사람들이 바빌로니아에서 돌아와 지었으며(스 3:8-13) 기원전 515년에 봉헌되었다(스 6:16-18). "세 번째" 성전은 기원전 20년에 헤롯 대왕에 의해 확장되고 대규모로 재건축된 성전이었다. 성전은 경건함의 증거이자 정치적 지위에 대한 진술이었기 때문에 성전은 그것의 오랜 역사 동안 폭력과 갈등의 현장이었다. 국가의 신과 왕의 권능은 그 신의 제의의 화려함과 백성의 성공에 반영되었다. 반대로 한 백성의 패배는 그 신이 치욕을 당했으며 그의 성소가 더럽혀졌다는 표지였다.

제1성전은 솔로몬에 의해 건축된 왕궁 복합체의 일부였으며, 4세기 동안 예루살렘에 있는 왕들이 그 성전의 제의에서 핵심적인 역할을 했다. 성경의 역사서들 가운데 하나는 왕들의 사악함이 성전이 몰락한 이유로서 비난받았다고 전한다(왕하 24:3-4). 왕들에 대한 이러한 포괄적인 판단이 제1성전에 대해 남아 있는 증거의 대부분을 채색했는데, 고대 성전의 일부는 신학적으로 중립적이었기 때문에 이것이 거의 확실히 성전 종교뿐만 아니라 성전 건물 자체와 그 안의 기물에 대한 묘사까지 왜곡했다. 모든 것—건물, 기구, 예전, 제사, 의복, 달력—이 통합되었지만, 그것이 무엇을 나타냈는지에 관해 우리는 추측할 수 있을 뿐이다.

유다의 두 왕이 성전을 개혁하고 정화했지만, 각각의 경우 그들의 동기는 정치적이었다. 히스기야(기원전 715-687년)는 "여호와께서 보시기에 정직하게 행하여"이교도 예배의 표지들—산당들과 기둥들과 여신의 상징인 아세라—을 제거했다. 그는 또한 "놋 뱀을 이스라엘 자손이 이때까지 향하여 분향하므로" 그것을 부쉈다(왕하 18:4). 놋 뱀이 성전에 있었는지에 관한 언급은 없지만 대체로 그렇게 가정된다. 그의 개혁이 단순히 경건의 행위였던 것은 아니었다. 그렇게 묘사되기는 했지만 말이다. 그것은 왕이 아시리아로부터 독립을 주장하는 방식이었다(왕하 18:7). 고대 세계에서 이방 종교에서 사용되는 물체들을 두는 것은 대군주(overlord)를 인정하는 방법이었으며, 성전의 정화는 반역의 행동이었다. (성전의 영광과 순결성을 강조하기 위해 의심할 여지 없이 과장되기는 했지만, 개혁에 관한 훨씬 길고 정교한 설명이 대하 29-30장에서 발견된다.) 이 개혁은 야웨가 자신의 성을 방어하시리라고 약속한 이사야의 시대에 일어났다. "대저 내가 나를 위하며 내 종 다윗을 위하여 이 성을 보호하며 구원하리라"(사 37:35; 참조. 사 10:13-19; 14:24-27). 아시리아 왕 산헤립이 유다를 침공하여 반역한 왕국을 초토화하기 시작했다. 히스기야의 결심이 흔들렸으며, 성전 금고로부터 막대한 금과 은이 지급되었고 심지어 성전 문들에서 금이 벗겨지기까지 했다. 아시리아 군대가 예루살렘 성벽까지 도달했는데 "여호와의 사자가 나와서 앗수르 진영에서 군사 십팔만 오천 명을" 죽였다(왕하 19:35). 적은 본국으로 돌아갔고, 예루살렘 주민들은 성전의 존재가 그들을 구했으며 앞으로도 계속 그러리라고 믿고 만족했다. 예레미야 7장은 성전에 대한 이러한 과신에 대한 훗날의 반응이다. 그 예언자는 성전과 그 종교의 존재가 야웨에 대한 참된 헌신의 대체물이 아니라고 말했다.

다른 개혁자는 암살당한 부친을 계승했으며 조부 므낫세의 국제적인 번영을 물려받은 요시야(기원전 640-609년)였다. 므낫세는 55년의 재위 기간(기원전 687-642년)에 자신의 왕국에서 이교도적이라고 여겨진 많은 일을 허용했다(왕하 21:1-9). 그의 손자는 고대 율법책(신명기의 일부일 수도 있다. 왕하 22:8-13)의 재발견에 영향을 받아 그 율법의 요구사항들을 시행하기 시작했다. 그의 가장 광범위한 개혁은 신명기 12:5-7에 따라 예루살렘 밖의 모든 제사 장소를 폐지한 것이었다. 종교가 중앙집중화되었으며, 따라서 통제하기가 좀 더 쉬워졌다. 이 조치는 틀림없이 예루살렘 성전의 힘과 영향을 키웠을 테지만 시골 산당들에 있던 제사장들을 화나게 했다. 제사장들과 성전 인력을 포함하여 외국 신 예배와 관련된 모든 것이 폐해졌다(왕하 23장). 태양에 봉헌된 말들과 지붕에 세운 제단들이 성전 자체에서 제거되었으며, 그 과정은 "사사가 이스라엘을 다스리던 시대부터" 이렇게 지킨 일이 없던 큰 유월절 축제에서 절정에 달했다(왕하 23:22). 그렇게 충성스러운 야웨의 종이 번영해야 했지만, 요시야는 므깃도에서 이집트 왕 바로 느고와 싸우다 전사했다(왕하 23:29). 요시야의 운명은 많은 성찰을 자극했다. 왜 그렇게 위대하고 열정적인 성전 개혁가가 외국인의 손에 쓰러졌는가?

신명기의 가르침을 매우 엄격한 방식으로 선전한 현자들은 이스라엘의 종교가 과거에 어떠했으며 앞으로 어떠해야 하는지에 관해 매우 명확한 견해를 갖고 있었다. 그들의 계승자들인 소위 신명기 사가들이 이스라엘의 많은 신화와 그것들과 관련된 제왕 이데올로기를 억압했을 가능성이 있다. 그들은 왕정과 성전에 관해 남아 있는 두 개의 설명 가운데 하나(사무엘상하와 열왕기상하, 즉 **신명기 역사**)를 썼기 때문에, 우리는 이런 텍스트들을 읽을 때 개혁에 대한 그들의 열정을 염두에 두어야 한다. 그들은 왕들에게 아부하지 않았으며, 성전의 특정한 측면에 관해 기록하지 않았다. (우리는 뒤에서 이 점을 살펴볼 것이다.) 그들의 관점은 실제로 일어난 일에 대한 **바로 그** 관점으로 받아들여졌으며, 그들이 기록하지 않기로 한 것은 존재하지 않았던 것으로 생각되었다. 그러나 솔로몬 성전과 그것의 종교에 관해 상당히 다른 견해를 제시하는 다른 자료들이 있으며, 우리가 고대 왕들을 소환해 내려면 이 자료들을 살펴봐야 한다. 예언서들과 시편은 한때는 단순한 이미지 이상이었을 수도 있는 다채로운 이미지들로 가득하다. 후대의 많은 텍스트가 사실은 과거의 실제 관습들에 대한 기억임에도 순수한 옛 종교를 토대로 성장한 기이한 산물로 생각되었다. 기독교 신앙의 많은 "혁신"은 실제로는 고대의 관습들이 예수의 생애와 죽음에 비춰 새로운 의미를 띤 것이다. 신명기 사가들은 열렬한 일신론들자이었는데, 그 점이 우리로 하여금 구약성경의 모든 책이 엄격하게 일신론적인 종교를 묘사한다고 믿게 했다. 그들은 또한 하나님은 보이시지 않고 들리시기만 한다고 말했다. 그러나 그것과 다르게 말하는 고대의 전통들이 있었다. 우리가 앞으로 살펴보겠지만, **인간의 형태를 지닐 수 있는 버금 신의 존재**에 대한 믿음이 있었으며, 이것이 기독교의 토대가 되었다.

예배의 순수성은 야웨에 의해 약속된 땅에서 번영과 장수로 보상받는다는 것이 신명기 사가들의 가르침에 근본적이었다(신 8장). 기원전 597년에 예루살렘이 바빌로니아인들에게 공격당하고 패배했을 때 그 질문들이 한층 더 절박해졌다. 그 성과 성전의 파괴는 므낫세의 죄악들 때문에 야웨에게서 온 처벌이라고 판단되었는데(왕하 24:3-4), 그의 사악함이 너무 커서 요시야의 선한 행위들도 그 죄악을 제거할 수 없었다. 바빌로니아 군대는 기원전 586년에 다시 쳐들어왔다. 성전이 파괴되었으며 성전의 모든 보물은 노략물로서 바빌로니아로 옮겨졌다. 백성 중 많은 사람이 유배되었다.

기원전 538년에 고레스가 유배된 유대인들이 바빌로니아로부터 귀환하고, 느부갓네살이 바빌로니아로 가져다 그곳의 신전에 둔 성전 그릇들도 가져가도록 허용하라는 명령을 내렸다(스 1:7-11). 귀환한 유대인들의 첫 번째 반응은 번제 단을 다시 세우고 가을 절기인 초막절을 지키는 것이었다(스 3:2-6). 그들은 이듬해에 성전 재건축을 시작했지만, 현지의 반대로 좌절되었다(스 4:1-5). 궁극적으로 그들이 건축할 권리가 확인되었으며, 왕은 재건축 비용을 왕실의 수입으로 충당하라고 명령했다(스 6:1-12). 그 성전은 최종적으로 기원전 515년에 완공되었다(스 6:16-18). 구약성경에 귀환한 제사장, 레위인, 성전에서 섬긴 사람들의 명단(스 2:36-54)과 제사를 위해 드린 물품의 기록(스 7:11-20; 느 10:32-39)은 있지만, 이 성전에 대한 묘사는 남아 있지 않다. 그 성전의 외관에 대한 기록은 기원전 2세기 초에야 비로소 나타난다. 이집트에서 팔레스타인을 방문한 아리스테아스는 성전의 경이로움에 대한 여행자의 기록을 남겼다.

> 유대인들의 땅에 도착했을 때 우리는 유데아의 중앙에 위치한, 상당히 높은 산꼭대기에 있는 성을 보았다. 산 정상에 매우 아름다운 성전이 세워져 있었다. 그것은 높이 70규빗(약 32미터)이 넘는 벽 세 개로 둘러싸여 있었다.…성전은 동쪽을 향했으며 성전 뒤쪽은 서쪽을 향했다. 바닥 전체가 돌로 포장되어 있으며 정해진 장소까지 경사져 있어서, 제물들에서 나온 피를 물로 씻어낼 수 있게 되어 있다. 이는 절기에는 그곳에서 짐승 수천 마리가 제물로 드려지기 때문이다. 성전 구역 안에서 풍부한 샘물이 솟아 나오기 때문에 물이 무진장으로 공급된다. 더욱이 그들이 내게 보여준 바와 같이, 성전 부지로부터 사방으로 약 5펄롱(약 1킬로미터) 거리에 놀랍고 형언할 수 없는 지하 수조들이 있었으며, 각각의 수조에는 무수한 관들이 설치되어 서로 다른 물줄기들이 합쳐지게 되어 있었다.…그들은 나를 성 밖으로 4펄롱 이상 인도하더니 내게 특정한 지점을 내려다보고, 물들이 합쳐지면서 내는 소리를 들어보라고 요청했다. 그래서 이미 지적된 바와 같이 나는 저수지의 규모가 크다는 것을 명백하게 알 수 있었다(Letter of Aristeas 83, 88-91).

그 성전은 이 직후에 시리아인들에게 약탈당했다. 안티오코스 에피파네스 왕의 대리자 헬리오도로스가 보물을 취하러 파견되었는데, 그는 성전 금고에 들어가려고 할 때 천상의 말을 탄 기사에게 맞아 쓰러졌다. "휘황찬란하게 성장(盛粧)한 말이 보기에도 무시무시한 기사를 태우고 그들 눈앞에 나타났던 것이다. 그 말은 맹렬하게 돌진하여 앞발을 쳐들고 헬리오도로스에게 달려들었다"(마카베오하 3.25). 불운한 그 대신은 운이 좋게도 생명을 부지하고 돌아갔으며, 성전 금고는 한동안 안전했다. 그 후 기원전 169년에 왕 자신이 성전에 와서 성소에 들어갔으며, 성전의 모든 보물을 가져갔다. 그는 성전 정면의 금을 벗겨 가기까지 했다(마카베오상 1.20-24). 2년 뒤 그는 성전을 더럽히고 그것을 올림피아의 제우스 신전으로 봉헌하도록 명령했다(마카베오하 6.1-6). 성소에서 드리는 제물이 그쳤으며, 성전 뜰의 번제 제단 위에 이교도의 제단이 세워졌다(마카베오상 1.54). 기원전 164년에 유다 마카비가 성전을 탈환했으며 그것이 다시 봉헌되었다(마카베오상 4.36-59).

폼페이우스가 기원전 63년에 예루살렘을 포위했으며, 3개월 후 속죄일에 성전을 점령했다. 제사장들은 로마인들이 밀려들어 왔을 때에도 계속 의식을 진행했다.

> 성이 심원한 평화로 감싸이기라도 한 것처럼 매일 드리는 제사와 속죄와 모든 예배 의식이 꼼꼼하게 거행되어 하나님께 영광을 돌렸다. 성전이 점령되고 그들이 제단 주위에서 학살되고 있는 가운데서도 그들은 결코 매일의 종교의식을 중단하지 않았다(요세푸스, 『유대 전쟁 I사』, I.148).

그 후 승리자들은 지성소에 들어갔다. "그리고 이전에는 누구도 들어가거나 보지 않았던 성소에 대해 저질러진 죄가 가볍지 않았다. 폼페이우스와 적지 않은 그의 부하들이 그 안에 들어가 대제사장들 외에는 볼 수 없는 것을 보았기 때문이다(요세푸스, 『유대 고대사』, XIV.71-72). 폼페이우스는 성전에서 아무것도 취하지 않았으며, 다음날 성전이 정화될 것과 제사 의식이 회복될 것을 명령했다. 헤롯 대왕이 기원전 20년에 성전의 확대와 재건축을 시작했다. 요세푸스는 그것을 다음과 같이 묘사했다.

그는 돌들을 운반할 마차 천 대를 준비했으며, 가장 솜씨가 좋은 인부 만 명을 선발했다. 그는 제사장 천 명분의 제사장 의복을 구입했으며, 일부는 석공으로 훈련시키고 다른 일부는 목수로 훈련시켰다. 그는 이 모든 준비를 한 뒤에야 건축을 시작했다. 그는 이전의 기초들을 제거하고 다른 기초를 놓았으며 그 위에 길이 100규빗(약 45미터)…그리고 높이 20규빗(약 9미터) 이상의 성전을 세웠다(시간이 지나면서 지반이 가라앉음에 따라 건물의 높이가 낮아졌다).…성전은 단단한 흰 돌들로 지어졌는데, 돌 각각은 길이 약 25규빗(약 11.2미터), 높이 8규빗(3.6미터), 넓이 12규빗(5.4미터)이었다.

…그는 상인방들의 높이가 성전 자체의 높이와 같은 출입문들을, 자색이 들어간 여러 색상의 휘장들과 무늬들이 새겨진 기둥들로 꾸몄다. 이것들 위에 있는 처마 밑에는 황금으로 만든 포도나무 가지가 펼쳐져 있었고 그 가지로부터 놀라운 크기와 예술성을 지닌 포도송이들이 매달려 있었다. 그래서 그것을 보는 사람들은 모두 건축에 매우 비싼 재료들이 사용되었음을 알 수 있었다. 그리고 그는 성전을 매우 넓은 회랑들로 둘렀는데 모든 회랑을 성전과 비례하도록 만들었으며, 그의 전임자들보다 돈을 많이 써서 그 외에는 성전을 그렇게 화려하게 장식한 사람이 없다고 생각되었다.

성전 자체는 제사장들에 의해 1년 6개월 만에 지어졌으며, 모든 백성이 기쁨으로 가득 차 하나님께 감사를 드렸다.…그리고 성전을 건축하는 동안 낮에는 비가 오지 않고 밤에만 와서 작업이 중단되지 않았다고 전해진다 (『유대 고대사』, XV. 390-91; 394-96; 421; 425).

성전에 대한 이런 묘사들 외에, 출애굽기에 광야의 성막을 묘사하는 두 단락이 있다(25-31장과 36-40장). 이 정교한 장막은 이스라엘인들이 광야에서 방랑할 때 사용한 성소였다. 비품들은 일반적으로 운반할 수 있도록 적응된 성전 비품들의 축소판이었으며, 따라서 그것들에 대한 묘사는 성전 비품들에 대한 묘사를 보완하는 데 사용될 수 있다.

마지막으로 사해 두루마리 중 가장 길고 논란이 되는 「성전 두루마리」가 있다. 이 텍스트는 모세의 여섯 번째 책이 되도록 쓰였으며, 신명기에 대한 논리적 속편을 형성하고 이스라엘이 약속된 땅에 도달하면 성전이 어떻게 건축되어야 할지를 묘사한다.

이렇게 많은 정보에도 불구하고 이 건물들이 정확히 어떤 모습이었는지, 그리고 좀 더 중요한 사항으로서, 그것들 안에서 정확히 무슨 일이 일어났는지를 알기는 어렵다. 이는 그 묘사들 가운데 어느 것도 완전히 객관적인 설명은 아니기 때문이다. 성전은 시작부터 논쟁거리였다. 예언자 나단은 성전을 지니는 것에 관해 미심쩍어했다(삼하 7장). 제3이사야서는 성전의 가치에 의문을 제기했다(사 66:1). 「에녹1서」의 저자는 제2성전의 숭배는 불결하다고 생각했다. "그리고 그들은 다시 전처럼 건축하기 시작했다.…그리고 그들은 탑 앞의 상에 빵을 놓기 시작했지만, 상 위의 모든 빵은 오염되었으며 깨끗하지 않았다"(「에녹1서」

89.73). 귀환한 유배자들은 또한 "배교 세대"라고 불렸다(「에녹1서」 90.9). 남아 있는 대다수 묘사가 저자가 관여했던 논쟁들을 반영한다는 사실이 별로 놀랄 일이 아니다. 따라서 열왕기상에 기록된 솔로몬 성전에 대한 설명은 자세하기는 하지만 흥미롭게도 몇 가지 사항에 대해 침묵하고 있어서 우리로 하여금 저자가 뭔가를 말하지 않고 남겨두었다고 생각하게 만든다. 역대하에 기록된 설명은 열왕기상에 기록되지 않은 상당한 세부 내용을 포함한다. 에스겔서에 기록된 설명은 회복된 성전 환상의 형태로서 "에스겔이 자기가 알고 있는 뭔가를 묘사하고 있는가, 아니면 그가 미래에 대해 상상하는 뭔가를 묘사하고 있는가?"라는 질문을 제기한다. 그것은 실제 성전이었는가, 아니면 이상적인 성전이었는가? 출애굽기에 기록된 광야 성막에 대한 묘사들은 명백히 예루살렘 성전이 이전의 광야 사당을 본떠 지어졌음을 보여주지만, 일반적으로 광야 성막은 훗날의 성막을 이상화하여 과거에 투영한 것으로서 아마도 성전을 이스라엘의 가장 오래된 과거에 뿌리를 두게 함으로써 그것을 정당화하기 위해 고안되었으리라는 데 의견이 일치하고 있다. 이 점은 성전의 형태를 정당화할 필요가 있었음을 암시한다. 우리가 출애굽기에 기록된 자료의 연대를 추정할 수 있다면 그 "성막"이 어느 성전을 묘사하고 있는지 알 수 있을 것이다. 그것이 제1성전이었다면, 그 기록은 열왕기상에 기록된 설명을 보충하는 귀중한 추가 정보로서 이 설명에 관한 몇 가지 질문을 형성하는 데 도움이 될 수 있다. 그것이 제2성전이었다고 하더라도 똑같이 흥미로운 몇 가지 질문이 떠오른다. 알려진 다른 어떤 성전과도 다른 성전을 지으라고 지시하는 「성전 두루마리」는 기존 성전은 부정확하게 지어졌기 때문에 신성한 역할을 수행할

수 없음을 암시한다.

계속되는 논쟁은 성전이 중요했음을 암시한다. 그런 논쟁의 세부 사항은 논쟁에 관여한 사람들에게 성전이 무엇을 의미했는지를 보여준다. 따라서 우리는 성전의 실제 형태가 매우 중요했음을 알 수 있다. 건물과 장식물의 각각의 측면이 의미가 있었다. 에스겔의 환상(겔 40-48장)과 「성전 두루마리」는 건물들에 대한 상세한 사양을 제공한다. 제사장의 순결성이 매우 중요했다. 스가랴는 회복된 성전에서 대제사장이 그의 새로운 의무들을 이행하도록 야웨가 그를 정화하시는 환상을 보았다(슥 3:1-10). 제사장의 가계가 순수하게 유지되도록 보장하기 위해 족보들이 기록되었다(느 12:1-26). 태만한 제사장들은 정죄되었다(말 2:1-9). 새로운 그리스 방식을 용납한 사람들은 저주를 받았다. "…이렇게 불경건한 사이비 대사제 야손의 극심한 모독적인 행위로 그리스화 운동은 극도에 달하였고 이국의 풍습이 물밀듯 쏟아져 들어왔다"(마카베오하 4.13). 사해 두루마리들에 등장하는 악인은 "교만해졌으며 하나님을 버렸고 부자들을 위해 계명을 배반했으며…모든 부정한 오염의 한가운데서 가증하게 산" "사악한 제사장", "거짓말을 내뿜는 자"였다(*Commentary on Habakkuk*, QpHab VIII). 큰 절기의 날들을 결정한 달력이 중요했다. 올바르지 않은 날에 지킨 절기는 적절하지 않았고 의식은 효과가 없었다. 「에녹서」의 상당한 부분이 천사 우리엘이 예언자에게 하늘의 참된 질서를 보여준 것을 묘사한다. 새 달력을 도입한 사람들은 창조세계에 나타난 신적 질서에 반하게 행동했다. 계절들이 길을 잃고 작물들이 자라지 않을 것이다. "그리고 죄인들의 시대에는 해들(years)이 짧아지고 달들이 자기의 순서를 바꾸고 자기의 시간에 나타나지 않을 것이다"(「에녹1서」80.2, 4). 기원전 2세기에 창세기를 다시 쓴 책인 「희년서」는 이스라엘이 큰 죄를 범할 때를 경고했다. "그리고 그들이 길을 잃고 새로운 달들과 안식일들과 절기들과 희년들과 의식들로 나아갈 것이다"(「희년서」1.14).

쿰란에서 나온 「다메섹 규칙」도 올바른 달력의 필요성을 강조했다. "그러나 그분은 하나님의 명령들을 굳게 지킨 남은 자들과 더불어 이스라엘과의 영원한 언약을 맺으셨으며, 그들에게 모든 이스라엘이 그릇된 길로 갔던 감추인 것들을 보여주셨다. 그분은 그들에게 자신의 거룩한 안식일들과 영광스러운 절기들 및 자신의 의로움의 증거들과 진리의 길들을 펼쳐 보이셨다"(CD III). 이 모든 논쟁의 세부 내용들은 상실되었다. 우리는 건축물의 의미, 달력의 위치, 제사장들의 역할에 관해 추측할 수 있을 뿐이다.

성전은 여러 세기 동안 강한 감정을 일으켰다. 예루살렘 성전은 기원전 6세기에 회복된 때부터 요한계시록의 시대까지 당시의 제사장직을 문제 삼을 이유가 있는 사람들에게 창녀라 불렸다. 제3이사야서는 토착 야웨 예배자들 가운데 일부가 기술적으로 부정해졌다는 이유로 그들을 배제하면서도 페르시아의 돈을 받아들일 수 있다고 생각한 사람들을 정죄했다. "네가 높고 높은 산 위에 네 침상을 베풀었고 네가 또 거기에 올라가서 제사를 드렸으며…네가 나를 떠나 벗고 올라가서 네 침상을 넓히고"(사 57:7-8).

마찬가지로 초기 그리스도인들은 성전이 시장 바닥이 되었으며, 거기서 로마의 꼭두각시가 된 제사장들이 예수를 십자가에 처형하고 그를 따르는 많은 사람을 죽게 했다는 것을 알고 있었다. "이리로 오라.

많은 물 위에 앉은 큰 음녀가 받을 심판을 네게 보이리라.…성도들의 피와 예수의 증인들의 피에 취한지라"(계 17:1, 6).

그런 독설에도 불구하고 성전은 성전에 대해 가장 비판적인 태도를 보이는 사람들에게서조차 그들의 희망에 매우 중요했다. 성전의 이 힘은 틀림없이 성전이 그런 신랄한 논쟁의 대상이 되기 전 시기인 성전의 가장 먼 과거에 뿌리를 두었을 것이다. 예루살렘에 있는 실제 성전이 아니라, 이스라엘의 유산에 핵심적이었던 성전에 대한 이상적인 기억이 이런 논쟁에 참여한 모든 당사자의 정신과 마음을 사로잡았다. 그것은 지금은 상실된, 고대 의식의 핵심에 놓여 있던 이 이상과 이 비전이었다. 어떻게 그런 일이 일어날 수 있었는지는 그것 자체로 중요한 질문이다. 예언서들과 시편의 여러 곳에 성전의 그림자들이 드리워져 있는데, 우리는 이런 문서들로부터 성전의 의식들을 고무한 믿음들과 성전이 나타낸 하늘의 세계를 추측해야 한다. 환상가들과 후대의 신비주의자들의 글들도 이 고대 성전의 세계를 배경으로 한다. 이 세계를 재구성하려면 우리는 성전을 묘사하는 그런 저작들 외의 문서들도 살펴봐야 한다. 우리는 성전을 배경으로 하는 문서들, 즉 솔로몬의 성전 벽에 새겨진 황금 그룹이 하늘 성소의 살아 있는 생물들이 되고 금으로 도금한 올리브나무 그룹들이 하나님의 마차 보좌가 되는 문서들도 살펴봐야 한다.

이스라엘의 고대 성전들

솔로몬의 성전이 이스라엘의 최초의 성전이나 예루살렘에 있던 최초의 성전은 아니었다. 사사기와 사무엘서에 기록된 이야기들에는 좀 더 오래된 성전들에 관한 언급이 많이 등장한다. 성전(신전)이라는 이름으로 언급되는 것들도 있고, 그곳에서 일어난 사건들이 "야웨 앞에서" 일어났기 때문에 존재했다고 가정되는 것들도 있다. 어린 사무엘이 양육되었던 실로의 성전이 가장 잘 알려져 있다. 엘리가 그곳의 제사장이었으며, 엘가나와 그의 가족은 그들의 연례 제사를 드리러 해마다 그 성전으로 올라갔다(삼상 1:21). 그 성전에 하나님의 등불과 언약궤가 있었다(삼상 3:3). 가장 이른 시기부터 그 성전은 야웨가 나타나셨던 장소였다(삼상 3:21). 다른 이야기들은 실로에 회막(수 18:1; 19:51)과 제단(수 22:29)이 있었음을 기억한다. 언약궤는 블레셋 사람들에게 빼앗겼으며(삼상 4:17-22) 결코 실로로 돌아오지 않았다(시 78:60-61). 단과 벧엘에도 성전들이 있었다. 여로보암이 금송아지들을 만들어 그곳들에 두었다(왕상 12:28-29). 벧엘은 왕의 성소였지만(암 7:13) 길갈 및 브엘세바와 더불어 부패한 예배의 장소라고 정죄되었다(암 3:3; 4:4). 사울은 "길갈로 가서 여호와 앞에서" 왕으로 추대되었으며(삼상 11:15), 아말렉 왕 아각은 "길갈에서 여호와 앞에서…찍어 쪼개졌다"(삼상 15:33). 호세아는 그 장소를 정죄했다(호 4:15; 9:15; 12:11). 사무엘은 미스바에서 왕의 권리와 의무에 관한 책을 써서 그것을 "여호와 앞에" 두었다(삼상 10:17, 25). 놉에 성전이 있었는데 그곳의 제사장이 다윗에게 임재의 떡(진설병)을 먹으라고 주었다(삼상 21:6). 골리앗의 칼이 "에봇 뒤에" 보관되어 있었다(삼상 21:9).

이런 초기 이야기들에서 우리는 훗날 예루살렘 성전에서 나타나는 몇 가지 특징을 얼핏 볼 수 있다. 즉 언약궤, 하나님의 등불, 진설병, 제단과 에봇이 있었다. 우상들도 있었다. 단과 벧엘에 금 송아지들이 세워졌으며(왕상 12:28), 단에 있는 신당에는 에봇과 드라빔과 부어 만든 신상과 더불어 정착자들이 가져간 새긴 신상이 있었다(삿 18:14). 우리는 그런 우상들에 대해 너무 놀라지 않아야 한다. 예루살렘 성전에 그룹들이 있었으며 그곳의 성전 뜰에 놋 황소들이 있었다. 우상들을 금지한 것은 틀림없이 성전들을 건축한 후에 등장했을 것이다. 우상들을 금지한 사람들은 야웨가 보이실 수 있다는 것도 부인했다. 그들에게 있어 성전은 기도하는 장소였고 환상을 보는 장소는 아니었다.

다윗 왕

다윗이 예루살렘을 정복했을 때 그는 자체의 기성 종교와 신전을 지니고 있었을 여부스족의 도시를 점령했다. 비록 아브라함 이야기들에 등장하는 신비한 멜기세덱이라는 인물(창 14:18-20)은 예루살렘에 있던 가나안의 최고 신 엘 엘리온 숭배의 기억이라고 널리 생각되지만, 이에 관해서는 아무것도 확실하게 알려지지 않았다. 구약성경은 다른 모든 가나안 신은 매도하는 반면에 엘 엘리온은 결코 정죄하지 않는데, 이는 그 최고신이 모종의 형태로 그의 고대 도시의 새로운 종교에서 자리를 유지했음을 암시한다.

예루살렘의 수도 지위를 확립하기 위해 언약궤가 예루살렘으로 옮겨졌다(삼하 6장). 다윗은 많은 백성과 함께 행진해 나갔으며, 그 신성한 물건은 사람들이 노래를 부르고 춤을 추는 가운데 예루살렘으로 옮겨졌다. 언약궤가 예루살렘을 향해 갈 때 이상한 일이 일어났다. 언약궤가 수레에서 떨어지려고 한다고 생각해서 그것을 만진 웃사가 죽임을 당했다. 행렬은 포기되었다. 3개월 후 다윗은 언약궤를 예루살렘으로 가져오기 위해 두 번째 시도를 했다. 그는 언약궤를 가져오는 도중에 언약궤가 몇 미터 나아갈 때마다 제사를 드렸으며, 궁극적으로 언약궤는 큰 잔치 가운데서 예루살렘에서 그것을 위해 준비된 장막에 두어졌다. 더 많은 제사가 드려졌으며, 모든 백성이 즐거워했다. 그리고 이곳에서 솔로몬의 성전 이야기가 시작된다.

다윗은 장막이 그런 거룩한 물건을 두기에 적절한 장소가 아님을 인식했다. 특히 자신은 "백향목 궁"에서 살고 있는 마당에 말이다(삼하 7:2). 그는 언약궤를 위해 좀 더 영구적인 집을 짓기를 원했지만 예언자 나단의 반대에 부딪혔다. 예언자들은 항상 이스라엘에 왕을 둔다는 생각에 반대해 왔다. 왕들은 자신들의 권력에 대한 위협이었다. 사무엘은 백성에게 왕들에 관해 경고했으며(삼상 8:10-22), 마지못해 사울에게 기름을 부었다. 사무엘은 자신의 리더 지위를 유지하기를 원했으며, 머지않아 그와 왕 사이에 마찰이 일어났다. 사무엘이 어떤 의식을 집전하러 오는 데 7일이 늦어지자, 사울이 자기가 직접 제사를 드리기로 하고 그 예언자의 특권들 가운데 하나를 탈취했다. 사무엘은 사울에게 그런 불순종으로 인해 그가 왕국을 잃을 것이라고 경고했다(삼상 13:14). 사울이 사무엘에게 두 번째로 불순종하고 아말렉 왕 아각을 포함하여 아멜

렉과의 전쟁에서 얻은 모든 노획물을 제물로 바치기를 거절했을 때 사무엘은 사울에게서 그의 왕국을 빼앗았다. "여호와께서 오늘 이스라엘 나라를 왕에게서 떼어 왕보다 나은 왕의 이웃에게 주셨나이다"(삼상 15:28). 그는 이어서 아마도 다윗이 예언자들과 그들의 기성 권력에 저항하지 않는 통치자가 되기를 바라면서 기름을 부었다. 문제들은 명확했다. 야웨가 이스라엘의 참된 왕이셨으며(삼상 8:1-7) 예언자들은 그의 대변인들이었고 제사처럼 종교와 관련된 사안들은 누구에게도 양도되지 않아야 했다. 몇 년 뒤 바로 그 다윗이 성전 건축을 계획하고 있었다. 예언자 나단은 이것을 종교 문제에서 왕의 권력을 주장하는 첫 단계로 보았을 것이고 따라서 그것에 저항했다. 성전들은 이전에도 있었다. 그러나 왕의 성전은 없었다. 나단은 성전이 건축될 수 없다고 말하지 않았다. 그는 다윗에게 시기가 적절하지 않다고 말했다. 그의 아들이 언약궤를 위한 집을 지을 터였다. 다윗은 자신이 피를 흘린 사람으로서 거룩한 장소를 짓기에 적합하지 않다는 말을 들었다(대상 28:3).

그러나 제안된 성전의 계획이 다윗에게 "계시되었다." 그는 만들어져야 할 모든 것의 사양을 자기 아들 솔로몬에게 물려 주었으며, 역대기 편찬자는 "여호와의 손이 임하여 이 모든 일의 설계를 그려 알려 주셨음"을 명확히 한다(대상 28:19). 이 하늘의 계획이 어떻게 계시되었는지는 알려지지 않았지만, 광야 성막의 계획에 관해 유사한 전통이 존재했다. 모세는 산 위에서 자기에게 계시된 계획에 따라 성막을 만들어야 했다(출 25:40). 호기심을 끄는 이 두 조각의 정보는 성전 이해에 있어 매우 중요하다. 첫째, 성막과 성전은 모든 세부 사항에서 인식 면에서 관련이 있었다. 둘 다 야웨에 의해 계시되었으며, 둘 다 하늘의 계획에 따라 세워졌다. 기원후 1세기에 쓰인 것으로 보이는 「솔로몬의 지혜」는 왕이 다음과 같이 말했다고 전한다. "주께서 주의 거룩한 산에 성전을 짓고 주께서 거하시는 도시에 제단을 지으라고 명령하셨나이다. 이는 주께서 태초부터 준비하신 거룩한 장막의 모형이니이다"(「솔로몬의 지혜」 9.8). 둘째, 지상의 성소는, 장막이든 성소든, 하늘의 양상을 반영한다고 생각되었다. 후대의 전통은 이것이 지상의 성소가 천상의 실재의 모형임을 의미한다고 이해했다. 히브리서가 그 점에 관해 언급한다. "그들이 섬기는 것은 하늘에 있는 것의 모형과 그림자라. 모세가 장막을 지으려 할 때에 지시하심을 얻음과 같으니 이르시되 '삼가 모든 것을 산에서 네게 보이던 본을 따라 지으라' 하셨느니라"(히 8:5). 구조만 상응한 것이 아니었다. 성전 종교를 이해하기 위한 열쇠들 가운데 하나는 의식들과 인력들도 천상의 실재에 대한 가시적인 현현이라고 생각되었음을 깨닫는 것이다. 제사장들은 천사들이었으며 대제사장은 하나님의 대리인이었다. 셋째, 고고학자들이 성전의 양식과 관행들을 주변 민족들의 그것들과 얼마나 밀접하게 관련시키는지와 무관하게, 이스라엘 자신은 성전이 그것의 모든 세부 사항에서 시내산에서 계명들과 더불어 계시된 신적 계획의 일부임을 기억했다. 이 점이 이후에 왜 모든 것이 규정된 대로 정확하게 지어져야 한다고 강조되었는지를 설명한다.

성전은 야웨가 다윗에게 나타나신 장소에 지어졌다. 야웨의 나타나심은 모든 성소의 전제조건이었다. 창세기는 그런 이야기들로 가득하다. 야웨가 족장들 가운데 한 명에게 나타나시면 그곳은 거룩한 장소가 되었다. 따라서 아브라함은 야웨가 자기에게 나타나신 곳인 모레 상수리나무 곁에 제단을 쌓았으며(창 12:6-7), 이삭은 브엘세바에 제단을 쌓았고(창 26:24-25), 야곱은 벧엘에 기둥을 세웠다(창 28:18). 다윗은 자기가 야웨께 불순종하고 자기 백성의 인구조사를 수행했기 때문에 예루살렘을 멸망시키려고 위협하는 야웨의 천사를 보았다. 그 처벌은 수천 명을 죽인 전염병이었으며, 수도 자체를 위협하고 있었다. 다윗은 멸하는 야웨의 천사가 그 도시를 향해 칼을 펼치고 있는 환상을 보았다. 그 천사는 여부스 사람 오르난의 타작마당 곁에 서 있었다(대상 21:15). 그 이야기의 사무엘하 24:16에 기록된 판본은 오르난을 여부스 사람 아라우나라고 부른다. 다윗과 그의 장로들은 굵은 베옷을 입고 회개했으며, 전염병이 비켜 갔고, 그 천사는 다윗에게 그 타작마당에 제단을 쌓으라고 말했다. 다윗은 "이는 여호와 하나님의 성전이요, 이는 이스라엘의 번제단이라"라고 말했다(대상 22:1). 그 장소는 그렇게 선택되었다. 하지만 그 상황들을 잘 주목하라. 야웨가 위협적인 심판으로 나타나셨으며, 그 심판은 비켜 갔다. 야웨와 그의 심판은 장래의 성전 종교의 현저한 특징이 될 터였다.

바위

타작마당에 있던 그 큰 바위는 성전의 중요한 부분이 되었다. 오늘날 그것은 바위의 돔(Dome of the Rock)이라는 표시가 되어 있다. 그 바위 아래 동굴이 있었으며, 그곳에는 그 북쪽으로 흐르는 옛 수로가 있었다는 증거가 있다. 그 바위가 성전 뜰에 있는 번제단이 되었는지 아니면 지성소로 통합되었는지에 관해 의견이 나뉜다. 그것이 역대상에 기록된 이야기가 암시하듯이 번제단의 토대가 되었다면 그것은 성전 자체의 동쪽에 있었을 것이고, 그 점이 문제가 되었을 것이다. 성전 언덕은 그 신성한 바위의 서쪽 내리막 방향으로 가파르게 경사가 져 있어서 성전의 나머지에 대해 인위적인 단(platform)을 설치해야 했을 것이다. 하지만 그것은 제물들의 피와 물을 씻어내린 수로를 설명할 것이다. 많은 학자가 이제 다른 가능성을 선택하며 그 큰 바위가 성전 서쪽 끝에 있는 지성소의 토대가 되었다고 생각하는데, 이는 특히 건물의 그 부분의 바닥이 다른 곳보다 상당히 높았던 것처럼 보이기 때문이다. 기원후 333년에 예루살렘을 방문한 어떤 그리스도인 순례자가 성전 터에서 유대인들이 성물로 존경하는 돌 하나를 보았다. "하드리아누스의 상 두 개가 그곳에 있었고 거기서 멀지 않은 곳에 구멍이 뚫린 돌 하나가 있었다. 유대인들이 그곳에 와서 애도하며 자기의 옷을 찢고 떠났다"(*The Pilgrim of Bordeaux in J. Wilkinson, Egeria's Travels*).

후대의 십자군들은 예루살렘에 있는 성물들에 관해 덜 조심스러웠다. 그들은 그 바위에서 돌들을 잘라내 유럽에 있는 자기 집으로 가져갔다.

그 신성한 바위에 관한 사실들은 덜 명확할지라도 그것의 의미는 그렇지 않다. 후대의 전통은 그것을 **에벤 쉬티야**(*'eben sh'tiyyah*), 즉 기초돌이라고 불렀다. 성소의 토대로 기억된 그것은 성전에 언약궤와 그룹들과 보좌가 더 이상 없었던 제2성전기 시대에 대제사장이 속죄일에 그 위에 피를 뿌린 바위였다. 그 위에 제단이 있던 바위로 기억된 그것은 그곳으로부터 땅의 모든 물이 통제되어야 할 장소였다. 그들은 지하수들이 모두 그 성전 아래로 모였으며, 비옥함을 확보할 수 있을 만큼

충분하되, 홍수로 세상을 압도하지는 않을 만큼의 물이 방출될 필요가 있다고 믿었다. 이 지하수들을 통제하는 데 다윗 왕이 현저한 역할을 했다. 바빌로니아 탈무드는 그런 전설 중 하나를 기록한다.

> 랍비 요하난은 다음과 같이 말했다. "다윗이 구덩이를 팠을 때…심연이 올라와 세상을 물속에 잠그려고 위협했다. 다윗은 '그 이름을 사금파리 위에 새겨 심연에 던져서 그것의 물결을 가라앉게 하도록 허용되었는지 아는 사람이 있는가?'라고 물었다.… 아히도벨이 '그것은 허용되었나이다'라고 말했다. 다윗이 그 이름을 사금파리 위에 새겨서 심연 속으로 던지자 16,000규빗(약 7.2킬로미터)을 가라앉았다. 물결이 그렇게 멀리 가라앉은 것을 본 다윗은 '그것이 땅에 가까이 있을수록 땅에 물이 더 잘 대어질 수 있다'라고 말하고 오름의 노래(Songs of Ascents) 열다섯 곡을 불렀다. 그러자 심연이 15,000규빗(약 6.7킬로미터) 올라와 천 규빗(약 450미터)에 머물렀다(b. *Sukkah* 53b).

이런 이야기들이 기록되어 있는 탈무드들은 기원후 3세기의 랍비들에 의해 쓰였다고 여겨지지만, 그것들은 그보다 훨씬 오래되었다. 이렇게 성전을 물과 혼돈의 세력들에 대한 통제와 관련시키는 것은 매우 이른 시기로 거슬러 올라간다. 어느 시편 저자는 "여호와께서 홍수 때에[위에] 좌정하셨음이여, 여호와께서 영원하도록 왕으로 좌정하시도다"라고 썼다(시 29:10). 이렇게 해서 그 바위는 창조의 시작, 즉 그것으로부터 땅이 형성된 고정된 지점이 되었다. (이런 이야기들 몇 가지가 b. *Yoma* 54a에서 언급된다.) 노아의 홍수의 물은 이 지점으로부터 솟아났다. 그것은 이스라엘의 역사에서 위대한 많은 사건이 일어난 장소가 되었다. 그것의 돌에서 긁어내진 먼지로 아담이 창조되었다. 아담과 가인과 아벨은 그곳에서 그들의 제사를 드렸다. 아브라함과 멜기세덱이 그곳에서 만났다. 아브라함이 이삭을 제물로 드리기 위해 그곳에 왔다. 야곱은 그곳에서 잠을 자다가 하늘에 닿은 사다리를 보았다. 성전이 중요한 지점에 세워졌다. 그것은 계속 위협하는 혼돈에 맞서는 요새였다. 우리가 앞으로 살펴보겠지만, 악과 무질서는 지하의 큰 깊음의 물들로 대표되었는데, 창조세계가 확립되고 하나님의 백성이 안전하게 살기 위해서는 먼저 이 물들이 퇴치되어야 했다. 성전이 이 물들의 세력을 봉쇄했으며 그것들의 분출을 막았다.

구약성경에는 때때로 창세기에 기록된 것보다 오래된 창조 이야기에 대한 암시가 등장한다. 야웨가 바다 괴물로 묘사되었고 모든 악과 혼돈의 세력을 대표하는 원시의 깊음을 물리치시고 땅의 기초를 세우셨다.

> 주께서 바다의 파도를 다스리시며
>> 그 파도가 일어날 때에 잔잔하게 하시나이다.
> 주께서 라합을 죽임 당한 자 같이 깨뜨리시고
>> 주의 원수를 주의 능력의 팔로 흩으셨나이다.
> 하늘이 주의 것이요 땅도 주의 것이라.
>> 세계와 그중에 충만한 것을 주께서 건설하셨나이다(시 89:9-11).

왕은 야웨의 대리인이자 그의 "아들"로서 계속 이 세력들을 억제하고 따라서 그의 백성에게 안전을 제공했다.

> 내가 또 그의 손을 바다 위에 놓으며
>> 오른손을 강들 위에 놓으리니
> 그가 내게 부르기를 "주는 나의 아버지시요
>> 나의 하나님이시요 나의 구원의 바위시라" 하리로다.
> 내가 또 그를 장자로 삼고
>> 세상 왕들에게 지존자가 되게 하며(시 89:25-27).

아마도 그것들을 통해 창조세계가 유지되고 갱신된 의식들이 있었을 것이다. 이 영역에서도 확실하게 말할 수 있는 증거가 충분치 않지만, 이것들이 신년 축제의 요소 중 하나였을 수 있다. 구약성경에는 우리가 아무리 재능을 발휘해도 여전히 모호한 구절들이 매우 많다. 그런 구절들 가운데 일부는 이런 옛 방식들의 유물이나 그것들에 대한 언급을 포함할지도 모른다. 건초 더미에서 바늘 하나를 찾기란 어려운 일인데, 실제로 바늘을 본 적이 없다면 그것은 훨씬 더 어렵다!

성전 건축

성전 건축은 비용이 많이 드는 큰 사업이었다. 역대기 편찬자는 다윗이 재료들 중 일부를 제공했다고 말한다. 그는 은과 금, 놋, 마노, 귀금속들과 대리석을 모았다. 백성의 지도자들도 기부하도록 초대되었다(대상

29:2-9). 열왕기상의 저자는 솔로몬이 두로 왕 히람으로부터 백향목과 잣나무 목재를 샀다는 것과 이 재료들은 엄청난 양의 밀과 기름을 주고 샀다는 것만 말한다(왕상 5:10-11, 참조. 대하 2:15). 히람의 종들이 나무들을 베어서 그것들을 떼로 엮어 욥바 해안으로 보냈으며, 솔로몬의 신복들이 그 목재들을 예루살렘으로 옮겼다(대하 2:16). 산지에는 "돌 뜨는 사람 8만 명"이 있었는데(왕상 5:15), 그들은 "다듬은 돌로 성전의 기초를 놓기 위해 크고 귀한 돌을 떴다"(왕상 5:17). 건축을 위한 모든 돌은 채석장에서 준비되고 다듬어졌다. 그래서 신성한 부지에서는 돌을 자르는 일이나 기타 준비 작업이 수행되지 않았다(왕상 6:7). 총감독으로 활동한 장인(匠人)은 히람으로부터 두로에서 파견된 후람-아비였는데, 그는 "금, 은, 동, 철과 돌과 나무와 자색 청색 홍색 실과 가는 베로 일을 잘했다"(대하 2:13). 성전에서 쓸 놋그릇들은 요단강 옆 숙곳과 사르단 사이의 진흙 바닥에서 주조되었다(왕상 7:46). 솔로몬은 함대를 건조해서 홍해를 항해하여 오빌에서 금을 가져오게 했다. 이 영역에서도 그는 자기의 페니키아 친구들의 전문성에 의존했다. "히람이 자기 종, 곧 바다에 익숙한 사공들을 솔로몬의 종과 함께 그 배로 보내매"라고 기록되었듯이 말이다(왕상 9:27).

우리가 성전 건축에 관한 이 두 설명을 비교해 보면 저자의 특별한 관심이 드러나기 시작한다. 열왕기상의 저자는 왕정을 좋아하지 않았으며, 성전을 위해 지급해야 했던 막대한 비용의 모든 세부 사항을 기록한다. 그 작업은 강제 노동을 통해 이뤄졌다. 이스라엘 사람 3만 명이 나무를 베러 한 달에 만 명씩 교대로 레바논에 파견되었으며, 그 외에 8만 명이 채석장에서 일했다. 그렇게 20년이 걸린 건축 작업이 끝난 뒤 솔로몬은 두로에서 사온 목재와 금의 값으로 히람에게 갈릴리에 있는 성읍 스무 개를 줌으로써 자신의 빚을 갚았다(왕상 9:10-11). 솔로몬 사후에 백성들은 그런 가혹한 부역과 징세에 반기를 들었으며, 그의 아들 르호보암에게 부담을 가볍게 해달라고 요청했다. 르호보암이 그들의 요청을 들어주려고 하지 않자 북쪽 지파 사람들은 그를 왕으로 인정하기를 거부했고 왕국은 둘로 나뉘었다. 북왕국의 새 통치자는 이집트 망명에서 갓 돌아온 여로보암이었다. 그는 강제 노역 집단들 중 하나의 지도자였는데 솔로몬에 대항하는 그의 조치에 대해 예언자 아히야로부터 지지를 받았었다. 예언자들의 권력이 다시 드러났으며, 아히야가 이전에 성전이 있던 장소인 실로 출신이었던 것은 우연이 아니었다!(왕상 11:26-12:20).

역대기 편찬자는 다른 그림을 그린다. 그는 건축 작업이 외국인들에 의해 이뤄졌다고 말하며(대하 2:17-18; 8:7-10), 대금으로 양도된 성읍들도 언급하지 않는다. 우리가 그들의 기사들의 나머지 부분들을 읽을 때 이런 경향들을 명심해야 한다. 역대기 편찬자는 성전을 뭔가 영광스러운 것으로 보았다. 그는 성전의 아름다움과 성전 음악의 세부 사항들에 관해 길게 언급한다. 신명기 사가들의 개혁적인 이상에 영향을 받은 열왕기 저자는 그것을 다르게 보았다. 우리가 그 저자가 성전과 그 예배의 일부 측면들을 기록하지 않았다고 믿을 좋은 이유가 있다. 그것은 효과적인 검열의 한 형태인데, 바로 그 점 때문에 재구성이 매우 어려워진다.

성전과 성전 뜰

성전은 넓이 20규빗(약 9미터), 길이 70규빗(약 32미터) 크기의 직사각형이었다. 그것은 세 부분으로 나뉘었다. 현관 또는 주랑(**올람**, *ulam*)은 길이가 10규빗(약 4.5미터)이었고, 성소 또는 궁(**헤칼**, *hekal*)은 길이가 40규빗(약 18미터)이었으며, 마지막으로 지성소(**데비르**, *debir*)는 길이가 20규빗이었다. 성소와 지성소는 높이가 30규빗(약 13미터)에 달하는 "집"을 이루었지만(왕상 6:2), 지성소는 높이가 20규빗인 완벽한 정육면체였다(왕상 6:20). 이는 문제를 제기한다. 그 집의 끝 쪽이 낮았는가, 아니면 지성소가 성소의 바닥보다 높여졌는가? 후자의 가능성이 좀 더 커 보인다. 특히 지성소가 큰 바위 위에 지어졌다면 말이다. 그리스어판 구약성경은 그 집의 높이가 25규빗(약 11.2미터)이었다고 말하는데, 이는 지성소의 바닥이 성전의 다른 부분보다 5규빗(약 2.3미터) 만큼 높여졌음을 의미할 것이다. 집의 세 면에는 3층짜리 창고 방들이 있었는데 각각의 방의 높이는 5규빗이었다(왕상 6:5, 8-10). 이렇게 세 부분으로 나누는 것은 고대 근동에 있는 신전들의 보편적인 양상이었으며, 몇몇 사례가 발견되었다.

뜰의 벽들은 다듬은 돌들과 목재로 지어졌으며(왕상 7:12), 성전 자체도 같은 방식으로 지어졌을 가능성이 있다. 당시의 다른 신전들은 다듬은 돌들로 기초를 쌓은 뒤 그 위에 목재와 벽돌 구조물을 세웠다. 제2성전의 벽들도 같은 방법으로 건축되었으며(스 6:4), 돌 세 켜에 목재 한 켜가 있었다.

"집"은 뜰(안뜰, 왕상 6:36)로 둘러싸였으며, 그 너머로는 성전과 왕궁 모두를 감싼 큰 뜰이 있었다. 이 뜰들은 차츰 변경되고 확장되었다. 여호사밧의 통치 기간(기원전 873-849년)에는 새 뜰이 있었으며(대하 20:5), 므낫세의 통치 기간(기원전 687-642년)에는 야웨의 집에 뜰 두 개가 있었다(왕하 21:5). 한 세대 뒤 예레미야의 서기관 바룩이 "여호와의 성전 위 뜰 곧 여호와의 성전에 있는 새 문 어귀 곁에 있는" 그마랴의 방에서 그 예언자의 말을 읽었다(렘 36:10). 이 뜰들은 혹자가 성소로 접근함에 따라 신성함이 커짐을 나타냈다. 성전은 언덕 위에 건축되었기 때문에 좀 더 신성한 영역들은 덜 신성한 영역들 위로 높여졌으며, 성전 자체는 꼭대기에 있었다. 바빌로니아인들이 예루살렘을 파괴하기 전에 에스겔이 알았던 기억일 수도 있고 그렇지 않을 수도 있는 그의 성전 환상에서는 길이와 넓이가 각각 500규빗(약 225미터)인 바깥뜰이 있어서 거룩한 것과 평범한 것을 구별했으며(겔 42:15-20), 이 안의 성전 바로 동쪽에 길이와 넓이가 각각 100규빗(약 45미터)인 안뜰이 있었다(겔 40:47). 번제단은 이 안뜰에 있었다. 제사장들만 이 영역에 들어가도록 허용되었다. "군주"는 동쪽 문으로부터 제사 지내는 것을 지켜봐야 했으며, 평민들도 마찬가지였다(겔 46:1-3). 기원전 2세기 중반에 대제사장 알키모스가 이 안뜰의 벽을 헐라고 명령했으며, 그는 벌을 받아 끔찍하게 죽었다(마카베오상 9.54-56). 에스겔의 환상에 등장하는 성전의 바깥뜰 벽 주위에 방 서른 개가 있었고(겔 40:17), 네 구석에 작은 뜰들이 있었다(겔 46:21-24). 이 뜰들은 평민들이 먹도록 허용된 제물을 요리하고 먹는 구역이었다. 제사장들은 서쪽 끝 안뜰에 비슷한 방들을 가지고 있었다(겔 42:13-14). 그들의 욕실들과 화장실들은 지하에 있었으며 불을 피워 따뜻하게 했다.

…그는 밖으로 나가 성전 건물 아래로 이어지는 통로로 가곤 했는데 그곳에는 여기저기에 등불들이 타고 있었다.…불이 있었고 변소가 있었는데, 그것이 잠겨 있으면 그는 누가 안에 있다는 것을 알았다. 그것이 열려 있으면 그는 안에 아무도 없다는 것을 알았다. 그는 아래로 내려가 일을 보고 씻은 후 올라와 불 옆에서 몸을 말리고 따뜻하게 했다(Mishnah, *Tamid* 1.1).

그러고 나서 그는 해가 질 때까지 부정하게 여겨졌기 때문에 성전을 떠나야 했다. 희생제물을 잡는 특별한 구역들도 있었다(겔 40:38-43). 에스겔은 바깥뜰 북문 옆의 상, 석판, 세척 장비들과 그릇들도 묘사한다.

헤롯 성전의 바깥뜰은 가로 세로가 각각 약 40미터였으며 유대인과 이방인 모두에게 개방되었다. 북서쪽 구석에 수비대를 둔 안토니아 요새가 있었다. 바울이 체포되었을 때처럼 성전에 문제가 발생하면 군인들이 신속하게 그곳에 내려갈 수 있었다(행 21:31-34).

이곳을 가로질러 성전의 두 번째 뜰로 나아가면 그것은 높이는 3규빗(약 1.3미터)이고 절묘하게 세공된 돌난간으로 둘러싸여 있었다. 이 안에 규칙적인 간격을 두고 어떤 것은 그리스어로, 어떤 것은 라틴어로 정결례가 기록된 석판이 있었다. 이는 외국인은 성소에 들어가도록 허용되지 않음을 알리기 위한 것이었는데, 그래서 성전의 두 번째 담이 그렇게 불렸다(요세푸스, 『유대 전쟁사』 V. 193-94).

이 석판들 가운데 하나가 발견되었다. 그것에는 그리스어로 다음과 같은 내용이 쓰여 있다. "외국인은 아무도 성소 주위의 난간과 담 안으로 들어갈 수 없다. 그 안에서 잡히는 사람은 죽임을 당할 터인데 그것은 자업자득일 것이다." 바울은 그리스인을 이 신성한 구역으로 들여왔다는 고소를 당했으며, 그것이 그가 체포된 이유였다(행 21:28). 이에 뒤이어 일어난 거의 폭동에 가까운 소요에 관한 사도행전 21:27-40의 생생한 묘사는 이 법이 로마인들에 의해서조차 매우 엄격하게 집행되었음을 보여준다. 거룩한 구역 안에는 먼저 여인들의 뜰이 있었는데, 이곳은 여성은 여기까지만 들어올 수 있도록 허용되었기 때문에 그렇게 불렸다. 그 안으로는 이스라엘의 뜰과 제사장들의 뜰이라는 두 뜰이 있었는데 그것들은 사실상 하나였다. 이스라엘의 뜰은 제사장들의 뜰로 가는 입구에 있는 좁은 구역이었다. 제사장들의 뜰은 낮은 난간과 두 계단에 의해 이스라엘의 뜰로부터 분리되었다. 이 위에 성전과 번제단이 있었다.

이상적인 성전의 패턴을 보여주는 「성전 두루마리」에는 또 다른 뜰 시스템이 있다. 바깥뜰은 가로와 세로가 1,600규빗(약 720미터!)이었으며, 기능상으로는 여인들의 뜰에 상응했다. 이상적인 성전에는 이방인을 위한 자리가 없었다. 외벽의 각각의 측면에 문 세 개가 있었으며, 각각의 문에는 열두 지파 중 하나의 이름이 있었다. 이스라엘의 가장 오래된 달력 시스템도 이 성전 문들, 특히 하지 때와 동지 때의 해 뜨는 위치에 해당한 동쪽 벽에 있는 문들에 기초했을 가능성이 있다. 에티오피아어로 기록된 「에녹서」에 그런 고대 달력 중 하나가 손상된 형태로 남아 있는데, 그곳에서는 천사 하나가 달력 문들 각각을 지키고 있으며 그 천사들은 하지 때와 동지 때 및 춘분과 추분에 시기가 바뀌는 것을 주관했다. 그러므로 그런 배치가 요한에게 알려졌다는 것이 흥미롭다. 그가 "네모가 반듯하여 길이와 넓이가 같은" 하늘의 도성의 환상을 보았을 때(계 21:16), 그는 "크고 높은 성곽이 있고 열두 문이 있는데 문에 열두 천사가 있고 그 문들 위에 이름을 썼으니 이스라엘 자손 열두 지파의 이름들"인 것을 보았다(계 21:12). 큰 뜰 안에 가로세로 480규빗(약 215미터) 크기의 중앙 뜰이 있었는데, 그곳에는 의식상으로 정결한 남성이 들어갈 수 있었고, 이 안에 가장 신성한 공간인 제사장들의 뜰이 있었는데 이곳의 크기는 가로세로 280규빗(약 125미터)이었다. 따라서 이상적인 성전과 실제 성전 모두에서 안으로 갈수록 거룩해지는, 동심원적인 거룩한 공간이라는 양상이 있었으며, 성전 부지가 언덕이었기 때문에 좀 더 거룩한 장소일수록 좀 더 높은 곳에 위치했다. 미쉬나는 이 점을 이스라엘 땅 전체로 확대한다.

거룩함의 열 등급이 있다. 이스라엘 땅은 다른 어떤 땅보다 거룩하다.… [이스라엘 땅의] 벽이 있는 성읍들은 나병환자들을 그들 가운데서 내보내야 한다는 의미에서 더 거룩하다. 그리고 그들은 시체를 그 안에서 자기들이 원하는 어느 곳으로나 옮길 수 있지만 일단 시체가 [그 성에서] 나가면 그것을 다시 들여올 수 없다. 예루살렘의 벽 안은 더 거룩하다. 그들은 그곳에서[만] 덜 거룩한 것들과 두 번째 십일조를 먹을 수 있기 때문이다. 성전 산은 더 거룩하다. 유출증이 있는 남성이나 여성, 월경하는 여성, 출산 직후의 여성은 그 안에 들어갈 수 없기 때문이다. 성전 외벽은 더 거룩하다. 이방인들 및 시체와 접촉한 사람은 아무도 그 안으로 들어갈 수 없기 때문이다. 여인의 뜰은 더 거룩하다. [부정 때문에] 몸을 씻은 날에는 아무도 그 안으로 들어갈 수 없기 때문이다. 그러나 그 일로는 아무도 속죄 제물을 바칠 필요가 없다. 이스라엘의 뜰은 더 거룩하다. 속죄가 끝나지 않은 사람은 그 안에 들어갈 수 없으며, 그 사람은 속죄 제물을 드려야 하기 때문이다. 제사장들의 뜰은 더 거룩하다. 이스라엘 사람들은 안수하고 도살하여 흔들 때를 제외하고 그 안으로 들어갈 수 없기 때문이다. 현관과 제단 사이는 더 거룩하다. 흠이 있거나 머리털이 풀어진 사람은 그 안으로 들어갈 수 없기 때문이다. 성소는 더 거룩하다. 손과 발을 씻지 않고서는 아무도 그 안으로 들어갈 수 없기 때문이다. 지성소는 더 거룩하다. 속죄일의 [성전] 예배 때 대제사장을 제외하고 아무도 그 안에 들어갈 수 없기 때문이다(Mishnah, *Kelim* 1.6-9).

부정하게 만드는 것에 대한 이 목록이 나병환자들, 피가 흐르는 여인, 죽은 것처럼 보이는 사람을 만지지 않고 그 사람을 사마리아인에게 맡겨둔 제사장과 레위인 등 복음서에 기록된 많은 사건을 설명한다.

성전 내부

광야 성막에 대한 묘사들에서도 동심원적인 거룩함의 영역들이 발견된다. 좀 더 거룩한 영역일수록 그것을 구성한 휘장이 좀 더 정교했으며 그곳의 내부 시설들이 좀 더 비쌌다. 바깥 장막은 염소 털로 만들어졌으며 놋 갈고리들이 있었다(출 26:7, 11). 다음에는 성막 문을 가리는 휘장이 있었는데, 그것은 여러 색의 털실(wool)과 베실(linen)로 **로켐**

(*roqem*) 작업을 해서 만들었다. **로켐**은 "다채로운"을 의미하는데 아마
도 실로 짜거나 수를 놓았을 것이다. 그다음에는 성막의 휘장이 있었
는데, 그것은 베실과 털실로 **호세브**(*hoseb*) 작업을 해서 만들어졌다. **호
세브**는 "교묘한"을 의미하며, 휘장들이 그룹들을 묘사했기 때문에(출
26:1) 무늬를 넣어 짜거나 수를 넣은 직물의 좀 더 정교한 형태를 나타
낸다고 생각된다. 마지막으로, 그리고 가장 거룩한 물건으로서 언약궤
앞에 늘어뜨려졌으며 "성소를 지성소로부터" 분리한 휘장이 있었다(출
26:31-33). 이 휘장 역시 털실과 베실로 **호세브** 작업을 통해 만들어졌으
며 그룹들을 묘사했다. 털실과 베실 휘장들에는 놋 갈고리들이 아니라
금 갈고리들이 있었다(출 26:6). 털실과 베실은 중요한 배합이었다. 그것
은 거룩한 직물이었으며, 일반적인 용도로 사용되는 것이 금지되었다
(레 19:19; 신 22:11). 마찬가지로 "혼합된" 곡식은 "거룩하게" 되어 성소
에 몰수될 수 있었다(신 22:9).

솔로몬 성전에 있던 **헤칼**(*hekal*)의 내부는 백향목으로 만들어졌으
며, 바닥은 잣나무로 만들어졌다(왕상 6:15). **데비르**(*debir*)의 벽들은 금
으로 입혀졌다(왕상 6:20). 내부와 외부의 방들의 모든 벽은 "새겨진 그
룹들과 종려나무와 핀 꽃 형상"으로 장식되었다(왕상 6:29). 이것들은 성
막 휘장들의 그룹들에 상응했지만, 성막에는 나무들과 꽃들, 즉 에덴동
산의 모티프들이 없었다. 안쪽 성소의 문들은 올리브나무로 만들어졌
으며, 그것들에도 그룹들과 종려나무들과 꽃들이 새겨졌고, 모두 금으
로 도금되었다. 역대기 편찬자의 설명은 몇몇 세부 사항에서 열왕기 저
자의 설명과 다르다. 그는 **헤칼**이 잣나무로 안이 대어졌으며 모두 금과
보석으로 싸였다고 말한다. 벽들에는 그룹들이 있었다(대하 3:5-7). 에

스겔이 본 세부 사항은 또 다르다. 그는 벽 주위에 그룹과 종려나무 형상이 번갈아 새겨진 것을 묘사한다. 그룹에는 얼굴 두 개가 있었는데 하나는 사람의 얼굴이었고 다른 하나는 사자의 얼굴이었다(겔 41:18-19). 성전의 내부는 하나님의 산 위에 있는 하늘 동산, 즉 원래의 에덴동산을 나타내는 동산이었다. 에스겔은 두로에 관한 그의 신탁에서 그것을 묘사했다(겔 28장). 보석이 박힌 나무들은 성전의 나무들이었으며 거만한 군주에 대한 심판은 틀림없이 성전 의식들에 그 짝이 있었을 것이다.

안쪽 성소에 올리브나무로 깎고 금을 입힌 두 그룹이 있었다. 고대 근동의 다른 곳에서 알려진 그룹은 날개 달린 동물의 몸에 인간의 머리가 있는 괴물 같은 형상이었다. **데비르**의 그룹들은 높이가 10규빗(약 4.5미터)이었으며 날개를 편 길이도 10규빗이었다. 그것들은 날개 끝을 대고 서 있었으며, 따라서 **데비르**의 넓이와 똑같았다(왕상 6:23-28). 성전이 봉헌될 때 언약궤가 **데비르** 안으로 옮겨져 그룹들의 날개 아래 안치되었다(왕상 8:6). 열왕기상의 저자는 그것만 말한다. 그는 몇 가지 중요한 세부 사항을 생략했는데, 우리는 그 이유를 궁금해한다. 예를 들어 역대기 편찬자는 다윗이 솔로몬에게 "날개를 편 그룹들의 금**마차**"의 설계도를 말했다고 말한다(대상 28:18). 즉 그룹들은 그 시기의 몇몇 가나안의 조각물들에 묘사된 마차 보좌를 형성했다. 이것은 히스기야가 말한 야웨의 보좌였다. "그룹 사이에 계신 이스라엘 하나님 만군의 여호와여"(사 37:16). 열왕기상은 이 마차 보좌에 관해 아무 말도 하지 않는다. 우리는 그 이유를 궁금해한다. 그것은 틀림없이 그 종교의 일부로서 야웨의 현존의 자리였을 것이다. 우리가 뒤에서 살펴보겠지만 후대의 텍스트들은 천상의 세계의 중심에 있는 이 보좌를 생생하게 묘사한다. 열왕기상에 기록된 설명은 또한 큰 휘장에 대한 언급도 빠뜨린다. 역대기 편찬자는 **데비르** 앞에 "청색 자색 홍색 실과 고운 베로 휘장 문을 짓고 그 위에 그룹의 형상을 수 놓았다"고 말한다(대하 3:14). 후대의 저자들은 그것이 물질세계를 나타냈으며, 따라서 예배자와 하나님의 현존 사이에 있었다고 말했다. 보좌와 휘장 모두 왕실 종교의 중요한 측면들을 표현한 것으로 보이지만, 구약성경의 지배적인 가닥은 둘 다 생략한다. 이 침묵에 대한 가능한 설명 중 하나는 열왕기상에 의해 대표된 전통인 신명기 사가들의 전통이 휘장과 보좌를 통해 대표된 성전의 측면들과 일치하지 않았다는 것이다. 이스라엘의 역사에 대한 설명을 전함에 있어서 신명기 사가들이 맡았던 모호한 역할은 고대의 종교에 관해 알려진 것이 매우 적은 이유 가운데 하나일지도 모른다.

헤칼에는 금 향단 한 개, 진설병을 올려둘 금 상 한 개, 금 등잔 열 개(왕상 7:48-99), 또는 역대기 편찬자에 따르면 금 제단 한 개, 진설병 상 열 개, 등잔 열 개(대하 4:7, 8, 19)가 있었다. **헤칼**의 내용물에 관한 세 번째 설명이 광야 성막에 대한 설명에서 발견되는데, 이는 그것을 기초로 성전이 건축된 이상을 나타냈다. 브살렐이 아카시아나무에 금을 입힌 언약궤, 순금 속죄소, 금을 늘여서 만든 그룹들, 아카시아나무에 금을 입힌 진설병 상과 향단, 순금 등잔대, 즉 일곱 가지가 있는 큰 **메노라**(*menorah*)를 만들었다(출 37:17-24). 이렇게 그 집의 기구들은 금으로 만들어졌다. 뜰의 기구들은 놋으로 만들어졌다. 번제단에는 놋이 입혀졌으며, 그것의 그릇들은 놋으로 만들어졌다. 대야 역시 놋으로 만들어졌다(출 38:8). 금과 놋 사이의 이 구분은 성전에도 적용되었다. 집 안에 사용된 모든 것은 금 제품이었던 반면 뜰에서 사용된 모든 것은 놋 제품이었다.

금 향단이 **헤칼**의 서쪽 끝 중앙, **데비르** 앞에 놓였다. 그것은 각각의 모서리에 뿔이 있었으며, 대제사장은 매일 아침과 저녁에 그 위에 특별한 향을 태워야 했다. 이 향은 유향과 세 가지 달콤한 향신료(소합향, 나감향, 풍자향)를 소금과 함께 빻아 만들어졌다. 그런 향은 성전에서만 사용되어야 했다. 그것을 다른 곳에 사용한 사람은 "그 백성 중에서 끊어"졌다(출 30:34-38). **헤칼** 밖의 제물에는 유향만 동반되었다(레 2:1; 6:15). 필론은 네 향신료를 네 원소의 상징으로 해석했다. "나는 이제 향을 만든 이 네 가지는 그것들을 통해 온 세상이 완성된 원소들의 상징이라고 주장한다"(*Who is the Heir?*, 197). 기원후 2세기에 쓰인 「희년서」는 아브라함이 그의 향에 일곱 가지 향신료를 드렸다고 말했다. "순수한 유향과 풍자향과 소합향과 감송과 몰약과 방향과 목향을…빻아서 같은 양으로 섞었다"(「희년서」16.24). 후대의 자료들은 향에 향신료 열세 가지가 들어갔다고 말한다. "향단은 바다와 육지—사막과 사람이 거주하는 지역—에서 나온 열세 가지 향기로운 향신료로 채워졌는데, 이는 모든 것이 하나님의 것이며 하나님을 위한 것임을 나타낸다"(요세푸스, 『유대전쟁사』, V.218).

진설병은 안식일마다 금 상 위에 한 줄에 여섯 덩이씩 두 줄로 열두 덩이를 차려 놓은 빵이었다. 그 상은 **헤칼**의 북쪽에 놓였다. 또한 성전 현관에 빵을 차려 놓기 위한 상 두 개가 있었다. "그들은 빵이 들어올 때는 그것을 대리석으로 만든 상 위에 두었고 빵이 나갈 때는 그것을 금 상 위에 두었는데, 이는 성물은 영예에 있어 높여져야 하고 낮춰지지 않아야 하기 때문이다"(Mishnah, *Shekalim* 6.4). 한 전통에 따르면 빵은 성전 밖에서 준비되었지만 경내에서 구워졌다. 그러나 다른 전통은 빵이 모두 성전 안에서 준비되어야 했다고 말했다(Mishnah, *Menahoth* 11.3). 그 떡은 소제(grain offering)로 취급되었으며 순수한 유향을 뿌렸고 후에 제사장들이 "거룩한 곳"에서 그것을 먹었다(레 24:5-9).

헤칼의 남쪽에는 순금으로 만든 큰 등잔대가 있었는데, 그것은 순수한 올리브유로 연료를 채워야 했다(출 27:20). 그것은 가지가 일곱 개 있는 나무 같은 모양으로 만들어졌으며 아몬드와 꽃으로 장식되었다(출 25:31-37). 가지의 끝마다 등잔이 있었다. 이것이 스가랴가 그의 환상에서 보고 야웨의 눈이라고 인식했던 일곱 등잔이었다(슥 4:10). 일곱 개의 등잔은 성전 종교를 이해하기 위한 중요한 증거가 될 것이다. 야웨는 단수가 아니라 복수였다. 좀 더 오래된 숭배에서는 많은 야웨가 성전에 현존했던 반면에 "개혁된" 예배에서는 야웨가 한 분이었으며(신 6:4), 성전에 그의 이름만 있었다(신 12:11).

성전 뜰의 비품들

뜰은 놋으로 갖추어졌다. 입구 앞에 놋 기둥 두 개가 서 있었다. 그것들은 높이가 18규빗(약 8미터)이었으며 추가로 5규빗(약 2.2미터)에 이르는 놋 기둥머리들이 있었다. 기둥머리들은 석류와 "백합", 바둑판 모양 그물과 사슬 모양 화관들로 장식되었다(왕상 7:15-22). 그것들의 목적은 알려지지 않았으며, 성전에 있는 많은 것들의 경우와 마찬가지로, 고대 자료에서 증거가 없을 경우 학자들은 추측에 의존할 수밖에 없다. 어떤 학자들은 기둥들이 신성한 나무들, 곧 비옥의 상징을 나타낸다고 제안했다. 발굴된 여러 신전 모형 입구의 양쪽에 양식화된 나무들이 서 있다. 또 다른 가능성은 그것들이 불 제단이었거나, 광야에서 이스라엘 사람들을 인도한 불 기둥과 구름 기둥을 나타냈다는 것이다. 또 다른 견해는 그것들이 신의 능력을 상징했다고 생각한다. 이는 확실히 "야웨가 확립할 것이다"라는 뜻의 야긴과 "힘 있게"라는 뜻의 보아스라는 그것들의 이름을 설명할 것이다.

성전의 동남쪽에 놋 "바다"가 있었다. 이것은 거대한 놋 대야였는데 직경이 10규빗(약 4.5미터), 즉 성전 자체의 넓이의 절반에 달했다. 그것은 세 마리씩 네 그룹을 이룬 놋 황소 열두 마리에 의해 떠받쳐졌으며, 제사장들이 그 안에 들어가 씻는 데 사용되었다(왕상 7:23-26; 대하 4:1-6). 좀 더 작은 대야 열 개가 있었는데, 각각 직경 4규빗(약 2미터) 크기였고 뜰의 북쪽과 남쪽에 각각 다섯 개가 있었다(왕상 7:38). 그것들은 제물을 씻는 데 사용되었다(왕상 7:38; 대하 4:6). 후대의 해석에서 이 뜰 전체는 바다를 상징했으며 성전 복합체 전체는 "창조세계"였는데 성전은 적대적인 바다 한가운데 있는 창조되고 질서가 잡힌 궁창(firmament)이었다. 이 놋 바다는 아마도 이스라엘의 많은 신화에 등장하는 바다에 대한 구체적인 표현이었을 것이다.

성전 앞에 번제단인 놋 제단이 있었다. 이것은 열왕기상에 기록된 성전 기사에 묘사되지 않았지만, 봉헌 기사에서 언급된다. 그 번제단은 그날 드린 모든 제물을 처리하기에 너무 작았다(왕상 8:64). 그것은 명백히 이동식이었으며, 페니키아인들이 사용한 격자 형태였을 수도 있다. 아하스 왕의 시대에 그것은 다른 형태의 것으로 대체되었다. 다메섹에서 제단을 본 왕은 제사장 우리야에게 예루살렘에 비슷한 제단을 세우라고 명령했다. 원래의 놋 제단은 뜰의 북쪽으로 옮겨졌으며 왕의 개인적인 용도로 사용되기 위해 보관되었다(왕하 16:10-16). 역대기 편찬자는 솔로몬이 가로세로 20규빗(약 9미터)에 높이 10규빗(약 4.5미터)인 제단을 세웠다고 말한다(대하 4:1). 이것은 거의 이동할 수 없었을 것이고, 따라서 학자들은 역대기 편찬자가 원래의 놋 제단을 자신의 시대에 존재했던 것보다 크게 묘사했으리라고 제안했다. 에스겔은 그의 성전에 있던 제단에 대해 매우 상세하게 설명하지만(겔 43:13-17), 이 대목에서도 우리는 이것이 그의 이상이었는지 아니면 그가 제1성전으로부터 알았던 것에 기초했는지 알지 못한다. 그의 제단은 3층짜리였다. 1층은 높이가 2규빗(0.9미터)으로서 "땅의 가슴"(영어판본에서는 "땅의 기초")이었으며, 2층의 높이는 4규빗(약 2미터)이었고, 3층의 높이도 4규빗이었다. 이 꼭대기 부분은 가로세로 12규빗(약 5미터)이었고 "하나님의 산"(영어판본에서는 "제단 난로")이라고 불렸다. 그것의 각각의 모서리에는 1규빗(45센티미터) 높이의 "뿔"이 있었으며 동쪽, 즉 성전에서 가장 먼 쪽에 꼭대기로 올라가는 계단이 있었다. 에스겔은 이 제단 1층의 정확한 척도를 제공하지 않지만, 그것은 약 16-18규빗(7-8미터)이었던 것으로 보인다.

제2성전에 있던 번제단에 대한 묘사가 두 개 있는데, 모두 기원후 200년경에 쓰였다. 아리스테아스의 예루살렘 방문을 묘사하는 "아리스테아스의 편지"는 다음과 같이 말한다.

[그 제단은] 그 장소 자체 및 그 위에서 불살라지는 번제와 어울렸으며, 그 곳으로 이르는 길 역시 비슷한 규모였다. 그곳에 오르는 완만한 경사가 있어서 품위를 지키기에 적절하게 만들어졌으며, 그곳에서 일하는 제사장들은 발목까지 닿는 베옷을 입고 있었다. 성전은 동쪽을 향하고 있으며 뒤쪽은 서쪽을 향한다. 바닥은 모두 돌로 포장되어 있고, 제물에서 나온 피를 물로 씻어낼 수 있도록 지정된 장소로 경사가 져 있다. 이는 절기 때 그곳에서 짐승 수천 마리가 제물로 드려지기 때문이다.…(Letter of Aristeas 87-88).

다른 설명은 요세푸스의 글(*Against Apion* 1.198)에 기록된 위(僞-)헤카타이오스(Pseudo-Hecataeus)의 글에서 인용된 것이다. 그는 그 제단이 가로세로 20규빗(9미터), 높이 10규빗(4.5미터)이고 모세의 법에 따라 다듬지 않은 돌로 만들어졌다고 말한다. "네가 내게 돌로 제단을 쌓거든 다듬은 돌로 쌓지 말라. 네가 정으로 그것을 쪼면 부정하게 함이니라"(출 20:25).

안티오코스 에피파네스가 유대인들을 박해하기 시작했을 때 그는 기원전 167년에 성전을 더럽혔다. 모든 금 그릇이 약탈당했으며(마카베오상 1.20-24), 번제단 위에 이방 제단이 세워졌다(마카베오상 1.54, 59). 이 이방 제단은 다니엘서에 언급된 "멸망하게 하는 가증한 것"이었다(마카베오상 1.54; 단 9:27; 11:31; 12:11). 유다가 예루살렘을 수복하고 성전을 정화했을 때(그 사건들은 현재 매년 12월에 하누카 축제로 기념된다), 더럽혀진 돌들은 제거되었다.

그들은 더럽혀진 번제 제단을 어떻게 할까 의논한 끝에 좋은 생각이 떠올랐다. 이방인들에게 더럽혀진 제단이 자기들의 치욕거리로 남지 않도록 헐어버리자는 것이었다. 그래서 그들은 그 제단을 헐어버리고 그 돌들은 예언자가 나타나 그 처리 방법을 지시할 때까지 성전 산 적당한 곳에 쌓아 두었다. 그다음 그들은 율법대로 자연석을 가져다가 전의 제단과 같은 제단을 새로 쌓았다(마카베오상 4.44-47).

요세푸스는 우리에게 헤롯 성전에 있던 제단에 대한 묘사를 남겨주었다.

[그 성전의] 앞에 제단이 서 있었는데 높이가 15규빗(약 6.8미터)이었으며 넓이와 길이가 모두 50규빗(22미터)인 정사각형 모양이었다. 모서리들에는 뿔처럼 돌출된 것이 있었고, 완만한 경사를 통해 남쪽으로부터 접근되었다. 그것을 만들 때 철이 전혀 사용되지 않았으며, 철이 그것과 접촉하지도 않았다(『유대 전쟁사』 V. 225)

미쉬나는 다른 규격을 제공한다. "제단은 기단부(base)가 가로세로 3규빗(약 1.3미터) 크기였으며 위로 계단 세 개가 있어서 제단 불을 피우는 부분은 가로세로 24규빗(약 11미터)이었다"(Mishnah, *Middoth* 3.1). 제단 가운데를 빙 둘러서 붉은 줄이 그어졌다. 제물의 피는 이 선 위나 아래에 뿌려져야 했다.

속죄제로 드려지는 새[의 피]는 [붉은 선의] 아래에 뿌려지고, 속죄제로 드려지는 짐승[의 피]은 위에 뿌려진다. 번제로 드려지는 새[의 피]는 [붉은 선의] 위에 뿌려지고 번제로 드려지는 짐승[의 피]은 아래에 뿌려진다 (Mishnah, *Kinnim* 1.1).

제단의 남서쪽 모서리에는 구멍 두 개가 있어서 피가 그곳을 통해 수로로 빠졌으며…"기드론 시내로 흘러 나갔다. 그리고 그것은 정원사들에게 거름으로 팔렸다"(Mishnah, *Yoma* 5.6). 제단의 같은 모서리에 판이 있었는데 그것을 통해 봉헌한 포도주가 흘러 들어가는, 제단 아래의 구덩이에 연결되었다. "70년에 한 번씩 젊은 제사장들이 그곳에 내려가 압착한 무화과 덩어리처럼 보이는, 응결된 포도주를 모아 신성한 상태의 그것을 태웠다"(Tosefta, *Sukkah* 3.15). 번제단이 무엇을 나타냈는지는 알려지지 않았다. 그러나 그것이 하나님의 산으로 불렸다는 점과 그것의 아래에 큰 구덩이가 있었고 그것이 규칙적으로 피, 곧 생명으로 채워졌다는 점은 확실히 중요했을 것이다.

제사들

번제단은 제사의 장소였다. 제사는 이스라엘의 종교의 핵심적인 행위였는데도, 그것을 통해 무엇을 의도했는지 우리가 이해하기는 거의 불가능하다. 이에는 몇 가지 이유가 있다. 그 가운데 하나는 피 제사라는 모든 개념이 현대의 사고방식에 너무 이질적이라는 것이다. 다른 하나는 구약성경에 기록된 제사 규정들이 전혀 명확하지 않으며, 몇몇 다른 시기에 나왔을 수도 있다는 것이다. 레위기 1-7장은 제2성전기의 제사 규칙들이라고 생각되며, 이것들은 제사 체계의 복잡성에 관해 뭔가를 보여주는 데 도움이 될 것이다. 레위기 1-7장에는 번제(레 1:3-17), 소제(곡물 제사, 레 2장), 화목제(레 3장), 속죄제(레 4:1-5:13), 속건제(레 5:14-6:7) 등 다섯 가지 주요 제사 유형이 묘사되어 있다.

번제의 제물은 흠이 없는 동물의 수컷이었다. 그것은 황소나 숫양 또는 숫염소일 수 있었으며, 가난한 사람들에게는 산비둘기나 집비둘기일 수 있었다. 제물을 드리는 사람이 동물의 머리에 안수하고 직접 그 동물을 잡았다. 제사장들이 피를 가져다 제단의 네 쪽에 뿌렸다. 제물을 드리는 사람이 동물의 가죽을 벗기고 각을 떴다. 가죽은 제사장들에게 주어졌으며(레 7:8), 이 가죽에서 나오는 수입은 상당히 컸다. "[율법은] 거룩한 제사들을 주관하는 제사장들이 번제물의 가죽을 받아야 한다고 규정하는데, 그 가죽의 수는 셀 수 없이 많으며 이는 작은 선물이 아니라 매우 큰 금액에 해당했다"(Philo, *Special Laws*, I.151). 다리들과 내장은 씻겨서 그 전부가 제사장에 의해 제단 위에서 불태워졌다. 이 의식이 "속죄"를 가져왔지만(레 1:4), 우리는 이것이 어떻게 이해되었는지 알지 못한다. 어떤 학자들은 안수는 죄가 동물에게 옮겨졌다는 표지였다고 말한다. 즉 그것은 대체였다는 것이다. 다른 학자들은 그것이 하나님과의 접촉을 확립했다는 아이디어를 선호한다. 다른 학자들은 그것이 제물을 드리는 사람의 선물이었으며 따라서 그가 어떤 혜택을 받아야 한다는 단언이었다고 주장한다. 동물은 정결해야 했기 때문에 안수가 죄를 옮긴다고 생각되었을 것 같지는 않다. 죄가 동물에게 옮겨간다면 그 동물이 적합해지지 않을 것이기 때문이다. 속죄일에 바쳐진 속죄양은 이스라엘의 죄들을 짊어지게 되었으며, 따라서 제물로 적합하지 않게 되었다. 그것은 광야로 내보내졌다. 피는 생명이라고 생각되었다는 것(레 17:14)과 **따라서 제물은 동물의 죽음이 아니라 동물의 생명이었다**는 것이 알려져 있다. 이것이 우리의 신약성경 이해에 영향을 주어야 한다.

번제는 이스라엘에서 고대 때부터 드려졌다. 기드온은 번제를 드렸으며(삿 6:26-28), 삼손의 아버지도 번제를 드렸다(삿 13:15-20). 사무엘은 번제를 드렸고(삼상 7:9), 다윗도 언약궤가 예루살렘으로 옮겨질 때 번제를 드렸다(삼하 6:17-18). 솔로몬도 성전에서 해마다 세 번 번제를 드렸다(왕상 9:25). 엘리야가 갈멜산에서 드린 제사는 번제였다(왕상 18:23, 33). 번제가 한때는 인신 제사를 포함했다는 암시들이 있다. 예를 들어 에돔 왕은 심각한 곤경에 처했을 때 그의 맏아들을 번제물로 드렸으며, 열왕기 저자는 이것이 효과가 있었다고 암시한다. 모압 왕을 공격하던 이스라엘 사람들은 "큰 분노"에 빠져 철수해야 했다(왕하 3:27). 이삭은 번제물로 드려질 예정이었지만(창 22장), 그 이야기는 이스라엘의 전통이 그런 인간 제사를 거절했다고 기록한다. 그럼에도 예언자 미가는 "내가 내 허물을 위하여 내 맏아들을 드릴까?"라고 질문했다(미 6:7).

소제는 곡물의 날것이나 구운 것일 수 있었다. 날것이라면 제사장들이 가루 한 줌을 취해 기름 및 유향과 함께 태웠다. 나머지는 제사장들이 먹을 수 있었다. 조리된 것이라면 가루가 기름과 함께 발효되지 않은 빵으로 구워져야 했다. 몇 덩이는 제단 위에 태워졌고 나머지는 제사장들에 의해 사용되었다. 모든 소제물은 소금과 함께 드려져야 했으며 효모나 꿀은 허용되지 않았다. 이것들은 발효제로서 부정했기 때문이었다. 또한 기름 및 유향과 함께 드리는 곡물의 첫 열매 제물도 있었다.

"화목제"(레 3:1-17; 7:11-18)는 (번제와 구분하기 위해) 단순히 "제사"라고도 불린다. 그것은 야웨와 그의 백성 사이에 나누어지는 식사였다. 감사 제물(레 7:12-15), 자원 제물(레 7:16-17), 서원 제물(레 7:16-17)이라는 세 가지 유형이 있었다. 동물은 소나 양이나 염소의 수컷이나 암컷 중 어느 것이든 드릴 수 있었다. 예배자가 동물의 머리에 안수한 후 그것을 잡아서 그 피를 제사장들에게 주어 제단 주위에 뿌리게 했다. 양의 콩팥, 간, 기름진 꼬리를 포함하여 그 동물의 기름이 태워졌다. 모든 기름은 피와 마찬가지로 야웨께 속했다(레 3:16-17). 동물의 가슴과 오른쪽 넓적다리는 제사장들의 몫이었으며, 고기의 나머지는 예배자와 그의 가족과 손님들이 요리해 먹었다. 감사 제물에는 발효한 빵과 발효하지 않은 빵이 동반되어야 했으며 그 가운데 한 덩이는 제사장들의 몫이었고(레 7:14), 고기는 제물을 드린 날에 먹어야 했다. 다른 유형의 화목 제물은 그다음 날에도 먹을 수 있었지만, 삼일째에 남은 것은 모두 태워져야 했다.

사무엘상 2:12-17에는 이런 제사들 가운데 하나가 자세히 묘사되어 있다. 예배자가 그의 제물을 드리고, 기름을 태우고, 고기를 큰 솥에 삶았다. 제사장들의 하인이 와서 제사장들의 몫을 요구했다. 하지만 실로의 제사장들은 (이것이 이 이야기의 요점이다) 그들의 지위를 남용해 왔으며, 제물의 기름을 태우는 것조차 허용하지 않았다. 솔로몬은 성전이 봉헌될 때 "제사들"을 드렸다. 많은 동물이 제물로 드려졌으며 봉헌식에 참석했던 모든 백성이 축제의 고기를 먹을 수 있었다. (하지만 제물로 드려진 동물의 수는 아마도 그 이야기가 다시 말해지면서 부풀려졌을 것이다.) 왕이 번제와 소제와 화목제의 기름을 큰 놋 제단 위에 드렸는데 그 제단이 그 제물들을 처리하기에 너무 작았다. 그래서 성전 뜰도 사용되었다(왕상 8:62-64). 이 유형의 제물이 예언서들에 나타난다. "여호와께서 말씀하시되 '너희의 무수한 제물이 내게 무엇이 유익하뇨? 나는 숫양의 번제와 살진 짐승의 기름에 배불렀고'"(사 1:11; 참조. 사 19:21; 암 4:4). 그것은 가장 고대의 법률집인 언약 책에서 언급된다. "너는 네 제물의 피를 유교병과 함께 드리지 말며 내 절기 제물의 기름을 아침까지 남겨두지 말지니라"(출 23:18). 그것들은 때때로 "화목제"라고 불린다. 언약궤가 예루살렘으로 옮겨졌을 때 "다윗이 번제와 화목제를 여호와 앞에 드렸다." 이어서 그는 참석한 사람들에게 음식, 곧 "떡 한 개와 고기 한 조각과 건포도 떡 한 덩이씩 나누어 주었다"(삼하 6:17-19). 언약 책은 이 용어도 사용한다. "내게 토단을 쌓고 그 위에 네 양과 소로 네 번제와 화목제를 드리라"(출 20:24). "화목제의 제물"이라는 결합된 형태는 주로 제사장 문서에서 사용된다. 예를 들어 레위기 3:1은 "사람이 만일 화목제의 제물을 예물로 드리되…"라고 말한다.

네 번째와 다섯 번째 유형의 제물인 **하타트**(ḥaṭṭa'th, 속죄제)와 **아샴**('asham, 속건제)은 아주 유사하기 때문에 함께 고려될 수 있다. 그것들과 그것들의 구분이 상당히 혼동되고 있다. 다뤄질 수 있는 죄들은 모르고서 지은 죄들뿐이다. 고의로 죄를 범한 사람은 속죄제를 드려 속죄할 수 없었다(민 15:27-31). 이 제사들의 특징은 피를 번제단 뿔들에 바르고 나머지는 번제단 밑에 쏟는다는 것이었다. 동물의 모든 기름은 태워졌으며, 속죄제가 제사장을 위한 것인 경우를 제외하고 고기는 제사장

들이 먹었다. 이 경우 동물은 성소 밖 재를 버리는 곳에서 불태워져야
했다. 드려지는 동물의 종류는 죄를 지은 사람의 지위에 따라 달라졌다.
대제사장은 황소를 드려야 했고, 온 백성도 황소를 드려야 했으며, 공
동체의 지도자는 숫염소를 드려야 했고, 다른 사람들은 양이나 암염소
를 드렸다. 가난한 사람들은 산비둘기들이나 집비둘기들을 드릴 수 있
었다. 대제사장이나 온 백성을 위해 황소를 드리는 경우 피를 모아서
성전 자체 안으로 가져갔는데, 이는 동물 제물의 어떤 부분이라도 성전
안으로 가져가는 유일한 사례였다. 피를 **데비르**의 휘장에 일곱 번 뿌리
고 향단의 뿔들에 발랐다(레 4:17). 나머지는 동물이 불태워지기 전에 번
제단 밑에 쏟았다. 양이나 염소를 드리는 경우 피를 성전 안으로 가져
가지 않았으며, 고기는 제사장들이 먹었다. **아샴**, 즉 속건제는 비슷한
제의였지만 손해가 추정될 수 있는 경우 손해 배상이 동반되었다. 숫양
이 바쳐졌으며, 벌금에 벌금액의 오분의 일을 가산하여 지급해서 그 오
분의 일은 제사장들에게 주었다.

　이 제사들이 고대의 것이었는지 그렇지 않은지는 알려지지 않았
다. 그것들은 요아스 왕 때(기원전 802-786년) 언급된다. 속건제와 속죄
제로부터 나온 돈은 성전 수리를 위해 사용되지 않았다고 한다(왕하
12:16). 호세아 역시 백성의 **하타트**—아마도 속죄 제물일 것이다—를
먹은 제사장들을 언급한다(호 4:8). 그것들은 에스겔서에서 최초로 명확
하게 언급되지만(40:39; 42:13; 44:29), 에스겔은 그것들을 뭔가 새로운
것인 것처럼 소개하지 않는다. 그가 자신이 알고 있던 시스템을 묘사하
고 있었을 가능성이 좀 더 크다. 이사야 53:10에서 언급된 고난받는 종
의 속죄 제물은 **아샴**, 즉 숫양의 속건 제물이다.

성전에서 매일 드리는 제사들도 있었다. 민수기 28:2-8은 아침과 저녁 제사인 "끊임없는"(tamid) 제물들을 언급하는데, 그것들은 마카비 반란이 일어나기 전의 박해 기간에 야웨께 드리는 것이 "폐지되었다"(단 8:11, 13; 11:31). 미쉬나는 **타미드**가 어떻게 드려져야 하는지를 묘사하면서 제2성전기의 일상생활을 얼핏 보여준다. 그 기록에 따르면 제사장들은 그들의 거룩한 의복을 머리맡에 개어 놓고 담요 위에서 잤다. 성전 뜰로 들어가는 열쇠들을 지닌 성전 관리들이 날이 새기 전에 그들을 깨웠다. 추첨을 통해 의무들이 할당되었으며, 제단의 재를 치우는 사람은 큰 대야에서 손과 발을 씻은 후 재를 담을 은 화로를 들고 제단의 꼭대기로 올라갔다. 그는 해뜨기 전에 아직 타고 있는 불빛에 의지하여 일했다. 다른 제사장들이 갈퀴와 부삽을 들고 따라가 재를 치우고 전날의 제물 중 타지 않은 것을 꺼냈다. 새 장작더미가 제단의 동쪽에 올려졌다. 땔감에 관해서는 다양한 전통이 있다. 기원전 2세기에는 삼나무, 아몬드나무, 전나무, 소나무, 잣나무, 올리브나무, 몰약, 아스팔라투스만 허용되었고 다른 것들은 허용되지 않았다(「희년서」 21:12). 미쉬나는 포도나무와 올리브나무 외의 다른 목재는 허용되지 않았다고 말한다. 또 다른 장작더미가 제단의 남서쪽 모서리에 준비되었는데, 이번에는 향을 사를 때 필요한 숯을 공급하기 위해 무화과나무 목재가 사용되었다(Mishnah, *Tamid* 2.3). 쪼개지거나 진한 색상의 목재는 제단에 불을 피울 용도로 허용되지 않았으며, 단단하고 깨끗한 목재만 허용되었다. 오래된 목재는 나무의 냄새가 없어서 사용되지 않았다(「희년서」 21:13). 두 불 모두 다시 점화되었으며 타지 않은 제물은 불 위에 다시 놓였다. 이 모든 불을 위한 목재는 여인의 뜰의 북동쪽 모서리에 있는 특별한 방에 보관되었다. 의식상으로 제사에 부적합하게 된 제사장들은 목재 창고로 가서 목재에 벌레가 있는지 조사했다. 이는 안에서 벌레가 발견된 목재는 부적합했기 때문이었다(Mishnah, *Middoth* 2.5).

제사장들은 그 후에 자기 방으로 돌아가 추첨을 통해 다른 의무들을 결정했다.

> 성전의 관리가 그들에게 말했다. "와서 제비를 뽑으십시오. 누가 제물을 잡을지, 누가 피를 뿌릴지, 누가 성소 안 제단의 재를 치울지, 누가 등잔대를 손질할지, 누가 [매일 드리는 번제물의] 부분들—머리와 오른쪽 뒷다리, 두 앞다리, 둔부와 [왼쪽] 뒷다리, 가슴과 목, 두 옆구리, 내장과 고운 가루, 구운 빵과 포도주—을 경사로로 올릴지를 결정하기 위해서 말입니다"(Mishnah, *Tamid* 3.1).

새벽이 되었는지 알아보기 위해 누군가가 보내졌다. 그가 "동쪽 전체가 헤브론까지 불타고 있습니다"라고 말하면 제사가 시작될 수 있었다. 어린 양들의 방에서 한 마리를 꺼내 와서 황금 잔에 물을 따라 양에게 마시게 했다. 횃불을 비추어 그것에 부정함이 없는지 조사했다. 그 후에 그 양을 제단 북쪽의 도살 구역으로 데려갔다. 그것의 피를 받아서 두 곳으로부터 단에 뿌렸다. 북동쪽 모서리에서는 북쪽과 동쪽 면에 뿌렸으며, 반대쪽 모서리에서는 다른 두 면에 뿌렸다. 피의 나머지는 제단 밑에 쏟았다. 그 동물의 가죽을 벗기고 각을 떴으며 내장을 씻었다. 제사장 여섯 명이 그것을 나누어 제단으로 가져갔으며 다른 제사장들이 고운 가루와 구운 빵과 포도주를 날랐다.

성전 내부에서 수행할 의무도 제비를 뽑아 할당했다. 향단에서 재를 치워야 했으며 큰 등잔대에 기름을 다시 채워야 했다. 그 뒤에 무화과나무 불에서 나온 신선한 숯을 금 사발에 담아 옮겨서 향단 위에 두었다. 향을 피우는 순간에는 성전 안에 있는 모든 사람이 하던 일을 멈추고 기도했다. 제사장들이 성전 밖으로 나오면 그들은 성전 계단에서 백성을 축복했다. (이것이 눅 1:8-10에서 사가랴가 향을 피우고 향단 옆에서 천사를 본 사건의 배경이다.)

제1성전기에는 번제는 아침에만 드렸고 소제는 저녁에만 드렸다. 열왕기하 16:15은 아침 번제와 저녁 소제를 묘사한다. "소제를 드릴 때"는 늦은 오후를 의미했다(스 9:5; 단 9:21). 신약성경 시대에는 아침과 저녁에 모두 번제를 드렸는데, 저녁 번제의 제물은 오후 두 시 반 경에 도살되었으며 한 시간 뒤에 드려졌다(Mishnah, *Pesaḥim* 5.1). 안식일에는 추가로 제물을 드렸다. 민수기 28:9-10은 안식일의 제물은 다른 날의 제물의 두 배여야 했음을 암시한다. "일 년 되고 흠 없는 숫양 **두** 마리와 고운 가루 십분의 **이**에…".

유월절

봄과 가을(아마도 원래는 춘분과 추분 때였을 것이다)에 유월절과 속죄일이라는 다른 큰 제사들이 있었다. 유월절은 이스라엘이 유목 생활을 하던 때 시작되었으며, 따라서 성전에서 치르는 의식이 아니라 가정에서 드리는 제사였다고 전해지지만, 아무도 이 점에 관해 확신할 수 없다. 첫째 달 14일, 즉 보름달이 뜨는 시기에 1년이 되지 않은 숫양이나 염소가 제물로 드려졌다. 그것의 피를 문설주에 발랐으며, 그것의 고기를 허브들 및 발효되지 않은 빵과 함께 먹었다. 그 동물의 전체를 불에 구웠으며 다음날까지 남은 것은 불살라야 했다(출 12:1-10). 요시야 왕의 개혁으로 그 의식이 중앙화되었을 때 유월절이 가정에서 지키는 것이 아니라 예루살렘에서 지키는 순례 축제가 된 것처럼 보인다. 가장 고대의 순례 축제 목록은 수확 축제 세 개—무교절(보리 수확), 맥추절(밀 수확), 수장절(포도 수확)—만 묘사한다(출 23:14-17). 유월절은 포함되지 않았다. 어느 단계에서 유월절과 무교절이 융합되었으며, 그 결과 유월절의 성격이 변했다. 요시야 왕 때 지켜졌던 유월절은 확실히 달랐다. "사사가 이스라엘을 다스리던 시대부터 이스라엘 여러 왕의 시대와 유다 여러 왕의 시대에 이렇게 유월절을 지킨 일이 없었다"(왕하 23:22). 역대기 편찬자는 다른 이야기를 한다. 그는 최초의 성전 개혁자인 히스기야 왕 때 원래 정해진 유월절 시기보다 한 달 늦게 성전에서 큰 유월절 축제가 열렸다고 말한다(대하 30장). 늦게 지낸 유월절의 세부 내용이 기록된 점으로 미루어 볼 때 그것은 실제로 일어난 일인 것처럼 보이지만, 그렇다면 우리가 열왕기하에 기록된 내용을 어떻게 설명할 수 있을까?

신약성경 시대에는 유월절이 순례 축제로 확립되었다. 그 축제를 위해 예루살렘에 갈 수 있었던 사람은 모두 제물로 쓸 양을 사서 성전으로 데려가 그곳에서 제사를 지냈다. 그런 많은 동물을 다루기 위해서는 상당한 조직화가 필요했다. 특별 봉헌이 세 번 드려졌다. 첫 번째 집단이 그들의 양을 데리고 성전 안으로 들어오고 뜰의 문들이 닫혔다. 모든 제사장이 은 사발이나 금 사발을 들고 줄지어 섰다. 사발에는 평평한 바닥이 없어서 사발을 내려놓을 수 없었고 따라서 피가 굳어지지 않았다. 양의 뿔로 만든 나팔이 세 번 울렸다. 각 사람이 자기의 양을 잡았으며, 제사장 한 명이 피를 받아 제단까지 죽 늘어서 기다리고 있는 제사장들에게 건넸고, 제단에서 피를 그 밑에 쏟았다. 레위인들은 할렐 시편들(시 113-118편)을 노래했다. 그다음에 동물들은 가죽이 벗겨지고 레위기 3:3-4에 규정된 대로 제물로 드려질 부분들이 떼어내졌다. 첫 번째 집단이 성전 뜰을 떠나면 두 번째 집단이 들어오고 이어서 세 번째 집단이 들어왔다. 양을 제물로 드린 사람은 모두 해가 질 때까지 성전 경내에 머무르다가 집이나 숙소로 돌아가 고기를 구워 먹었다(Mishnah, *Pesaḥim* 5.5-10).

요세푸스는 이런 축제들에 참석한 많은 사람에 관한 기사를 남겼다. 예루살렘에 대한 로마인들의 마지막 포위 공격이 축제 기간에 시작되어서 많은 순례자가 갇혔다. 사로잡힌 97,000명의 포로에 대해 그는 다음과 같이 말한다.

이들 중 과반수가 유대 혈통이었지만 예루살렘 출신은 아니었다. 무교절 절기를 지키기 위해 방방곡곡에서 모여든 그 사람들은 갑자기 전쟁에 휘말리게 되었다. 그 결과 인구 과밀로 먼저 전염병이 돌았고, 그다음에는 기근의 고통이 좀 더 빠르게 진행되었다. 그 성이 그렇게 많은 사람을 수용할 수 있었다는 사실은 케스투스(Cestus) 치하 때 행해진 조사에서 명백히 알 수 있다.…유월절이라는 축제 때 그들은 구 시부터 십일 시까지 제사를 드렸으며, 각 제물 주위에 열 명 이상이 모여 말하자면 작은 집단을 이루었는데(혼자 먹는 것은 허용되지 않았다), 스무 명이 모이는 경우도 종종 있었다. 제물의 수를 세었더니 이십오만 오천육백 마리였다. 제물 한 마리를 평균적으로 열 명이 먹었다면 모두 정결하고 거룩한 사람 이백칠십만 명이 모인 셈이다(『유대 전쟁사』, VI. 420-25).

원래의 유월절 기사에서는 이스라엘을 멸망으로부터 보호하기 위해(출 12:13) 어린 양의 피가 문설주에 발라졌다. 출애굽기의 이 장을 자세히 읽어보면 우리는 야웨가 파괴하는 천사이셨음을 알 수 있다. 제단 위에 뿌려진 유월절 어린 양의 피에 이스라엘을 신적 분노로부터 보호한다는, 비슷한 기능이 있었을 수 있다.

유월절 뒤에 첫 열매의 제물을 드렸다. 레위기는 수확한 첫 단을 제사장에게 가져와야 하며 "제사장은 너희를 위하여 그 단을 여호와 앞에 기쁘게 받으심이 되도록 흔들되 안식일 이튿날에 흔들 것"이라고 말한다(레 23:11). 이 단이 언제 드려져야 하는지에 관해 훗날 문제가 발생했다. 옛 규정들은 무교절 절기가 안식일에 시작되리라고 전제했는데, 이는 다음주의 첫 날 첫 열매의 단을 드리는 것을 의미했을 것이다. 하지만 무교절 절기가 유월절과 결합하자 그것은 더 이상 안식일에 시작될 수 없었다. 유월절의 날짜는 달에 의해(음력으로) 결정되었으며, 따라서 어느 요일에도 해당할 수 있었기 때문이었다. 바리새파와 보에투스파(사두개파의 한 분파)는 그 해석에 관해 논쟁을 벌였지만 결론에 이르지 못했다.

첫 열매는 부활의 묘사로서 기독교의 상징 안으로 들어왔다. 부활의 일요일은 유월절에 이은 안식일 다음 날이었을 것이고, 따라서 부활하신 예수는 "잠자는 자들의 첫 열매"(고전 15:20), 모든 수확물을 정결하게 만드는 첫 제물(롬 11:16)로 여겨졌다. 그렇다면 "사람 가운데에서 속량함을 받아 처음 익은 열매로 하나님과 어린 양에게 속한" 사람들 (계 14:4)은 택함을 받은 사람의 합계, 즉 배타적인 소수가 아니라 모든 인류를 거룩하게 만드는 대표적인 제물일 것이다.

현대의 몇몇 번역본은 이 구절들에 다른 단어들을 사용하며, 그 과정에서 그 텍스트에서 그것의 많은 의미를 잘라낸다. 이곳에서의 성전 이미지는, 다른 많은 곳에서처럼, 오늘날에는 이에 상응하는 것이 없다. 원래의 의미를 파악하기 위해서는 우리가 원래의 이미지를 탐구해야 한다. 지름길은 없다. 단순화된 번역들은 신약성경을 메마르고 하찮게 만들 수 있다.

속죄일

속죄일의 의식에 관한 가장 이른 기사는 레위기에 등장한다. 먼저 염소 두 마리에 대해 제비를 뽑았다. 한 마리는 "야웨를 위해" 선택되었고 다른 한 마리는 "아사셀을 위해" 선택되었다. 후자는 일반적으로 속죄양 (scapegoat)이라고 불린다(레 16:8). 그다음에 대제사장이 자신과 다른 모든 제사장을 위해 속죄 제물로 황소 한 마리를 바쳤다. 그는 향을 **데비르** 안으로 가져가 언약궤 앞에서 태운 뒤 그 황소의 피를 가지고 돌아왔다. 이 피가 "속죄소 정면과 속죄소 앞에" 일곱 번 뿌려졌다(레 16:14). 이어서 백성을 위한 속죄 제물로서 "야웨를 위한" 염소를 잡았으며, 그것의 피도 황소의 피처럼 **데비르** 안으로 가져가 뿌렸다. 이 제사를 드리는 동안 대제사장 외에는 아무도 성전 안에 들어가도록 허락되지 않았다. 피의 일부는 황금 향단의 뿔들에 발라졌다. 그 의식은 제사장들과 백성을 속죄했으며, 거룩한 장소와 그 단까지 속죄했다(레 16:17-18). 그것이 사람들뿐만 아니라 장소들도 속죄했다는 사실은 오늘날 우리가 이해하는 "죄 용서" 이상이 관련되어 있었음을 암시한다. 그 의식은 모든 것을 다시 깨끗하고 거룩하게 만들었는데(레 16:16-19), 이는 그 의식이 회복과 갱신의 의식이었음을 보여준다. 대제사장은 속죄제를 드리고 나온 뒤 아사셀을 위한 염소의 머리에 안수하고, 이 행동을 통해 그 염소에게 이스라엘의 모든 죄를 얹었다. 그 뒤에 이스라엘의 모든 죄를 짊어진 그 염소를 광야로 데려가 "외진 땅"에 놓았다(레 16:22).

아무도 이 의식의 원래 의미를 알지 못한다. 그것은 매우 오래된 것처럼 보이지만 구약성경의 가장 이른 부분들에 언급되지 않는다. 예언자들은 속죄일을 언급하지 않는다. 에스겔만 그것과 비슷한 것을 말한다. 그는 수송아지와 관련된 정결 의식을 묘사하지만 그것은 1년에 두 번, 1월과 7월의 첫날 시행되어야 했다고 말한다. 그 피는 성소를 정화하기 위한 것이었으며, 성전의 문설주들과 제단의 모서리들과 안뜰로 가는 문의 기둥들에 발라졌다(겔 45:18-20). 두 염소는 언급되지 않는다. 유배자들은 돌아온 뒤 가을에 몇 가지 형태의 제사를 드렸지만, 속죄일은 언급되지 않는다(스 3:1-6).

그러나 「에녹1서」의 가장 오래된 부분 중 하나가 단서를 제공할지도 모른다. 레위기에 묘사된 제의들은 제2성전기의 것들이라고 생각되기 때문에, 「에녹1서」의 이 부분은 늦어도 기원전 3세기의 것이며, 두 텍스트는 동시대의 것이다. 더욱이 「에녹1서」는 제2성전의 혁신들이 정결하지 않았다고 주장하는데, 이는 「에녹1서」를 전달한 사람들의 전통이 옛 성전의 전통임을 암시한다. 「에녹1서」에 등장하는 신화가 레위기의 제의를 낳았을 수 있는데, 그것은 좀 더 오래된 의식의 많은 요소와 마찬가지로 유배와 개혁적인 신명기 사가들이라는 격변에 의해 잘려나갔다. 「에녹1서」는 지극히 거룩하신 존재에 맞서 반역하고 땅으로 내려온 천사들에 의해 악이 야기되었다고 말한다. 그들은 하늘의 비밀들에 관한 자기들의 지식을 악용하여 창조세계를 타락시켰으며, 그 과정에서 인간의 죄와 인간의 불행을 야기했다. 「에녹1서」 10장은 이 타락한 천사들에 대한 최초의 처벌을 묘사한다. 지극히 높으시고 위대하시고 거룩하신 분께서 그분의 천사장들을 보내 악한 자들의 지배로부터 세상을 구하게 하셨는데, 악한 자들 가운데 하나는 아사셀이었다. 아사셀이 맨 처음 처벌받아야 할 자였고 모든 악에 대해 책임이 있었기 때문에(「에녹1서」 10.9), 그는 아마도 타락한 천사들의 우두머리였을 것이다.

> 이어서 야웨는 라파엘에게 말씀하셨다. "아사셀의 손발을 묶어 그를 어둠 속에 던지라." 그러자 라파엘은 두다엘(Dudael)에 있는 광야에 구멍을 파고 아사셀을 그곳에 던졌다. 라파엘은 아사셀 위에 거칠고 날카로운 바위들을 던졌다. 그리고 라파엘은 아사셀이 빛을 보지 못하도록, 그리고 그가 큰 심판의 날에 불 속으로 던져지도록 그의 얼굴을 덮었다. "천사들이 타락시킨 땅에 생명을 주어라"(「에녹1서」 10.4-7).

"라파엘"은 "하나님이 치료하신다"를 의미한다. 속죄일의 의식은 또한 치유와 정화의 날이었다. 그 의식이 아사셀을 위한 염소를 통해 상징된 악한 자의 추방과 황소 및 야웨를 위한 염소에 의해 효과가 나타난 성전의 정화를 통해 상징된 땅의 회복을 묘사했는가? 고대 팔레스타인 타르굼들 중 하나인 「위(僞)-요나단」은 레위기 16:21-22에 대해 그 염소가 에티오피아어 「에녹1서」에 등장하는 "두다엘" 배후의 원래 이름이라고 믿어지는 베트 하두레(Beth Chadure)로 끌려갔다고 말했다. (그 차이는 히브리어에서 매우 비슷하게 보이는 d와 r에 기인한다.) 즉 훗날의 전설들은 이스라엘의 죄를 짊어진 염소가 아사셀이 감금된 장소로 보내졌음을 기억했다. 아사셀의 결박과 희생양의 추방은 아마도 그 믿음과, 의식에 나타난 그 믿음의 표현이었을 것이다.

미쉬나는 기원후 1세기에 시행되었던 그 의식들을 묘사한다. 염소들의 제비가 뽑히면 아사셀을 위한 염소의 머리에 홍색 털실이 묶였다. 제사장들을 위한 속죄 제물로 수소를 도살한 뒤 피를 받았으며, 의식을 마치기 전에 피가 굳기 시작하지 않도록 피를 휘저을 사람을 뽑았다. 대제사장은 먼저 두 휘장 사이를 지나 향을 **데비르** 안으로 가져갔다(그 텍스트에 따르면 당시에 거룩한 곳 앞에 두 휘장이 있었는데, 각각의 휘장의 넓이는 **데비르**의 넓이와 같았으며 그것들 사이의 간격은 한 규빗[45센티미터]이었다). 그는 숯불이 달아오른 불판을 "바닥보다 손가락 세 개 넓이만큼 높은" 곳에 있는 큰 돌인 **에벤 쉬티야**(*eben sh'tiyyah*)에 놓아두었다(Mishnah, *Yoma* 5.2). 그다음에 그는 향을 숯불 위에 올려 놓았는데 그러면 그곳 전체가 연기로 가득 찼다. 그는 나가서 피를 **데비르** 안으로 가져와 일곱 번 뿌렸다. 그 후에 "야웨를 위한" 염소가 도살되고 그것의 피도 같은 방식으로 뿌려졌다. 대제사장이 거룩한 곳을 세 번째로 나오면 그는 성소의 휘장에 피를 뿌렸으며 향단의 뿔과 향단 위의 표면에 피를 뿌렸다. 남은 피는 성전 뜰에 있는 큰 제단 밑에 쏟았다. 대제사장이 아사셀을 위한 염소의 머리에 안수하고 백성의 죄를 고백한 후 그것을 데려갈 사람에게 넘겨주었다. 성전의 동쪽 문에서 감람산으로 이어지는 통로가 있었으며, 그곳에서 열 곳의 휴식처가 표시된 특별한 길이 광야로 이어졌다. 가능하면 그 염소는 외국인에 의해 끌려갔으며, 그에게는 휴식처들에서 간식이 주어졌다. 그는 마지막 휴식처 이후에는 홀로 갔으며, 정해진 골짜기에 도착하면 홍색 털실을 반으로 잘랐다. 하나는 바위에 묶였고 다른 하나는 염소의 뿔들에 묶였다. 그 동물은 벼랑 아래로 밀쳐졌고, 이 일을 한 사람은 죄를 짊어진 동물과 접촉해짐으로써 부정해졌으며, 열 번째 휴식처로 돌아와 거기서 머물렀다. 뒤쪽 휴식처에서 앞쪽 휴식처로 순차적으로 깃발을 흔듦으로써 이 일이 수행되었다는 소식이 전해졌다. 그동안 대제사장은 속죄 제물들의 시체를 다뤘다. 짐승의 기름 조각들이 제단 위에 드려졌고 나머지는 성전 밖으로 이동되어 불살라졌다.

히브리서는 기원후 1세기의 속죄일에 대한 또 하나의 설명을 제공하는데(히 8-9장), 이 서신 역시 그 의식이 무엇을 묘사했는지를 나타낸다. 「안식일 제사의 노래들」(Songs of the Sabbath Sacrifice)과 마찬가지로, 이 서신은 하늘 성전을 상상하는데 지상의 성전은 그것의 모사품일 뿐이다. 속죄일의 의식들은 일 년에 한 번 중재자가 거룩한 곳에 있는 신적 현존에 짧은 시간 동안 들어가 창조세계를 일시적인 순결과 온전함으로 회복하는 수단이었다. 우리는 하늘의 실재, 즉 이런 회복 의식들의 토대라고 생각된 "신화"를 알지 못한다. 「에녹1서」에 묘사된 아사셀의 추방은 광야로 보내진 염소만을 설명한다. 우리는 피를 성소로 가져간 이유를 아직 알아내지 못했다. 야웨의 권능을 묘사하는 고대의 모세의 노래(신 32:1-43)에 실마리가 있을 수 있을까? 그것은 "주께서 그 종들의 피를 갚으사 그 대적들에게 복수하시고 자기 땅과 자기 백성을 위하여 속죄하시리로다"라고 말한다(신 32:43). 자기 백성의 땅을 위해 속죄하시는 것이 야웨의 역할들 가운데 하나였다. 이 노래에 등장하는 대적들이 예수가 물리치신 존재들과 같은 초인간적인 적들이었는가?(골 2:15) 대제사장이 속죄하러 신적 현존 안으로 들어갔을 때 그는 인간의 역할 이상을 수행했는가? 그가 지상에서 하늘에 계신 야웨의 역할을 수행하는 존재였는가? 이 질문들에 대한 확실한 답은 없지만, 히브리서의 저자는 예수가 고대의 야웨의 역할들 가운데 하나를 수행하셨다고 주장하고 있는 것처럼 보인다. 후대의 많은 텍스트는 **실제로** 대제사장이 야웨의 가시적인 현존을 상징했다고 암시한다(이 책의 3장을 보라).

예수는 또한 희생양과 비교되었다. 「바나바 서신」에 그 의식에 대한 초기 기독교의 논평이 등장한다.

그렇다면 그것이 무엇을 의미하는가? 첫 번째 염소는 제단을 위한 것이고 다른 염소는 저주받는 것을 주목하라. 그리고 화환을 쓰는 염소는 저주받은 염소다. 이는 그들이 그가 그날에 발목까지 닿는, 붉은 털실 옷을 입은 것을 보고 다음과 같이 말할 것이기 때문이다. "이 사람은 우리가 십자가에 처형하고 조롱하고 찌르고 침을 뱉은 사람이 아닌가? 그렇다. 이 사람은 우리에게 자기가 하나님의 아들이라고 말한 사람이다. 그런데 어떻게 그가 그 염소를 닮았는가?" 비슷한 염소 두 마리가 있는데 그것들이 둘 다

아름답고 닮았다는 사실의 요점은, 그들이 그날에 그가 오는 것을 볼 때, 그들이 그와 그 염소 사이의 명백한 유사성으로 인해 공포에 질리게 되리라는 것이다. 따라서 너희는 이 의식에서 장차 예수가 받으실 고난이 예표되어 있음을 보아야 한다(「바나바 서신」 7장).

성전의 음악

음악은 성전에서 드리는 예배의 중요한 부분이었다. 「안식일 제사의 노래들」은 하늘의 예배는 신적 보좌 주위에 있는 셀 수 없이 많은 천사의 노래였으며 그들의 노래들은 안식일 제사들을 뒤따랐음을 보여준다. 성전에서의 예배는 이 천상의 예전의 대응물이었으며, 따라서 제사 때 노래하는 사람들의 역할이 매우 중요했다. 시편들은 성전의 찬가들이었으며 그것들 가운데 일부는 제사들이 그것들의 원래의 배경이었음을 암시한다.

네 모든 소제를 기억하시며
네 번제를 받아 주시기를 원하노라(시 20:3).

여호와여, 내가 무죄하므로 손을 씻고
주의 제단에 두루 다니며(시 26:6).

내가 번제물을 가지고 주의 집에 들어가서

나의 서원을 주께 갚으리니(시 66:13; 참조. 시 107:22; 116:17).

구약성경에서 제사와 그것의 음악에 대한 가장 완전한 묘사는 역대기 편찬자들에 의해 기록되었지만, 이는 문제들을 제기한다. 그 묘사는 히스기야 왕 때의 성전 재봉헌에 대한 것이지만, 그것은 일반적으로 저자가 수 세기 후인 자신의 시대에 성전에 대해 알고 있었던 내용에 의해 영향을 받았다고 생각된다. 그 구절은 제1성전에서의 제사라기보다는 제2성전에서의 제사에 대한 좀 더 정확한 묘사일 수 있다.

> 히스기야가 명령하여 번제를 제단에 드릴새 번제 드리기를 시작하는 동시에 여호와의 시로 노래하고 나팔을 불며 이스라엘 왕 다윗의 악기를 울리고 온 회중이 경배하며 노래하는 자들은 노래하고 나팔 부는 자들은 나팔을 불어 번제를 마치기까지 이르니라. 제사 드리기를 마치매 왕과 그와 함께 있는 자들이 다 엎드려 경배하니라. 히스기야 왕이 귀인들과 더불어 레위 사람을 명령하여 다윗과 선견자 아삽의 시로 여호와를 찬송하게 하매 그들이 즐거움으로 찬송하고 몸을 굽혀 예배하니라(대하 29:27-30).

다른 시편들은 악기들을 나열한다. 이것들 각각이 정확히 무엇이었는지 항상 알 수 있는 것은 아니지만 말이다. 시편 150편은 트럼펫, 류트, 하프, 현악기, 관악기, 두 종류의 심벌즈를 열거한다. 시편 81:2-3은 탬버린, 수금, 하프, 트럼펫을 열거한다.

음악과 성전에서 노래하는 자들의 기원은 알려지지 않았다. 다윗은 "노래와 수금과 하프와 탬버린과 캐스터네츠와 심벌즈"로 음악을 연주하면서 언약궤를 예루살렘으로 옮겼다(삼하 6:5). 그러나 이 저자의 솔로몬 성전 봉헌 기사에서는 음악이 언급되지 않는다. 우리가 역대기 편찬자의 기사와 비교해 보면 후자는 확실히 성전 음악에 관심이 있었다는 것과 다른 기사는 성전 음악을 언급하지 않은 반면 역대기 기사는 때때로 그것을 언급했다는 것을 알 수 있다. 따라서 역대기 편찬자의 성전 봉헌 기사는 다음과 같은 정보를 포함시켰다.

> 노래하는 레위 사람 아삽과 헤만과 여두둔과 그의 아들들과 형제들이 다 세마포를 입고 제단 동쪽에 서서 제금과 비파와 수금을 잡고 또 나팔 부는 제사장 백이십 명이 함께 서 있다가 나팔 부는 자와 노래하는 자들이 일제히 소리를 내어 여호와를 찬송하며 감사하는데(대하 5:11-13).

제물들을 드리고 나서 왕이 기도한 후 노래와 나팔 소리가 있었다(대하 7:6). 아모스는 이전의 사당들에서 제사에 동반된 그런 음악을 알았다. 그는 그 제사들과 음악을 모두 승인하지 않았다. "네 노랫소리를 내 앞에서 그칠지어다. 네 비파 소리도 내가 듣지 아니하리라"(암 5:23).

성전에서 노래하는 대가족 셋이 있었으며 성전에서 그들이 맡은 역할은 제사장들의 역할처럼 세습되었다. 헤만, 아삽, 에단이 이 가족들의 머리로 지목된다(대상 6:31-47). 그들은 성전에 있는 방에서 살았으며 밤낮으로 직무를 수행했다(대상 9:33). 그들의 직무들 가운데 하나는 "수금과 비파와 제금을 가지고 **예언하는**" 것이었다(대상 25:1). 그들은 솔로몬이 언약궤를 둘 성전을 짓기 전에 다윗이 회막의 성막 앞에서 노래하도록 다윗이 임명한 음악가들이었다(대상 6:31; 참조. 대상 16:4-6).

그들이 예언할 때 한 일은 사울과 예언자들의 이야기로부터 추론될 수 있을 것이다. 사울은 그들의 성소에서 "하프와 탬버린과 플루트와 수금"에 맞춰 "예언하면서" 내려오는 예언자 무리를 만났다(삼상 10:5). 야웨의 영이 사울에게 임했고 그는 예언에 합류했으며 "다른 사람이 되었다"(삼상 10:6). 이는 예언자가 신적 인도를 받는 모종의 황홀경 상태를 암시한다. 엘리사 역시 이런 식으로 예언했다. "거문고 타는 자가 거문고를 탈 때에 여호와의 손이 엘리사 위에 있더니 그가 이르되 '여호와의 말씀이…'"(왕하 3:15-16).

야웨 앞에서 음악에 맞춰 예언한 예언자들 및 성전의 노래하는 사람들과 관련이 있는 유도된 황홀경 상태가 훗날 성전을 배경으로 한 몇몇 신비한 여행들과 환상들을 설명할지도 모른다. 천상의 음악과 천사들의 노래는 이런 텍스트들의 보편적인 특징이었다. 헤만은 왕의 선견자(seer)였고(대상 25:5), 아삽도 선견자였으며(대하 29:30), 혹자는 구약 성경을 쓴 예언자들이 성전의 제사장들이었고 그 역할을 수행하는 과정에서 예언했다고 주장하기까지 했다. 이사야는 확실히 그의 소명 환상을 성전에서 받았으며(사 6장) 예레미야(렘 1:1)와 에스겔(겔 1:3)은 모두 제사장이었다. 몇몇 다른 예언자는 야웨의 날을 그들의 주제나 배경으로 삼았는데, 성전이 이 예상된 심판의 무대 장면이었기 때문에 이들 역시 그들의 신탁의 토대를 현재 우리에게는 사라진 예전에 둔 성전 예언자들이었을 수도 있다. 요엘, 나훔, 하박국, 스바냐를 이런 성전 예언자들로 볼 수 있을 것이다. 스가랴서에도 성전 배경이 등장한다(대제사장, 슥 3:1; 등잔대, 4:2). 하지만 단정적으로 판단하는 것은 적절치 않다. 우리 모두 제1성전의 예전들에 관해 아는 것이 너무 적기 때문에 우리는 무엇이 예언자들에게 영향을 주었고 무엇이 영향을 주지 않았는지 알 수 없다. 우리는 예언자들의 저작에 성전 주제가 나타나는 빈도와 성전에서 노래하는 사람들이 선견자였고 그들이 예언했다는 것만을 안다.

미쉬나는 성전 음악에 관해 몇 가지 실제적인 세부 사항을 제공한다. 레위인들은 여인의 뜰에서 이스라엘의 뜰로 이어진 열다섯 계단 위에서 노래하곤 했다. 이스라엘의 뜰 아래에 방이 여러 개 만들어졌는데 그것들의 문은 여인의 뜰에 있었으며 레위인들이 그 안에서 하프와 수금과 심벌즈와 다른 악기들을 연주하곤 했다. 그 배열은 여인의 뜰에 입구가 있고 중간에 반원형으로 올라가는 계단 위에 합창단이 있는 오케스트라석을 암시한다(Mishnah, *Middoth* 2.5-6). 제사장들의 뜰로부터 신호를 내려보내는 시스템이 있어서 레위인들로 하여금 언제 노래를 시작할지 알게 했다. 이른 아침 제사 때 전제가 부어지는 절정의 순간에 "반장이 수건을 흔들었고 벤 아르사가 심벌즈를 부딪혔으며 레위인들이 노래하기 시작했다. 그들은 노래하다 멈출 때는 트럼펫들을 불었으며 사람들은 엎드렸다. 노래를 멈출 때마다 트럼펫을 불었고 트럼펫을 불 때마다 엎드렸다"(Mishnah, *Tamid* 7.3). 그들은 주간의 첫째 날에는 시편 24편을 불렀고 둘째 날에는 48편을 불렀으며 셋째 날에는 82편, 넷째 날에는 94편, 다섯 째 날에는 81편, 여섯 째 날에는 93편을 불렀고 안식일에는 시편 92편을 불렀다. 레위인들은 유월절 양들을 잡는 동안 할렐 시편들(시 113-118편)을 불렀다(Mishnah, *Pesaḥim* 5.7).

「아리스테아스의 편지」는 기원전 2세기의 성전을 묘사하는데, 실제로 제사를 지내는 시간은 완전한 침묵의 시간이었다고 한다.

제사장들의 봉사는 신체적 지구력과 질서 있고 고요한 서비스 측면 모두에서 여러모로 탁월했다.…완전한 침묵이 지배해서 실제로는 제물을 가져온 많은 사람 외에도 제사장 직무를 수행하는 사람 칠백 명이 있었지만 그곳에 아무도 없다고 생각될 정도였다(Letter of Aristeas 92, 95).

아마도 미쉬나가 말하는 바와 같이 노래는 제물들이 제단 위에 놓인 **뒤에** 시작되었을 것이다. 히스기야의 제사에 관한 기사는 다른 관행을 반영하거나 제물이 불타기 시작할 때 노래가 시작되었음을 의미할 수 있다. 그 경우 제단에 실제로 제물을 올려놓는 동안 침묵의 시간이 있었을 수 있다.

요한계시록은 천상의 예전을 배경으로 한다. 그는 어린양의 위대한 제사 뒤에 장로들이 그들의 금 대접에 성도들의 기도를 담아 드릴 때 천사들이 노래하는 소리를 듣는다(계 5:6-10). 네 생물은 쉬지 않고 노래한다(계 4:8). 보좌 앞의 이십사 장로가 노래하며(계 4:11) 성도들이 어린양의 노래를 부른다(계 15:3-4).

성전의 종말

로마에 맞선 유대인들의 전쟁들은 기원후 70년 예루살렘의 약탈에서 절정에 달했다. 그 도시의 멸망은 가장 이른 시기의 기독교가 예상한 바였으며, 복음서들은 예수 자신이 그것을 예언하셨다고 기록한다. 성전이 완전히 파괴될 터였다(막 13장과 병행 구절들). 예수는 그 멸망이 임할 것을 아셨고 성전에서 돈 빌려주는 자들을 내쫓으시기 전에 그 도시를 바라보며 우셨다(눅 19:41-46). 요한계시록의 악한 도시는 원래 많은 물 위에 앉은 매춘부인 예루살렘이었다(계 17:1). 그 여인은 성도들의 피와 예수의 증인들의 피로 취했다(계 17:6). 멸망에 대한 무서운 묘사는 뒤에 로마에 대해서도 사용되었지만, 그것은 원래 로마에 의해 공격당한 도시에 대한 묘사였다. 열 뿔이 그 매춘부를 공격하고 그녀를 황폐하게 만들고 삼키고 불살랐다(계 17:16). 이것은 로마의 대화재에 대한 묘사가 아니라 전쟁과 고의적인 파괴에 대한 묘사였다.

4세기 초에 저술한 교회 역사가 에우세비오스는 그 도시의 함락은 예수의 형제 야고보의 순교의 직접적인 결과였다고 기록했다(Eusebius, The History of the Church, 2.23). 그는 헤게시포스와 요세푸스의 발췌문을 인용하여 열광적인 사두개인인 젊은 대제사장 아나누스가 어떻게 야고보를 재판에 회부했는지 묘사했다.

> 그래서 그는 법관들의 위원회를 소집했으며, 그리스도라고 알려진 예수의 형제 야고보와 다른 몇 명이 법을 어겼다며 그들을 그 앞에 데려와 그들을 돌로 쳐 죽이도록 넘겨주었다.…[그 도시의 멸망은] 그리스도라고 알려진 예수의 형제인 의인 야고보에 대한 보응으로 유대인들에게 일어났다. 이는 그가 사람들 가운데 가장 의로웠지만 유대인들이 그를 돌로 쳐 죽였기 때문이었다.

(이 중 일부는 요세푸스, 『유대 고대사』 XX에서 인용한 것이지만 두 번째 발췌문은 이곳과 오리게네스의 글에 인용된 부분을 제외하고 더 이상 현존하지 않는다.) 에

우세비오스 역시 헤게시포스의 글에 등장하는 좀 더 완전하고 약간 다른 기사에서 인용했다. 야고보가 유월절 때 성전 난간에서 설교하고 있었는데 몇몇 서기관들과 바리새인들이 그를 아래로 던졌다. 그는 떨어져서도 죽지 않았는데 그래서 그들은 그를 돌로 치고 곤봉으로 때려죽였다. "그는 그렇게 순교했다. 그는 성소 옆 바로 그 자리에 매장되었으며, 그의 묘석이 오늘날까지 성소 옆에 있다. 그는 유대인들과 이방인들 모두에게 예수가 그리스도이심을 전한 참된 증인이었다. 이 직후 베스파시아누스가 그들을 포위 공격하기 시작했다." 무서운 전조들이 성전의 종말을 알렸다. 이상한 칼 모양의 별이 그 도시 위에 나타났으며, 혜성 하나가 1년 동안 계속 나타났다. 4월의 어느 날 밤에 밝은 빛이 몇 시간 동안 제단과 성소 주위에 나타났다. 제물로 드려지기 직전의 암소가 성전 뜰에서 양을 낳았다. 안뜰의 큰 동쪽 문이 자정에 저절로 열렸으며, 성전의 수위가 그 문을 다시 닫느라 큰 고생을 했다. 6월 8일 "해가 지기 전에 나라의 전역에서 공중에 마차들이 보였으며 무장한 군대들이 구름을 뚫고 도시들을 포위 공격했다"(요세푸스, 『유대 전쟁사』, VI. 299).

이 직후 "오순절이라는 절기에 그들의 직무 수행 관행대로 밤에 성전의 안뜰에 들어간 제사장들이 먼저 소동과 소음을 알아차렸으며, 이어서 한 무리가 '우리는 이 자리에서 떠난다'라고 말하는 음성을 들었다고 보고했다"(『유대 전쟁사』, VI. 299). 아나니아스의 아들인 예수라는 예언자가 그 도시에 나타나 7년 5개월 동안 "예루살렘에 화가 있으리로다"라고 선포하다가 그 도시에 대한 포위 공격 때 발사체에 맞아 죽었다.

사람들을 굶주림과 식인 행위로 내몬 포위 공격 후에 그 도시와 성전 모두 파괴되었다. 요세푸스가 이 시기에 대한 생생한 묘사를 남겼지만, 무서운 사건들은 열심당이라는 대표성이 없는 소수파에 의해 초래되었다는 것과 로마인들은 그 상황에서 합리적으로 행동했다는 것을 보여주기 위해 쓰였기 때문에 그 기사는 다소 편향되었다. 아래의 구절들은 모두 그의 『유대 전쟁사』 VI권에서 발췌한 것이다.

티투스는 이제 외국의 성전을 남겨두려는 자신의 노력이 그의 군대의 부상과 학살로 이어질 뿐임을 보고 문들에 불을 지르라고 명령했다(228).

군사들은 문들에 불을 질렀고 주위의 은이 빠르게 녹아내리면서 불길이 목재로 된 부분들에 번졌으며 자욱한 연기와 함께 회랑들을 삼켰다. 불길이 그것들을 감싸는 것을 본 유대인들은 심신이 완전히 탈진했다. 완전히 당황한 그들은 누구도 불길을 막거나 끄려고 하지 않았다. 그들은 멍하니 서서 바라보았다(232-33).

이때 군사들 가운데 한 명이 명령을 기다리지 않고 이 끔찍한 행위에 대한 두려움도 없이, 마치 어떤 초자연적인 충동에 이끌린 것처럼 불붙은 목재 하나를 낚아챘다. 그는 동료 한 명을 딛고 성소를 둘러싼 방들로 이어지는 북쪽의 낮은 금빛 문을 향해 그 불타는 물체를 던졌다. 불길이 치솟자, 불을 끄려고 몰려든 유대인들 사이에서 비극만큼이나 통렬한 흐느낌이 터져 나왔다. 그들은 이제 자기들이 과거에 그토록 조심했던 대상이 사라지는 광경을 보고 자신들의 안위나 힘을 아끼려는 생각을 잊어버렸다(252-53).

사방에서 학살과 도주가 일어났다. 학살당한 사람들 대다수는 약하고 무장하지 않은 민간인이었는데 그들은 붙잡힌 곳에서 살육당했다. 제단 주위에 시체 더미가 쌓였다. 성소의 계단들 아래로 피가 시내를 이루어 흘렀으며 위에서 죽임당한 희생자들의 시신이 아래로 미끄러져 내렸다(259).

이날 제사장들 가운데 한 명인, 테부티의 아들 예수라는 사람이 황제로부터 신성한 보물들 가운데 일부를 넘겨주는 조건으로 보호를 다짐받은 후 나와서 성소의 벽 위로 성소에 놓여 있던 것과 비슷한 등잔대 두 개와 상들과 대접들과 접시들을 넘겨주었는데 그것들은 모두 단단한 금이었고 매우 무거웠다. 그는 추가로 휘장들과 보석들을 포함한 대제사장들의 의복들과 공공의 예배에 사용되는 다른 많은 물품을 넘겨주었다. 게다가 성전의 재무 담당자인 비느아스는 포로로 잡혀가 제사장들이 입는 의복과 허리띠, 성전의 휘장을 수리하기 위해 필요할 경우 사용하기 위해 보관된 많은 자색과 붉은색 천, 매일 하나님께 드리는 향으로 사용하기 위해 섞어 태우던 다량의 계피와 카시아 및 다른 많은 향료를 공개했다(387-90).

보물들은 전리품으로 로마로 옮겨져 승전 행진에서 과시되었다. 아래의 구절은 [『유대 전쟁사』] VII권에서 발췌한 것이다.

이 전리품들은 일반적으로 난잡하게 쌓여 있었지만, 예루살렘의 성전에서 가져온 것들이 두드러졌다. 이것들은 무게가 여러 달란트에 이르는 금 상 하나와, 마찬가지로 금으로 만들어졌지만 우리가 일상 생활에서 쓰는 것과 다른 양식으로 만들어진 등잔대 하나로 구성되었다.[1] [이 등잔대의] 받

---

1   율법은 아무도 자기 집에서 가지가 일곱 개인 촛대를 소유하도록 허락하지 않았다. 그것

침대에 중앙의 굴대가 붙여졌으며, 그곳으로부터 가는 가지들이 삼지창 모양으로 뻗어 나왔고, 각각의 가지의 끝에 정교한 등잔이 달려 있었다. 이런 가지들이 일곱 개 있었는데 이는 유대인들 사이에 그 숫자에 부여된 영예를 나타냈다. 이것들 뒤에 그리고 모든 전리품들 가운데 마지막으로 유대인들의 율법서 사본 한 권이 옮겨졌다(148-50).

요세푸스는 다음과 같이 계속했다. "승리의 의식이 끝나고 로마인들의 제국이 확고한 토대 위에 확립되자 베스파시아누스는 평화의 신전을 세우기로 결심했다.…그는 이곳에 자기가 자랑스럽게 여기던, 유대인들의 성전에서 가져온 금 그릇들을 두었다. 그러나 그는 그들의 율법과 성소의 자줏빛 커튼들은 자신의 왕궁에 두도록 명령했다"(158-62). 그런 재앙은 파괴적이었다. 많은 사상가가 왜 하나님이 자신의 성전에 이 일이 일어나도록 허용하셨는지 설명하려고 노력했다. 그때 쓰인 책 가운데 한 권이 「바룩2서」다. 그 책은 기원전 6세기에 바빌로니아인들에 의한 예루살렘 성 멸망을 묘사하는 것처럼 쓰였지만 말이다. 그 제목에 등장하는 바룩은 예레미야의 서기관인데(렘 36:32), 그는 파괴의 천사들이 그 성전 위에 임했을 때에 관해 묘사하는 에스겔의 환상(겔 9장)과 다르지 않은 환상을 묘사한다.

은 신성한 디자인이었다. 탈무드는 다음과 같이 말한다. "사람은 [성전에 있는] 촛대의 디자인을 따른 촛대를…만들 수 없다. 그러나 그는 가지가 다섯 개나 여섯 개 또는 여덟 개인 촛대를 만들 수 있다. 하지만 그는 가지가 일곱 개인 촛대는 다른 금속 재료를 사용한다고 할지라도 만들 수 없다(b. Menahoth 28b).

그리고 보라! 갑자기 강한 바람이 나를 올려 예루살렘의 벽 위로 높이 떠 받쳤다. 그리고 나는 천사들 넷이 각각 손에 횃불을 들고 그 성의 네 귀퉁이에 서 있는 것을 보았다. 그리고 또 다른 천사가 하늘로부터 내려오기 시작했으며 그들에게 "너희들의 등잔을 들고 내가 너희들에게 말할 때까지 그것에 불을 붙이지 말라. 내가 먼저 땅에 가서 지존하신 야웨가 내게 명령하신 것을 말하도록 보내졌기 때문이다"라고 말했다. 그리고 나는 그가 지성소 안으로 내려가 거기서 휘장과 거룩한 언약궤와 속죄소와 상 두 개와 제사장들의 의복과 향단과 제사장들이 자신을 장식했던 보석 마흔여덟 개와 성막 안의 모든 거룩한 그릇을 가져가는 것을 보았다. 그리고 그는 큰 소리로 땅에게 말했다.

"땅이여, 땅이여, 땅이여, 위대하신 하나님의 말씀을 듣고
내가 네게 맡기는 것을 받으라.
그리고 네가 명령을 받을 때 그것들을 회수하고
외인들이 그것들을 소유하지 못하도록
그것들을 마지막 때까지 지키라.
예루살렘 역시 다시 영원히 회복되라는 말이 있을 때까지
한동안 넘겨질 때가 오기 때문이다."

그리고 이 일들 후에 나는 그 천사가 등잔들을 들고 있는 천사들에게 하는 말을 들었다.

"그러므로 그 벽을 파괴하고 그것을 기초까지 무너뜨려서
적이 자랑하고 다음과 같이 말하지 못하게 하라.
'우리가 시온의 벽을 무너뜨리고
강력한 하나님의 장소를 불태웠다.'"

…이제 천사들은 그가 자기들에게 명령한 대로 했다. 그들이 벽들의 모퉁이들을 부쉈을 때 벽이 무너진 뒤 성전 안에서 다음과 같이 말하는 음성이 들렸다.

"너희 원수들이여, 들어가라. 그리고 너희 대적들이여, 오라.

그 집을 지키신 이가 그것을 버렸음이라"(「바룩2서」 6.3-8.2).

기원전 6세기 때와 마찬가지로 그 도시의 멸망은 적이 예루살렘에 대해 승리를 거둔 것이 아니라 야웨가 하신 일로 여겨졌다. 예루살렘의 멸망은 죄의 결과였다. "너는 이 백성이 내게 하고 있는 모든 일을 보았느냐?…보라, 내가 이 이유로 이 도시와 그 거주자들에게 화를 가져오노라"(「바룩2서」 1.1, 4). 참고로 말하자면 예레미야애가에 등장하는 구절은 기원전 6세기의 재난을 묘사한다.

여호와께서 그의 분을 내시며
그의 맹렬한 진노를 쏟으심이여.
시온에 불을 지르사
그 터를 사르셨도다.
대적과 원수가 예루살렘 성문으로 들어갈 줄은
세상의 모든 왕들과 천하 모든 백성이 믿지 못하였었도다.
그의 선지자들의 죄들과 제사장들의 죄악들 때문이니
그들이 성읍 안에서 의인들의 피를 흘렸도다(애 4:11-13).

「바룩2서」는 그 멸망이 최후 심판의 시작이었다고 덧붙인다.

그러므로 이제 내가 시온을 제거했노니

이는 내가 세상의 때가 되어 세상을 좀 더 신속하게 벌하려 함이니라.

그리고 그때 내가 네게 나의 능력의 심판과

헤아릴 수 없는 나의 길을 보이리라(「바룩2서」 20.2, 4).

「에스라4서」는 이 재난의 시기에 쓰인 또 다른 책이다. 그것은 여러모로 「바룩2서」를 닮았지만, 좀 더 비관적으로 전망했다. 그 재난이 백성의 죄에 의해 야기되었다면 그들은 장래의 삶에 대한 희망을 지닐 자격도 없을 텐데 그들에게 그 희망을 주는 것이 무슨 소용이 있겠는가? "땅에서 태어난 이 가운데 주의 언약을 어기지 않은 자가 누가 있나이까? 그리고 나는 이제 오는 세대는 소수에게 기쁨을 가져오고 다수에게 고통을 가져오리라는 것을 아나이다. 우리 안에 악한 마음이 자랐고 그것이 우리를 하나님에게서 멀어지게 했고 우리를 멸망하게 하였기 때문이니이다"(「에스라4서」 7.47-48). 성전의 파괴는 오랫동안 심판의 일부라고 생각되었다. 예수는 그의 추종자들에게 최후 심판과 인자의 도래의 서막으로서 성전의 돌들이 무너뜨려질 것이라고 경고하셨다(막 13:2-37). 그 담화의 누가복음 판은 훨씬 더 구체적이다. 성전의 돌 하나도 서 있지 않을 것이고 군대들이 예루살렘을 에워쌀 것이다(눅 21:5-36). 몇몇 학자는 그 도시의 마지막에 대한 그렇게 자세한 전망이 최초기 기독교 전통의 일부였을 수 있을지 의심했으며, 그것은 예루살렘이 실제로 종말을 고한 뒤 그 재난을 설명하는 방법의 하나로 덧붙여졌다고 생각하기를 선호한다. 그러나 복음서들보다 약 2세기 전에 쓰인 「에녹1서」는 심판의 절정으로서 성전의 파괴를 묘사한다.

그때 나는 고대의 집이 변화되는 것을 바라보며 가만히 서 있었다. 모든 기둥이 뽑혔고 그 집의 장식물들이 짐으로 싸여 기둥들과 함께 그 땅의 남쪽에 있는 어떤 장소에 버려졌다. 내가 계속 보고 있노라니 양들의 야웨가 첫 번째 집보다 크고 높은 새집을 가져와 첫 번째 집이 있던 곳에 세우셨다. 그 집의 모든 기둥은 새것이었고 장식물들도 새것이었으며 첫 번째 것들보다 컸다(「에녹1서」90.28-29).

성전에서 나온 보물들의 궁극적인 운명을 둘러싼 신비들이 존재한다. 요세푸스는 자신에게 몇몇 거룩한 책이 주어졌다고 말한다.

예루살렘이 공격을 받아 함락되려고 할 때 티투스 황제가 그의 허락이 주어졌다고 말하며 내 나라의 폐허에서 원하는 것은 무엇이든 가져가라고 내게 거듭 촉구했다. 그리고 이제 내 조국이 멸망했고 내 개인적인 불행에 대한 위안으로 취할 좀 더 귀중한 것이 없었기에 나는 티투스에게 내 동포 중 몇 명의 자유를 요청했다. 그리고 나는 그의 자비로운 호의로 신성한 책 몇 권을 받았다(*Life*, 417-18).

1952년에 고고학자들이 쿰란에서 구리 두루마리 하나(3Q15)를 발견했다. 보존 상태는 좋지 않았지만, 그것은 예루살렘 등에 금과 은과 향료와 두루마리 등을 숨겨둔 예순네 곳의 목록임이 드러났다. 막대한 양이 묘사되었다(어떤 추정에 따르면 3,000달란트가 넘는 은과 1,300달란트의 금 및 금 막대들과 은주전자 608개와 금은 그릇 수백 개가 있었다). 전체적으로 금 26톤과 은 65톤이 있었던 것으로 추정된다. 그 두루마리가 허구의 작품이라고 생각하는 학자가 있는 반면에 그것은 허구라고 보기에는 너무 자세하고 차분하다고 말하는 학자도 있다. 그 저장물은 성전의 보물이 었거나 아마도 성전을 재건축하기 위해 모은 기금이었을 것이다.

410년에 로마는 알라리쿠스 휘하의 서고트족에게 약탈당했다. 그 당시의 역사 하나는 그가 전리품으로 가져간 것을 기록한다. "히브리인들의 왕 솔로몬의 보물들은 가장 볼만한 것이었다. 그것들 대다수는 에메랄드로 장식되었기 때문이었다. 그리고 그것들은 고대 때 로마인들에 의해 예루살렘으로부터 옮겨진 것들이었다"(Procopius, *History of the Wars*, V. xii.41). 유대인들은 영구적으로 애도했다. 바빌로니아 탈무드는 "성전이 두 번째로 파괴되었을 때 이스라엘에서 많은 사람이 금욕주의자가 되어 고기를 먹거나 포도주를 마시지 않기로 스스로 맹세했다"라고 말한다. 그들은 이것이 너무 극단적이라는 충고를 받았으며 중간적인 방식이 채택되었다.

> 그 타격이 임했기 때문에 애도하지 않는 것은 불가능하다. 우리가 사람들 대다수가 견딜 수 없는 고난을 공동체에 지울 수 없으므로 지나치게 많이 애도하는 것도 불가능하다.…그러므로 현인들은 다음과 같이 정했다. 자기 집에 치장 벽토를 바를 수 있지만 조금은 바르지 않고 남겨둬야 한다.…풀 코스 연회를 차릴 수 있지만 한두 가지는 빠뜨려야 한다.…여인이 모든 장식물을 걸칠 수 있지만 한두 가지는 빠뜨려야 한다.…"예루살렘이여, 내가 너를 잊거든 내 오른팔이 힘을 쓰지 못하게 되고, 내가 너를 기억하지 않고 예루살렘을 내 최고의 기쁨으로 삼지 않거든 내 혀가 내 입에 붙을지어다"라는 말이 있듯이 말이다(*Baba Bathra* 60b).

2장

동산

솔로몬은 동산 성소로서의 성전을 건축했다. **혜칼**의 벽들은 금으로 된 종려나무와 꽃들로 장식되었으며 보석들이 박혔다. 놋 기둥들은 석류의 패턴으로 장식되었고 큰 등잔은 아몬드나무의 형태를 띠었다. 그러나 그 성전은 또한 땅에서 하나님의 동산을 나타내기 위해 천상의 계획에 따라 지어졌다. "하늘에서처럼 땅에서"라는 표현은 성전의 구조와 성전의 의식들 모두를 잘 묘사할 수 있었다. 에덴동산은 원시의 물들 가운데서 창조된 최초의 육지었으며 따라서 성전은 창조 질서의 중심이자 그것의 복지에 핵심적인 요소였다. 우리가 살펴보았듯이 성전의 존재는 창조세계를 위협한 깊은 지하의 물들을 억제하고 통제한 것으로 믿어졌다. 에덴동산으로부터 네 강으로 다른 물들이 흘러서 창조세계에 생명을 주었다. 이 강들은 성전 신화에 등장하는데 거기서 그 강들은 신적 보좌에서 흘러나와 창조세계를 새롭게 하는 지혜였다. 생명의 물줄기들과 위협하는 물들의 억제는 다른 곳에서 타락한 천사들의 신화에 표현된, 하나님과 별도인 지혜는 악과 파괴의 원인이라는, 지혜에 대한 매우 정교한 태도의 표현일 수도 있다.

동산 성전의 의미를 탐구할 때 우리는 고대 텍스트들의 앞뒤로 넘나들며 여러 경로를 살펴보았다. 창조세계, 그것의 회복에 있어서 메시아의 역할, 생명을 가져오는 존재로서의 성령의 역할, 야웨가 자기 백성과 함께하신다고 생각된 방식에 관해 놀라울 정도로 일관성이 있는 그림이 출현한다.

성전은 고대의 자수와 비슷하다. 그림이 흐릿해진 부분들도 있고 실들이 더 이상 명확하지 않은 부분들도 있다. 나는 이 책의 나머지 부분에서 실들의 몇 가닥이 어떻게 짜였는지를 설명하려고 노력할 것이다. 위대한 예술 작품에 들어있는 개별적인 실들을 조사하는 것은 처음에는 파괴적인 과정이다. 전체로서의 성전과 그것의 상징을 이해하려면 조사 과정의 끝에 뒤로 물러서서 모든 이미지가 다시 합쳐지게 해야한다.

시간과 공간

나는 모든 곳에서 변화와 쇠퇴를 보나이다.
오 변하지 않는 분이시여, 나와 함께 거하소서.
H. F. 라이트(H. F. Lyte)

성전은 어떻게 기능했는가? 이 질문에 답변하기 위해서는 성전과 관련된 전통들을 살펴볼 필요가 있다. 성전에 대해 어떤 이야기가 말해졌는가? 거기서 무슨 일이 일어났는가? 나는 이런 질문을 통해 제사장들이 무슨 일을 했는지 또는 제사들이 어떻게 드려졌는지를 의미하는 것이 아니라, 그런 이야기들과 행동들을 발생시킨 믿음이 무엇이었는지를 의미한다. 성전이 어떻게 기능했는지를 이해하려면 우리는 먼저 그곳에서 예배한 사람들이 공간과 시간을 어떻게 이해했는지를 살펴봐야 한다. 공간과 시간에 대한 현대의 개념은 매우 다른데, 우리가 이 점을 알지 못한다면 성전에 관한 모든 것이 이상하고 거의 우스꽝스러워 보인다. 20세기의 포스트 계몽주의 사고방식을 사용해서 성전을 이해하기는 불가능하며, 단순히 고대 건축술의 정이나 다채로운 의식을 위한 배경으로서의 성전을 연구하는 것은 별로 가치가 없다. 성전을 연구하는 목적은 그곳에서 무엇이 표현되고 있었는지를 이해하기 위함이다. 우리는 그들의 입장에 서고, 그들이 생각했던 방식으로 생각하고, 그들이 보았던 곳을 보려고 노력해야 한다. 그러면 아마도 우리가 그들이 본 것을 얼핏 보게 될 것이다. 그들이 본 것과 그들이 이것을 표현한 방식이 초기 기독교 사상의 기초를 이룬다. 우리는 그 관점에서만 그 "메시지"를 그것이 표현된 방식으로 풀기 시작할 수 있다.

공간과 시간에 대해 [현대의 견해와] 다른 이 견해가 묘사된 몇 가지 방식이 있는데 가장 보편적인 방식은 **신화적**이다. 신화적인 세상 이해 방식은 우리가 공간과 시간으로 경험하는 세상 너머의 또 다른 "세상"을 전제하고, 그것이 우리의 세상을 설명하고 결정한다고 보았다. 물질적 세상의 경험은 공간의 세 측면(즉 어떤 물체나 장소는 길이와 넓이와 높이를 지닌다)과 견고성 및 시간의 측면(즉 뭔가가 얼마나 오랫동안 지속되는가)에 대한 우리의 인식을 통해 가능해진다. 신화적인 세상은 또 다른 존재의 양태를 상상하는데, 그곳은 우리의 감각으로 느끼는 공간의 제약이나 시간이 없지만 사랑과 미움과 순종과 반역 등의 보이지 않는 힘들을 이 세상과 공유하는 세상이다. 이 다른 세상은 종종 영원(Eternity)이라고 불리는데, 이는 믿을 수 없이 긴 시간을 의미하는 것이 아니라 시간이 **없이** 존재하는 것을 의미한다. 그것은 시간에 대한 우리의 경험 밖에 놓여 있기 때문에, 실제로 우리가 시간에 대해 갖고 있는 믿음이라고 불릴 수 있을 텐데, 그 원칙들은 삶의 경험을 해석하고 어떤 일이 일어날 수 있는지를 예측하는 데 사용되었다는 의미에서 과학 법칙들과 비교될 수 있을 것이다. 같은 방식으로 영원한 공간이 어느 한 신성한 장소에 온전하게 존재했으며, 따라서 약 300제곱미터의 영역을 지닌 성전이 온 세상을 대표했다.

　　이런 근저의 원칙들이 자연 질서와 도덕 질서를 모두 다뤘지만, 그것들은 공식들이나 교의들로 표현되지 않고 이야기들이나 환상들로 표현되었다. **우리**에게는 이 대목에서 별개의 단어 두 개가 필요하지만, 히브리인들에게는 둘 모두를 포괄한 한 단어―**비유**(parable)―가 있었다. 비유는 다른 의미를 지닌 이야기일 수도 있었고, 땅의 상황에 상응하거나 그것을 나타낸 천상의 세상에 대한 환상을 의미할 수도 있었다(그것이 비유[히브리어로는 *mashal*]의 기본적인 의미다). 물론 과학 법칙들과의 그런 비교를 지나치게 밀어붙일 수는 없다. 그러나 조직화하는 이런 이야기들과 환상들이 자연 질서와 도덕 질서를 준수하여 시작되었을 가능성이 있다. 그것들이 악의 기원 같은 신학적인 문제들뿐만 아니라 천문학 같은 과학적인 주제들도 다뤘기 때문이다. 그것들은 경험에 비춰 수정되었다. 가장 중요한 신화들 가운데 하나는 천사들이 하늘에서 추락한 것을 묘사했지만, 그것은 적어도 두 가지 형태를 지녔다. 하나는 천사들이 땅으로 가져온 천상의 지식이 근본적으로 악하다고 말했다(이것은 「에녹1서」6-11장에서 말하는 내용이다). 다른 하나는 그것이 선했지만 인간에 의해 오용되었다고 말했다(이것은 「희년서」4장에 기록된 내용이다). 천상의 지식이 땅 위에 악을 가져왔다는 합의가 이뤄졌다. 그러나 이것이 지식 자체 때문이었는가 아니면 그것을 사용한 사람들 때문이었는가? 의견의 불일치는 하나의 신화에 대한 다른 판본들로 표현되었다. 이 중요한 신화는 구약성경에서 창세기 6장에만 등장하는데, 그곳에는 학자들이 오랫동안 훨씬 긴 어떤 이야기의 나머지라고 의심해 왔던 짧은 기사가 있다. 모든 신화에 대해서도 마찬가지다. 정경 텍스트들에는 흔적들만 남았으며 때로는 비유적 표현만 등장하기도 한다. 혹자는 이런 "흔적들"이 그것들에 기초해 훗날의 신화가 자라난 기본적인 자료들이었으며 이스라엘에는 참된 신화가 없었다고 주장했다. 그러나 성전 텍스트들을 연구해 보면 "훗날의 신화"였다는 견해는 가능성이 작아진다. 성전은 그들의 복잡한 신화의 중심이자 배경이었으며, 성전과 그것의 종교를 개혁했던 사람들이 전에 존재하지 않았던 뭔가의 성장을 격려했다기보다는 그 신화를 제거했을 가능성이 좀 더 크다.

에덴동산의 신화 역시 두 형태로 존재하는데(겔 28장과 창 2-3장), 이는 그것이 변화된 상황에 대처하기 위해 재작업되었음을 보여준다. 유배 후의 교사들은 개인의 책임을 강조했는데, 그것은 율법 준수에 기초한 문화에 필수적이었다. 에덴은 이전에는 하늘로부터의 타락 이야기, 즉 신화였다. 그것이 최초 인간의 죄 이야기, 즉 역사가 되었다. 성전을 탐구하는 동안 우리는 몇몇 지점에서 비슷한 과정을 발견할 것이다. 신화가 역사가 되었으며 그것의 과정이 변했다. 그것은 과거를 다루었으며 더 이상 현재를 다루지 않는다. 고대 성전의 신화들과 상징들이 이런 식으로 영원한 현재에 대한 묘사로 이해되면 그것들은 덜 이상하게 보이기 시작한다.

삶을 이해하기 위한 기본 원칙이 일단 이야기나 그림 형태로 표현되고 나면, 의식을 통해 이 이야기나 환상과 상호작용하고 그것이 예배자에 대해 "효과를 발휘하게" 만들 수 있었다. 역으로, 이런 것들을 소홀히 하면 재앙으로 이어졌다. 종교적 준수는 선택할 수 있는 여분의 것이 아니었다. 그것은 창조 질서의 구조를 유지하기 위한 필수적인 부분이었다. 이 상호작용이 취해야 하는 형식이 논란이 되었다. 그것은 의식과 제사여야 하는가, 아니면 다양한 신적 명령 준수여야 하는가? 각각의 경우 실패의 결과는 동일했다. 의무 태만은 재앙으로 귀결되었다. 요엘은 이 궁지를 잘 보여준다. 가뭄 때(욜 1:17) 백성은 성전 의식을 선택했지만(욜 1:9, 13-14), 그 예언자는 신적 명령이 위반되었다고 말했다. "너희는 옷을 찢지 말고 마음을 찢고"(욜 2:13). 우리는 그 예언자의 관점을 선택하는 경향이 있지만, 그의 청자들 가운데 대다수는 아마도 의식을 택했을 것이다. 그렇지 않았다면 왜 예언자들이 목소리를 높였으며 왜 그들의 말이 전통적으로 무시되었겠는가?

예루살렘 성전은 신화적인 공간과 시간 안에 있었다. 그것은 단순히 고도로 장식된 건물이 아니라 영원한 것과 속세의 것이 하나였던 장소였다. 장식들은 천상의 세계를 나타냈지만, 그것은 단순한 표상이 아니었다. 어떤 측면에서는 성전이 천상의 세계 **자체**였으며, 성전의 장식들이 실제로 살아 있었던 몇몇 예도 있다. 예를 들어 「안식일 제사의 노래들」에서는 성전 벽에 그려진 천사들이 살아 있는데, 이는 그 노래들이 하늘 성전을 묘사하기 때문이다. 우리는 언제나 하늘과 땅을 분리하기를 원하지만 고대의 저자들은 그러지 않았기 때문에, 배경이 지상 성전인지 하늘 성전인지를 우리가 항상 알 수 있는 것도 아니다. 성전의 제의들은 땅에서 수행되었지만, 영원한 천상의 실재의 일부였다. 따라서 공간과 위치가 모호했다. 시간도 마찬가지로 모호했다. 그들은, 비록 아주 먼 과거이기는 하지만, 우리가 시간 안에서 일어났다고 읽은 이야기들을 영원히 그곳에 있는 현재의 또 다른 측면이라고 믿었다. 신화들은 원시의 역사가 아니라, 상징이나 내러티브 형식을 띤 현재의 원칙들에 관한 진술이었다. 예를 들어 타락한 천사들을 묘사하는 거대한 신화 복합체는 과거의 어느 순간에 일어났던 어떤 사건에 대한 묘사로 이해되었을 뿐만 아니라, 그 속편인 미래에 일어날 최후의 심판으로도 이해되었다. 하나의 신화에 과거와 미래가 결합되었다. 타락과 심판은 원래 창조 질서의 토대라고 믿어졌던 원칙, 즉 그것을 통해 창조 질서가 해석되고 이해된 원칙에 관한 진술들이었다. 따라서 요한계시록에서 요한은 한 천사가 "이리로 올라오라. 이 후에 마땅히 일어날 일들을 내가 네게 보이리라"라고 말하는 음성을 듣는다(계 4:1). **"이 후에"**는 **"이것 너머에"**를 의미할 수도 있는데, 이는 요한이 자기 시대에 보는 지상 드라마의 배후에서 일어날 일을 보리라는 것과 그것은 영원을 흘끗 보는 것이기 때문에 거기에는 앞으로 일어날 일이 포함되리라는 것을 의미한다. 악이 종식되어야 한다는 것은 하나님이 선하시다는 믿음에서 파생된 기본적인 원칙이었다. 강하지만 반드시 선하지는 않다고 믿어졌던 이교도의 신은 자신의 숭배자들에게 악의 문제를 제기하지 않았다. 따라서 타락과 심판은 역사에서 계속 현실화했으며, 타락한 천사들과 그들에 대한 심판은 영원한 현재였다. 따라서 제2이사야서는 심판이 지나간 것처럼 말했지만(사 40:1-2), 제3이사야서는 심판이 아직 임하지 않았다고 보았다(사 66:6). 영원한 차원이라는 이 아이디어, 즉 영원한 현재인 "이것 너머"가 성전의 상징과 신화 및 그들의 백성을 위해 영원한 차원의 안정성을 전용하는 제사장들의 행동들 모두의 기초를 이룬다. 두 세계 사이를 넘나든 중재자들이 그 종교에 필수적이었다.

성전은 공간과 시간 모두의 중심이자 핵심 지점이었다. 그것은 땅에서 가장 거룩한 장소였다. 동심원적인 거룩함의 영역들이라는 개념은 예루살렘으로 여행하는 순례자들이 두 의미 모두에서 하나님의 임재 안으로 올라가는 것을 의미했다. 성전의 거룩함은 그것이 순결의 장소임을 의미했다. 우리가 살펴본 바와 같이 모든 것이 완벽하고 온전해야 했다. 의식상의 여러 차례의 씻음을 포함한 정교한 준비를 거친 뒤에야 흰색 천으로 된 특별한 의복을 입은 대제사장이 지성소에 들어갈 수 있었다. 성전에서 일하는 사람들은 죽은 것과 접촉하거나 심지어 화장실에 다녀오기만 해도 불결해질 수 있었다. 최근에 출산한 여성들은 성소의 바깥 부분들에도 들어가도록 허락되지 않았다.

거룩은 또한 능력의 장소를 의미했는데, 능력은 생명일 수도 있었고 죽음일 수도 있었다. 그것에 잘못 접근하면 언약궤를 예루살렘으로 옮기던 도중에 웃사가 언약궤를 만졌을 때 일어난 것처럼 죽음이 초래되었다(삼하 6:6-7). 그러나 언약궤가 마른나무가 싹을 틔우게 하고 황금 나무들이 진짜 열매들을 맺게 했다는 이야기들에서처럼 그것은 초자연적인 산출력도 가져왔다. 메시아의 시대에 하늘과 땅 사이의 관계가 적절한 조화의 상태로 회복되면 땅 자체가 기적적인 수확을 산출할 것이다. "그리고 그 위에 포도나무를 심는 사람은 많은 포도주를 생산할 것이다. 그리고 그 위에 뿌려진 모든 씨앗은 한 단위가 천 단위를 산출할 것이고, 한 단위의 올리브가 짠 기름 열 단위를 산출할 것이다"(「에녹1서」10.19). 그때까지 성전 종교를 통해 의사소통 지점이 유지되어야 했는데, 이는 속죄일의 두려운 피의 의식에서 절정에 달했다. 그때, 그리고 오직 그때 대제사장은 절대적으로 순결한 상태에서 공간과 시간의 중심인 지성소에 들어가 피, 즉 생명을 뿌렸다. 이것은 연도의 전환, 갱신 의식, 역사의 전환이었다.

쿰란에서 나온 멜기세덱 텍스트는 시편 8편이 실현될 때인 대속죄일에 하늘에 있는 대제사장인 멜기세덱을 묘사했다. "하나님은 신들의 모임 가운데에 서시며 하나님은 그들 가운데에서 재판하시느니라"(시 82:1). 이는 신약성경 시대에도 제사의식이 여전히 하늘 법정에서 천사의 세력들이 심판받을 큰 심판의 날의 일부로 여겨졌음을 의미한다. 그것은 또한 하나님이 자신의 대제사장인 멜기세덱을 통해 행동하실 것으로 생각되었음을 의미한다. 시간의 중심에서 일어나는 피의 의식들과 심판 후에 큰 초막절 절기가 지켜지고 야웨의 기름 부음을 받은 이가 심판받고 패배당한 악의 세력들에 대해 승리를 거두고 즉위했다. 이는 멜기세덱 텍스트에서 이사야서를 인용하여 표현되었다. "좋은 소식을 전하며 평화를 공포하며 복된 좋은 소식을 가져오며 구원을 공포하며 시온을 향하여 이르기를 '네 하나님이 통치하신다' 하는 자의 산을 넘는 발이 어찌 그리 아름다운가"(사 52:7; 11QMelch). 즉위 후 창조세계가 갱신되었다. 초기 그리스도인들은 이 모든 것이 예수의 죽음과 부활의 의미에 대한 참된 표현이라고 주장했다. 피의 의식의 완수는 히브리서에서는 새로운 멜기세덱으로서의 예수로 표현되었고, 골로새서 2:15에서는 악의 세력들이 패배당했다는 주장으로 나타났으며, 요한계시록에서는 [예수의] 승천과 즉위 및 창조세계의 갱신으로 표현되었다.

　성전은 자연 질서에 관한 진술이었기 때문에 그것은 창조의 신화와 밀접한 관련이 있었다. 이 대목에서도 창조 신화는 세상이 오래전에 어떻게 형성되었는지에 관한 묘사였을 뿐만 아니라, 세상이 어떻게 계속 형성되고 유지되었는지에 관한 묘사이기도 했다. 성전은 하늘과 땅의 교차 지점에 있었으며, 따라서 그곳으로부터 물질세계가 질서를 잡은 최초의 장소였다. 고대 근동에서 이 장소는 대개 하늘과 땅과 지하세계를 함께 지탱한 우주적인 산으로 생각되었다. 그것은 신들의 집이었다. 위대한 창조의 신의 신전은 그 우주적인 산의 꼭대기에 지어졌다. 예를 들어 메소포타미아의 신화들에서 마르두크는 혼돈의 세력들에 대해 승리를 거두고 정돈된 창조세계를 확립했으며, 그의 승리는 거대한 인공 산인 지구라트 위에 그의 거대한 신전을 세움으로써 표시되고 인이 쳐졌다(Gray, *N.E.M.*, p. 32). 이집트의 신전들에서 가장 거룩한 장소는 원시의 물들에서 떠오른 최초의 작은 언덕으로 생각되었다(*Bib. Arch.* [1944], p. 78). 가나안에서는 사나운 바다에 대한 바알의 승리가 그가 창조세계에 질서를 확립했다는 표지였으며, 이는 그의 신전 건립으로 표시되었다. 그러나 창세기에서는 야웨가 창조 사역을 마치셨을 때 그는 자신을 위해 성전을 지으신 것이 아니라 동산을 만드셨다. 이스라엘의 전통에서 에덴동산이 다른 창조 신화들의 신전을 대체했음이 종종 지적되었는데, 이는 확실히 현재 형태의 구약성경에도 해당한다. 그러나 에덴동산과 성전이 한때 하나였으며 동일했다고 암시하는 많은 자료가 있다. 야웨가 혼돈에 대해 승리하시고 창조세계에 질서를 부여하셨을 때 그는 **실제로** 시편에서 전제된 창조 이야기에 따라 예루살렘에 자신의 성전을 세우셨다. 이 성전은 거룩한 산의 정상에 있는 하나님의 동산"이었다".

고대 근동에서 신성한 산 각각은 어느 신의 집이었다. 가나안의 신화에서 바알은 자폰산에서 살았으며 그곳에 그의 신전이 있었다. 최고의 여신인 아나트는 **인느브**(*Innb*)산에 살았고, 엘은 **흐르슨**(*Hrsn*)이라는 북극의 세계산에서 살았는데 그 아래에서 우주적인 물들이 솟아났다. 그것은 "두 배로 깊은 샘들의 한가운데 있는 두 강의 근원"에 위치했다(UM 1.5-6, Cross, p. 36에서 인용됨). 예루살렘에 있는 성전에 대해서도 이 모든 것이 말해졌다. 더욱이 그는 신들이 만나고 향연을 베푼 장막에서 사셨다(참조. 출 24:11, 그 구절에서 이스라엘의 장로들은 시내산에 올라가 "하나님을 뵙고 **먹고 마셨다**"). 구약성경에서 이런 산들이 알려졌지만, 바알의 산과 집회의 산은 동일한 하나의 산이었다. 새벽의 아들 금성이 자랑하며 이렇게 말했다.

> 내가 하늘에 올라 하나님의 뭇별 위에
> 내 자리를 높이리라.
> 내가 **북극** 집회의 산 위에 앉으리라.
> 가장 높은 구름에 올라가
> 지극히 높은 이와 같아지리라(사 14:13-14).

북극은 "**자폰산의 후미진 곳에 있는**"으로 번역되는 것이 좀 더 낫다. 즉 두 산은 구분되지 않았다. 시온산도 자폰산과 동일시되었다.

터가 높고 아름다워

온 세계가 즐거워함이여.

큰 왕의 성

곧 **북방에 있는** 시온산이 그러하도다(시 48:2).

이 구절에서도 "**북방에 있는**"은 "**자폰산의 후미진 곳에 있는**"으로 번역되는 것이 좀 더 낫다. 이스라엘에서 어떤 관점에서도 시온이 북방에 있는 산이라고 불렸을 가능성이 있다고 상상하기는 어렵다. 이 구절에는 하나님의 산이라고 이름붙여진 시온이 등장한다. 에스겔은 "하나님의 거룩한 산"을 언급하지만, 그것이 "하나님의 동산 에덴"이었다고 말한다(겔 28:13-14). 달리 말하자면 이스라엘은 비슷하지만 똑같지는 않은 방식으로 하나님에 대해 묘사했다. 이스라엘의 종교 개혁가들이 좀 더 오래된 신화를 억압하려고 했을 때 하나님의 동산은 비로소 좀 더 친숙한 창세기의 에덴이 되었으며, 성전은 단순히 기도하고 제사를 지내는 장소로 제시되었다.

큰 바다

전능하신 당신의 말씀을
혼돈과 어둠이 듣고
달아났나이다.

J. 매리어트(J. Marriott)

이 에덴 모티프를 좀 더 자세하게 조사하기 전에, 성전이 어떻게 그것으로부터 창조세계가 나온 바다들에 세워진 궁창을 나타낸다고 생각되었는지를 알아볼 필요가 있다. 그러기 위해서는 우리가 성전의 전반적인 계획을 살펴봐야 한다. 성전 뜰에 거대한 놋 대야가 있었는데, 그것은 성전 자체의 넓이의 절반에 해당하는 크기였기 때문에 틀림없이 그 구역을 압도했을 것이다. 그것은 의미심장하게도 "그 바다"라고 불렸으며, 아마도 의식에서 원시의 물들을 나타냈을 것이다. 뜰은 견고한 땅을 둘러싼 바다"였다"는 믿음이 확립되어 있었다. 기원후 2세기의 인물인 랍비 비느하스 벤 야이르가 시작한 것으로 알려진 한 전통은 성전을 다음과 같이 묘사한다. "그 집의 지성소는 가장 높은 하늘에 상응하도록 만들어졌다. 거룩한 집 외부는 땅에 상응하도록 만들어졌으며, 뜰은 바다에 상응하도록 만들어졌다"(Patai, *Man and Temple*, p. 108에 인용됨). 오경의 해석자들은 "바다가 세상을 둘러싸듯이 뜰이 성전을 둘러싼다"라고 말했다(*Numbers Rabbah* XIII.19). 바빌로니아 탈무드는 성전 벽들의 흰색과 파란색 대리석이 바다의 파도처럼 보였다고 기억한다(b. *Sukkah* 51b). 이 모든 것은 성전이 파괴된 뒤에 쓰인 후대의 텍스트들이지만, 성전을 알았던 요세푸스 역시 바깥뜰이 바다를 나타냈다고 말했다. 그는 성전이 모델로 삼은 성막이 세 부분으로 나뉘었다고 말했다. "그리고 그것들의 두 부분이 접근 가능하고 모든 사람에게 개방된 장소로서 제사장들에게 주어졌다. 모세는 이것들을 통해 땅과 바다를 나타냈는데 이는 이것들 역시 모든 사람에게 접근 가능하기 때문이다. 그러나 그는 세 번째 부분을 하나님만을 위해 유보해 두었는데, 이는 하늘 역시 인간에게 접근 불가능하기 때문이다"(『유대 고대사』, III. 181). 그리고 의심할 나위 없이 솔로몬의 성전을 가리키는 텍스트들이 성전을 창조 전에 제압된 바다들과 관련지으며, 따라서 필론이나 요세푸스 같은 1세기 저자들의 작품에서 발견되는 복잡한 상징이 좀 더 후대의 해석이 아니라 원래의 기억이었을 가능성이 있다. 예를 들어 시편 93편은 야웨가 보좌에 앉으셨고 권위를 입으셨으며 홍수와 바다의 파도보다 강력하게 확립되셨다고 묘사한다. 시편 29:10도 비슷하다.

> 여호와께서 홍수 때에[위에] 좌정하셨음이여.
> 여호와께서 영원하도록 왕으로 좌정하시도다.

보좌는 성전에 있었기 때문에, 이 구절은 승리를 거두고 자기가 제압한 홍수 위에 있는 자신의 성소에서 문자적으로 즉위한 창조주에 대한 그림이다. 시편 24편은 야웨가 바다 위에 세상을 확립하셨다고 말하며, 즉시 "여호와의 산에 오를 자가 누구인가?"라고 질문해서(시 24:3) 확립된 장소는 거룩한 언덕, 그의 백성에게 안전한 장소라고 암시한다. 이제 출애굽기에 편입된 고대의 시(바다의 노래, 출 15장)는 야웨가 그의 백성을 무서운 바다를 통과해 인도하셨다고 말하지만(그래서 그것이 이 이야기에 포함되었다), 그것은 출애굽 이야기의 나머지로 끝나지 않는다. 원래의 배경에서 그것은 출애굽의 사건들을 묘사하지 않았다. 그 시는 사실 고대의 창조 이야기를 말한다.

> 주께서 백성을 인도하사 그들을 주의 기업의 산에 심으시리이다. 여호와여, 이는 주의 처소를 삼으시려고 예비하신 것이라. 주여, 이것이 주의 손

으로 세우신 성소로소이다(출 15:17).

이것은 우연히도 신화가 작동하는 좋은 예다. 역사의 사건들이 기존의 틀 안으로 편입되며, 출애굽에 따른 선택된 백성의 창조가 원시 바다로부터 세상의 창조 관점에서 말해진다. 예를 들어 시편 33:7과 74:13 및 89:9과 예레미야 5:22 같이 야웨가 바다를 제압하시는 것에 대한 다른 많은 묘사가 있으며, 다윗 왕이 성전을 짓기 전에 지하의 물들을 제압하는 것에 관한 이야기들은 같은 주제의 이형이다.

신적 보좌가 있는 장소인 성전을 둘러싼 바다는 성전을 배경으로 하는 예언자들의 몇몇 환상에도 등장했다. 인자 같은 이에 관한 다니엘의 환상(단7장)은 고대의 즉위 의식에 기초한 환상이었다(이것이 기원전 2세기까지 기억되었다는 점은 원래의 성전 상징이 잊히지 않았다는 또 다른 암시다). 인자 같은 이가 즉위하고 그에게 통치권이 주어지기 전에 "큰 바다"로부터 괴물 같은 네 짐승이 올라왔다(단 7:2-7). 하나는 죽임을 당했고 나머지는 잠시 살도록 허용되었지만, 그것들의 힘이 거두어졌다(단 7:11-12). 이 맥락에서 네 짐승은 네 제국을 나타냈지만, 그것들의 선행자들은 야웨가 길들이셨거나(참조. 욥 41장) 물리치신(참조. 사 51:9) 혼돈의 괴물들이었다. 옛 신화가 새로운 상황에 대해 재해석되고 있는데(단 7:17), 이는 그 신화가 그 전통에서 일정한 지위를 지니고 있었음을 암시한다. 위기의 시기에 사건들이 이런 식으로 설명되었다. 그것은 때때로 암시되는 것처럼 새롭거나 낯설지 않았다.

「에스라4서」에 유사한 성전 환상이 기록되어 있다. 한 인물이 바다에서 올라와 스스로 큰 산을 만들고 그 위에 서서 침략해 오는 적들과 전쟁을 벌인다. 이것은 바다의 한가운데로부터 거룩한 산을 형성하는 고대의 창조 신화이지만, 이 대목에서는 그것이 독자들을 위해 해석된다. 이 저자도 기존의 전통을 사용하여 그것을 자신의 상황에 적용하고 있음을 보여준다. 그 산은 시온이며 그 전쟁은 선택된 백성의 적들을 상대로 한다. 예상된 창조의 양상, 즉 모든 상황의 기초를 이루는 신화가 여기서 하나님의 백성이 현재 처해 있는 혼돈의 상황으로부터 그들을 창조(또는 구원)하는 데 적용된다.

동산으로 묘사되든 하늘 보좌가 있는 장소로 묘사되든 낙원도 바다로 둘러싸였다. 기원후 1세기의 어떤 텍스트는 아담이 어떻게 천사장 미가엘에 의해 다시 낙원으로 인도되었는지를 묘사했다. 그는 낙원 주위의 물들을 얼려서 자기들이 건널 수 있도록 했다(「아담과 하와의 생애」 28:4). 요한계시록에 등장하는 하늘 보좌 주위의 바다("보좌 앞에 수정과 같은 유리 바다가 있고"[계 4:6])나 하늘 성전 앞의 바다("또 내가 보니 불이 섞인 유리 바다 같은 것이 있고 짐승과 그의 우상과 그의 이름의 수를 이기고 벗어난 자들이 유리 바닷가에 서서 하나님의 거문고를 가지고"[계 15:2])는 좀 더 친숙하다. 하나님의 보좌가 있는 장소인 성전은 바다 가운데 서 있었으며, 창조주가 자기 백성을 위해 확립하고 계속 유지한 궁창을 상징하거나 궁창 자체였다.

에덴으로서의 성전

헤칼은 금으로 만든 나무들과 꽃들로 장식되었다. 그것은 에스겔서에 등장하는 하나님의 동산처럼 보석으로 장식되었다. 그리고 구약성경에서 낙원 주제가 등장할 때 낙원은 그것과 동의어인 성전으로부터 분리되지 않아야 한다. 에덴 신화를 있는 그대로 역사적으로 이해하지도 않아야 한다. 예언자들은 마지막이 처음과 같아지고 모든 것이 원래 상태로 회복될 때를 기대했다. 그러나 이것은 그들의 직선적 역사관이었다기보다는, 물리적 창조세계가 신적 원형과 영구적으로 조화를 이루지 못하고 있으며 끊임없이 조화를 재확립할 필요가 있다는 그들의 믿음의 표현이었다. 미래와 과거가 영구적으로 및 잠재적으로 존재했다.

에덴은 종종 미래의 어느 날 달성할 이상으로서의 예루살렘과 연결되었다. 따라서 이사야는 시온이 다윗 가문의 왕에 의해 통치되는, 거룩한 산의 조화를 누릴 때를 기대했다(사 11장). 제2이사야서는 시온의 사막이 에덴, 즉 하나님의 동산 같아질 때를 기대했다(사 51:3). 제3이사야서는 예루살렘이 새로운 거룩한 산으로 재창조될 때를 기대했다(사 65:17-25). 그때에는 창세기에 등장하는 에덴동산의 뱀이 어떤 힘도 지니지 못할 것이다("뱀은 흙을 양식으로 삼을 것이니", 사 65:25). 늦게는 기원후 1세기에 같은 개념들이 채택되었다. 예루살렘이 로마인들에게 파괴되었을 때 「바룩2서」는 그 재앙에 대한 많은 설명 중 하나를 기록했다. 그는 지상의 예루살렘은 참된 도시가 아니라고 말했다. 이 참된 도시는 하늘에 있었는데 그것은 아담이 죄를 짓기 전에 낙원에서 그에게 계시되었고, 아브라함이 언약의 제물들을 드렸을 때 그에게 계시되었으며, 시내산에서 모세에게 계시되었다(「바룩2서」 4.2-7). 예루살렘은 이렇게 산꼭대기에 있는 야웨의 동산과 동일시되었으며, 그 동산은 성전에 의해 대표되었다. 우리는 「성전 두루마리」에서 상상된 성전 안뜰의 광대한 면적을 통해 그 도시 전체가 성전의 확장으로 여겨졌다는 점을 알 수 있다.

제1성전에 대한 묘사와 후대의 저자들이 하늘을 에덴으로 및 성전으로 묘사한 방식에 성전이 에덴을 나타냈다는 많은 암시가 존재한다. 창세기 2장에 따르면 에덴은 하나님의 동산이자 나무들과 강들과 그룹들과 사악한 뱀이 있는 장소였다. 아담과 하와가 쫓겨났을 때 문을 지키도록 그룹들과 불 칼이 배치되었다. 이 기사에서 그들이 성전으로부터 쫓겨났다고 암시할 어떤 요소도 없다. 그러나 **성전**의 묘사들은 그것이 에덴이었음을 암시한다. 에스겔은 높은 산 위에 세워진 성전을 묘사했는데(겔 40:2), 그것의 뜰은 종려나무들로 장식되었다(겔 40:31, 34). 내부는 종려나무들과 그룹들로 장식되었으며(겔 41:17 이하), 그 성전으로부터 강 하나가 흘러나와 초자연적인 소출을 가져왔다(겔 47:1-12). 에스겔은 이런 에덴 같은 특징들을 만들어내지 않았다. 각각의 항목이 구약성경의 다른 곳에서 언급된다. 높은 산 위의 성전은 이사야 2:2-4과 미가 4:1-3의 주제였고, 의인들은 야웨의 집의 나무들로 묘사되었는데(시 92:13) 이는 그곳에 나무들이 없었더라면 무의미한 비유일 것이다. 열왕기상 6:29은 성전 벽들에 새겨진 종려나무들과 그룹들과 꽃들을 묘사했으며, 몇몇 예언자는 성전으로부터 물들이 흐를 때를 기대했다(예컨대 슥 14:8; 욜 3:18). 히스기야는 산당에서 놋 뱀을 제거했으며(왕하 18:4), 일곱 가지가 난 촛대는 생명나무로 기억되었다. 에스겔은 고대 근동의 다른 곳에서 알려진 것 같은 동산 성소 환상을 본 것 같지만, 그것은 또한 그가 예루살렘에서 알았던 성전에 대한 정확한 묘사이기도 했다.

　　성전으로서의 에덴에 대한 기억은 재작업에도 불구하고 살아남았다. 「희년서」는 아담이 동산 밖에서 창조된 후 동산을 지키도록 그곳에 배치되었다고 묘사했다. 아담은 창조된 후 40일을 기다려야 했고 하와는 80일을 기다려야 했다(「희년서」 3.9). 왜 그랬을까? 그 답은 레위기 12:1-5의 정결법에 놓여 있다. 여성이 아들을 낳으면 40일 동안 부정했고 딸을 낳으면 80일 동안 부정했다. 그 기간이 지나야 출산한 여성은 성전에 가서 제물을 드릴 수 있었다. 「희년서」의 특징들 가운데 하나는 유대의 율법들이 태곳적 시기에 기원을 두는 것이었다. 여기서 아담과 하와가 부정에 관한 율법의 원인이었다고 암시된다. 사실은 그 반대였는데 말이다. 그런데 「희년서」의 저자는 왜 아담과 성전을 관련시키는 것이 적절하다고 생각했는가? 아담은 동산을 떠났을 때 분향했다. 그것은 성전 뜰에서 쓰는 유향은 아니었지만 **성소에서만 사용된** 특별한 혼합 향이었다(이 책의 54쪽을 보라). "그는 아침에 해가 뜰 때 유향과 갈바눔과 소합향과 향료들을 향기로운 제물로 바쳤다"(「희년서」 3.27). 에녹은 에덴동산으로 올려져 큰 심판의 서기관으로 임명되었다(「희년서」 4.23). 에녹은 또한 그곳에서 분향했다. "그는 성소의 향, 즉 그 산에서 야웨 앞에 받아들여질 만한 향기로운 향료들을 불살랐다"(「희년서」 4.25). 「희년서」의 저자는 틀림없이 성전과 에덴을 동일시했다. 「모세의 묵시록」에 등장하는 또 다른 추방 기사는 아담이 낙원에서 추방되었을 때 향을 만들 때 필요한 허브들과 향료들 및 식용 식물들을 재배할 씨

앗을 가지고 가도록 허용되었다고 말한다(「모세의 묵시록」 29.5-6). 창세기 3:22에 대한 어떤 주석(*Genesis Rabbah* XXI. 8)은 에덴으로부터의 추방을 성소로부터의 추방 및 성전의 파괴와 연결했다. 이후에 유대인의 민간 전승은 하늘이 동심원적인 불의 벽 세 개로 둘러싸여서 다양한 등급의 의인들에게 할당된 지역들을 정의했다고 말했다. 이것은 틀림없이 성전 뜰들에 대한 기억이었을 것이다. 또 다른 전통은 에덴을 일련의 집들로 기억했는데, 처음 두 채는 삼나무로 지어졌고, 세 번째 집은 귀금속으로 지어졌으며, 네 번째 집은 올리브나무로 지어졌다. 세 번째 집에 생명나무가 있었는데 그 나무로부터 낙원의 네 강이 발원했다.

심판의 장소

화려한 보좌에 앉으신 영원한 심판자시여,

주들의 주이시며 왕들의 왕이시여,

당신의 살아 있는 심판의 불로

이 괴로운 일들의 영역을 정화하소서.

H. S. 홀랜드(H.S. Holland)

헤칼 너머에 그룹 보좌가 놓인 장소인 지성소가 있었는데, 이것 역시 신화에 반영되었다. 우리는 에덴동산을 최후 심판과 관련시키지 않는 경향이 있다. 우리는 신화를 "역사화"하기 때문에 그것들은 우리의 세계관의 반대쪽 두 끝에서 일어난다. 그 신화를 부정하는 사람들도 그들의 사고의 어느 구석에서는 대개 심판이 끝에 일어나고 에덴이 처음에 일어난다는 점을 인정할 것이다. 우리는 역사적으로 생각한다. 창세기의 에덴 이야기에는 좀 더 오래된 신화의 흔적인 심판 주제가 있지만, 보좌는 없다. 하지만 「모세의 묵시록」에서는 하나님의 동산에 마차 보좌가 있는데, 거기서 아담에게 심판이 내려진다. "그리고 천사들이 하나님의 앞에서 행진하고 찬양을 부르는 가운데 하나님이 자기의 그룹 마차를 타시고 낙원에 나타나셨을 때, 낙원의 모든 식물이…꽃망울을 터뜨렸다. 그리고 하나님의 보좌는 생명나무가 있는 곳에 정착했다"(「모세의 묵시록」 22.3-4). 이 묵시록은 비교적 늦은 시기의 텍스트이지만, 에스겔 28장에는 거의 확실히 창세기의 묘사보다 오래된 에덴 묘사가 있다. 그것은 심판 장면이기도 한데, 그 사실로부터 우리는 그가 묘사하는 에덴이 성전이었다고 추론할 수 있다. 에스겔의 동산은 창세기의 동산과 아주 다르다. 그것은 하나님의 산 위에 있으며, 보석들과 그룹들이 있는 장소다. 이 장의 텍스트는 특정한 지점들에서 해석하기 어렵기로 악명이 높지만, 그것은 두로의 왕이나 군주이기도 했던 천사에 대한 심판을 묘사하는 것처럼 보인다. 이 천사 군주는 에덴동산에서 살았지만, 죄를 지었고 따라서 그 산 아래로 던져졌다. 그의 죄는 교만과 폭력이었다. 나는 이것이 원래의 에덴, 즉 큰 심판의 장소를 어렴풋이 나타낸다고 주장한다.

여러 텍스트에 암시된 내용을 결합함으로써 우리는 또한 이 하늘 동산이 성전이었다고 추론할 수 있다. 이 천사 군주는 "덮개"(covering)를 갖고 있었는데(겔 28:13, 개역개정에서는 "단장하였음이여"로 번역되었음), 그것은 아마도 모종의 사당, 즉 **수카**(sukkah)를 의미했을 것이다. 히브리어에는 여기서 "덮개"로 번역된 단어와 유사한 여러 단어가 있다. 그 가운데 하나가 시편 27편에 등장하는데, 거기서 예배자는 야웨의 집에 살고, 야웨의 아름다움을 보고, 그의 성전에서 묻는 것을 요청한다.

> 여호와께서 환난 날에 나를 그의 **초막** 속에 비밀히 지키시고
> 그의 장막 은밀한 곳에 나를 숨기시며
> 높은 바위 위에 두시리로다(시 27:5).

또 하나가 시편 18편에 나오는데, 거기서 야웨가 그룹과 바람의 날개들을 타고 다니신다.

> 그가 흑암을 그의 숨는 곳으로 삼으사 **장막** 같이 자기를 두르게 하심이여.
> 곧 물의 흑암과 공중의 **빽빽한** 구름으로 그리하시도다(시 18:11).

(참조. 욥 36:29; 시 31:20; 76:2; 렘 25:38.) 이 이미지가 어디서 비롯되었는지를 우리가 어렵지 않게 알 수 있다. 그것은 야웨가 자기의 종을 바위 위에 굳게 세우시고 그를 자신의 성소에 숨기실 수 있었던 지성소 안에서였다. 야웨의 성소는 백성의 안전에 대한 보장이었다. 이사야도 야웨가 자기 백성을 처벌하신 날에 이 성소의 상실을 슬퍼했다. "그가 유다에게 **덮였던 것**을 벗기매"(사 22:8). 아모스는 "다윗의 무너진 장막(booth)이 일으켜질" 회복의 때를 고대했다(암 9:11). 여기서 장막은 틀림없이 왕이 있던 곳이었을 것이다. 두로의 천사/왕이 자기의 **장막**을 갖고 있었던 것처럼 말이다. 아모스는 그 **장막**이 파괴되었으며 그것과

함께 이스라엘도 멸망했음을 암시한다. 에스겔의 신탁에서 두로의 천사/왕은 그의 성소에서 내던져졌으며 이로써 두로의 번영이 끝났다. 그리스어 에스겔서 28:18은 그 구절이 한때는 "내가 네 성소로부터 너를 더럽혔다"로 읽혔을 수 있음을 암시하는데, 그것은 그 장막이 성소였음을 확인한다. 지존자의 아들들인 신들이 천상의 어전회의에서 심판받았을 때처럼(시 82:6-7) 필멸의 존재가 되는 것이 처벌이었다. 두로의 왕은 더 이상 신이 아니었다. 구약성경에는 동일한 믿음을 암시하는, 이스라엘의 군주들에 대한 신기한 언급이 하나 있다. 제2이사야가 자기 백성이 어떻게 바빌로니아인들의 손에 그런 재앙을 당하게 되었는지를 설명하면서 다음과 같이 말했다.

> 네 시조가 범죄하였고
> 너의 교사들이 나를 배반하였나니
> 그러므로 **내가 성소의 어른들을 욕되게 하며**
> 야곱이 진멸 당하도록 내어 주며
> 이스라엘이 비방거리가 되게 하리라(사 43:27-28).

이미지도 동일하고 처벌도 동일하지만 이사야는 시편 저자와 마찬가지로(시 73:17) **성소**와 심판을 연결한 반면에 에스겔은 **에덴**과 심판을 연결했다. 기원전 2세기에 안티오코스 에피파네스에 의한 예루살렘의 정복과 성전의 모독도 같은 식으로 묘사되었다. "군대의 주재"가 예루살렘에 성소를 갖고 있었는데 그의 번제가 폐지되었고 그의 **성소**가 헐렸다(단 8:11).

그런데 두로 왕의 **장막**은 에덴동산에 있었음에도 금과 보석들로 만들어졌다. 에스겔의 동산은 틀림없이 황금 사당과 심판, 수호하는 그룹들과 불의 돌들이 있던 장소였을 것이다. 이 좀 더 오래된 에덴이 달리는 설명할 수 없는 성전의 두 가지 특징을 설명할지도 모른다. 지성소를 묘사할 때 역대기 편찬자는 솔로몬이 "다락들을 금으로 입혔다"라고 말한다(대하 3:9). 이것들은 창고 방들이 아니었을 것이다. 마찬가지로 「안식일 제사의 노래들」에서 하늘 성전에 성소 일곱 개가 있었고 그것들 각각은 천사장이 있던 장소였던 것처럼 보인다(4Q 403). 솔로몬의 황금 다락들은 어느 곳에서도 설명되지 않는다. 그것들은 지성소를 둘러싼 좀 더 작은 성소들, 말하자면 측면의 부속 예배당들이었을 수 있다. 그리고 이것들은 「안식일 제사의 노래들」에서 일곱 천사의 성소들로 묘사되었다. 두로 왕이 심판받았을 때 그는 황금으로 된 이런 장소들이나 그것이 나타냈던 천상의 실재로부터 던져졌을 것이다. 그는 바다로 던져졌는데, 그 바다는 아마도 그의 도시가 가라앉은 지중해뿐만 아니라 거룩한 산을 둘러쌌던 원시의 바다 모두였을 것이다.

에덴에 있는 왕

그가 오르는 것을 보는 날을 찬송하라, 할렐루야!
하늘 위에 있는 그의 보좌로 오르는 날을 찬송하라, 할렐루야!

C. 웨슬리(C. Wesley)

두로에 관한 에스겔의 신탁은 에덴 종교를 당시의 정치적 규제 장치로서의 그것의 자연스러운 배경 안에서 보여준다. 그것은 중요한 질문을 제기한다. 에스겔이 이스라엘 주위의 나라들에 거룩한 산에서 거닐었던 천사 군주들이 있다고 믿었다면, 그가 이스라엘에도 천사 군주가 있다고 믿어야 하지 않았는가? 에스겔은 성전 제사장이었기 때문에(겔 1:3), 이는 고대 종교가 왕에 관해 무엇을 믿었는지에 관한 중요한 암시다. 그는 지상의 왕이자 하늘의 수호자인 천사적 존재였을 것이다. 이것이 시편 2편에 잔존하는 대관 신탁을 통해 의도된 내용이었을 수도 있다.

> "내가 나의 왕을 내 거룩한 산 시온에 세웠다" 하시리로다.
>
> 내가 여호와의 명령을 전하노라.
>
> 여호와께서 내게 이르시되 "너는 내 아들이라.
>
> 오늘 내가 너를 낳았도다"(시 2:6-7).

우리는 이것이 무슨 뜻이었는지 확신할 수 없다. 그것은 예루살렘에서 왕을 세우는 의식만 언급했을 수도 있고, 왕에게 모종의 신적 지위가 있었다는 것이 성전 종교의 일부였음을 암시할 수도 있다. 달리는 설명할 수 없는 에스겔의 신탁에 비추어 볼 때 후자가 좀 더 가능성이 커 보인다. 시편 89편도 유사한 믿음을 전제한다. 그 시편은 예루살렘에 있는 왕을 야웨의 장자, 세상의 왕들 가운데 가장 높은 자라고 묘사한다. 그 시편은 또한 고대의 환상과 백성 중에서 선택되어 **높여진** 자에 대해 말한다(시 89:19). **"높여졌다"**는 것이 무엇을 암시하는가? 다윗의 마지막 말도 의미심장하다.

> 이새의 아들 다윗이 말함이여.
> **높이 세워진** 자,
> 야곱의 하나님께로부터 기름 부음 받은 자,
> 이스라엘의 노래 잘하는 자가 말하노라.
> **여호와의 영이 나를 통하여 말씀하심이여.**
> 그의 말씀이 내 혀에 있도다(삼하 23:1-2).

왕은 단순히 우리가 사용하는 그 단어의 의미에서 "높여졌는가", 아니면 그가 거룩한 산으로 올려져 거기서 신비한 경험 안에서 야웨의 화신이 되었는가? 시편 2편과 사무엘하 23장 모두 왕이 야웨의 영에 붙들렸으며, 따라서 그의 아들이었다고 암시한다. 우리는 예언서들로부터 야웨의 이름으로 말하는 것에는 하늘 보좌 앞에서 야웨의 어전회의에서 있었다는 주장이 수반되었음을 안다(예컨대 사 6:1; 암 3:7). 그의 말들이 야웨의 포고들이었다면, 사실상 왕이 그룹들 사이에 있는 보좌로부터 이스라엘에게 말한 것이었는가? 그룹들도 그의 보좌였으니 말이다(이 책의 4장을 보라). 이사야 41:9 역시 이러한 산이라는 배경을 필요로 한다. "너는 나의 종이라. 내가 너를 택하고 싫어하여 버리지 아니하였다' 하였노라." 어디에서 버림당하는가? 심판받고 거룩한 산에서 아래로 던져진, 다른 나라들의 천사 군주들이 명백한 비교 대상이다. 이스라엘이 자신의 왕들에 대해 비슷한 믿음을 지녔었다면, 그것은 인간이 하늘 보좌에 오른 것을 묘사하는 훗날의 환상 자료의 많은 부분을 설명할 것이다. 다니엘 7장에 등장하는 인자 같은 이는 이 전통에 기초했을 것이다. 「에녹의 비유들」(Similitudes of Enoch)에서 지극히 높으신 이에 의해 하늘의 재판관으로 임명되었던 인자도 마찬가지였을 것이다. 요한계시록에서 높아지신 그리스도도 하늘에서 즉위하신 이 제왕적 인물이었다. 이 대목에서도 심판이 그 맥락이며 요한계시록의 이 부분에는 에덴 모티프가 없지만, 전체 환상이 성전을 배경으로 하며 다른 곳에 에덴 모티프가 있다. 왕의 높여짐은 아마도 지성소에 들어가 야웨의 보좌에 앉는 것을 통해 표현되었을 것이다(대상 29:23). 지성소에 들어가는 것은 하늘에 들어가는 것을 상징했으며 몇몇 후대의 텍스트는 성소에 들어가는 것이 천사의 지위를 부여했음을 암시한다(이 책의 3장을 보라).

창세기에 등장하는 에덴은 더 이상 왕이 없었고 지상의 왕이 더 이상 성전 종교의 중심일 수 없었던 유배 후 시기의 변화된 상황들에 적합하도록 이전의 제왕 신화를 각색한 것이다. 이전의 많은 신념이 대중화되었으며 전에 왕의 역할이었던 것이 전체 백성이나 개인의 역할이 되었다. 모든 사람이 선민이 되었고 모든 사람이 하나님의 아들이 되었으며(예컨대 신 14:1-2), 모든 사람이 거룩한 제사장이 되었다(출 19:6). 제왕 신학의 나머지는 메시아—신적 통치자, 하늘의 재판관, 창조세계의 회복자이자 선택된 민족을 그들의 적으로부터 구원할 존재—에 대한 희망이 되거나 모세의 전설—그곳에서 율법 수여자는 신이자 왕으로 묘사되었다(Meeks, "Moses as God and King"을 보라)—을 통과하게 되었다. 따라서 창세기의 에덴은 천사적인 왕의 교만이 아니라 인간의 불순종을 묘사한다. 이것이 이스라엘의 신앙에서 율법이 좀 더 중요해지고 개인의 책임이 인식된 시기를 위해 수정된 에덴 신화였다. 이전의 특징들이 여전히 인식될 수 있다. 고대의 천사적인 군주들이 지극히 높으신 하나님보다 높아지기를 원했으며(예컨대 사 14:12-15) 그들의 야망에 대해 필멸성이라는 벌을 받았다. 아담과 하와는 자기들이 그 열매를 먹으면 **하나님과 같아질** 것이라고 약속한 뱀에게 순종함으로써 그 동산에서 쫓겨났다. 그들 역시 필멸성이라는 벌을 받았다. 창세기 1장에서 인간은 하나님의 이미지로 만들어졌는데, 이 구절이 쓰인 이래 많은 주석가가 그것을 창의적으로 해석했다. 고대 근동에서는 왕이 종종 하나님의 형상으로 묘사되었기 때문에 그 구절 역시 좀 더 오래된 신화들의 기억이라고 할 수 있을 것이다. 이 대목에서 왕은 인간으로 바뀌었지만, 이전의 왕과의 연관성이 잊히지 않았다. 필론은 훗날 그 표현을 버금 하나님인 로고스에 대해 사용했으며, 바울은 그것을 예수에 대해 사용했다. "그는 보이지 아니하는 하나님의 형상이시요 모든 피조물보다 먼저 나신 이시니"(골 1:15). 빌립보서 2장에 인용된 초기의 찬송은 교만한 천사들에 관한 이 신화가 최초의 그리스도인들의 세계관의 많은 부분을 구성했음을 보여준다. "그는 근본 하나님의 본체시나 하나님과 동등 됨을 취할 것으로 여기지 아니하시고"(빌 2:6). 천사 군주와 마찬가지로 인간은 선과 악에 대한 지식을 통해 불멸성을 얻고 하나님과 같아지지 않도록 동산에서 쫓겨났다(창 3:22).

생명의 원천

당신은 크고 작은 모든 것에 생명을 주시나이다.

당신은 모든 것 안에서 모든 참된 삶을 사시나이다.

W. C. 스미스(W. C. Smith)

성전은 창조의 장소였기 때문에, 그것은 생명의 원천이기도 하다. 후대의 텍스트들에 성소의 생명을 주는 힘들에 관한 많은 예가 존재한다.

> 아론의 지팡이가 하룻밤을 성소에 놓인 뒤 "싹이 나고 꽃이 피고 아몬드 열매를 맺기까지 했다." 두로 왕 히람이 성전을 짓기 위해 솔로몬에게 보낸 삼나무들이 성소의 향이 그것들에 닿자마자 다시 푸르러졌으며, 수 세기 동안 열매를 맺었고, 젊은 제사장들이 그 열매들을 통해 힘을 유지했다. 므낫세가 지성소에 우상을 들여놓은 뒤 이 삼나무들은 비로소 시들고 열매를 맺지 않았다. 세 번째 예는⋯솔로몬이 언약궤를 지성소에 들여놓았을 때 막대기들이 늘어난 일이었는데, 이 480년 동안 언약궤의 일부였던 막대기들이 갑자기 늘어나 휘장들에 닿았다(L. Ginzberg, *The Legends of the Jews*, vol. 3, p. 162).

그들은 또한 성소가 창조 질서의 안정성에 불가결한 역할을 했음을 기억했다. 긴즈버그(Ginzberg)는 성전에 관한 전설적인 자료들을 모았는데, 아래의 구절은 후대의 설명자들이 그 주제에 관해 정교하게 장식하는 가운데서도 성전의 원래 의미를 잃지 않았음을 보여준다. 모세가 성소의 건축에 관해 지시받았을 때, 그는 하나님이 어떻게 그렇게 작은 곳에 거하실 수 있는지 알고 싶었다. 야웨는 자신이 자신에게 합당한 것을 요구하시는 것이 아니라 자기 백성이 자신에게 드릴 수 있는 것만을 요구하신다고 말씀하셨다. 그분은 그들을 위해 자신의 현존을 그 성소로 가져오실 것이다. 긴즈버그의 설명은 다음과 같이 계속된다.

하나님은 자신에게 성소가 세워지기를 참으로 열망하셨다. 그것은 그가 그들을 이집트에서 인도해 내신 조건이었다. 어떤 의미에서는 온 세상의 존재가 그 성소의 건축에 의존했다. 성소가 세워지면 세상이 견고하게 토대를 잡는 반면에 성소가 세워질 때까지는 세상이 항상 이리저리로 흔들릴 것이기 때문이었다. 그러므로 성막의 구분된 부분들은 첫째 날 창조된 하늘과 땅에 해당했다. 둘째 날 궁창이 창조되어 궁창 아래의 물을 궁창 위의 물로부터 나누었듯이, 성막 안에도 휘장이 있어서 성소와 지성소를 나누었다. 하나님이 셋째 날 바다를 창조하셨듯이 그는 그것을 상징하기 위해 성소 안에 대야를 두셨으며, 하나님이 셋째 날 식물계를 인간의 음식으로 정하셨듯이 그는 이제 성막에 진설병을 둘 상을 요구하셨다. 성막에 있는 촛대는 넷째 날 창조된 두 광명체인 해와 달에 상응했으며, 촛대의 일곱 가지는 일곱 행성인 해, 금성, 화성, 달, 토성, 목성, 수성에 상응했다. 다섯째 날 창조된 새들에 상응하여 성막에는 새들처럼 날개가 있는 그룹들이 있었다. 창조의 마지막 날인 여섯째 날 인간이 자신의 창조주에게 영광을 돌리기 위해 창조되었으며, 이와 마찬가지로 성막 안에서 자신의 창조주이신 야웨를 섬기도록 대제사장이 임명되었다(*Legends*, vol. 3, p. 150).

비옥의 원천으로서의 성전에 대해 가장 먼저 언급한 사람은 기원전 6세기의 예언자 학개였다. 그는 유배에서 돌아와 자기들의 집을 짓는 데 열중하고 성전을 회복하지 않은 사람들에게 말했다. 가뭄이 들고 수

확이 좋지 않았다. 그 예언자는 그들의 허물을 진단했다.

> 너희가 많은 것을 바랐으나 도리어 적었고 너희가 그것을 집으로 가져갔
> 으나 내가 불어 버렸느니라. 나 만군의 여호와가 말하노라. 이것이 무슨 까
> 닭이냐? 내 집은 황폐하였으되 너희는 각각 자기의 집을 짓기 위하여 빨랐
> 음이라. 그러므로 너희로 말미암아 하늘은 이슬을 그쳤고 땅은 산물을 그
> 쳤으며 내가 이 땅과 산과 곡물과 새 포도주와 기름과 땅의 모든 소산과 사
> 람과 가축과 손으로 수고하는 모든 일에 한재를 들게 하였느니라(학 1:9-
> 11).

성전과 성전의 제의들이 그 땅의 복지에 필수적이었다. "이 성전의 나
중 영광이 이전 영광보다 크리라. 만군의 여호와의 말이니라. 내가 이
곳에 평강을 주리라. 만군의 여호와의 말이니라"(학 2:9). 왕정 시대에는
왕 역시 그 땅의 비옥 유지에 일익을 담당했다. 그는 하나님의 정의와
번영의 선물의 통로였다.

> 그가 주의 백성을 공의로 재판하며
> > 주의 가난한 자를 정의로 재판하리니
> 의로 말미암아 산들이 백성에게 평강을 주며
> > 작은 산들도 그리하리로다(시 72:2-3).

메시아 시대에는 정의와 비옥이 돌아오리라고 믿어졌다.

영원한 언약

우리를 묶으소서, 주여.

끊을 수 없는 줄로

우리를 묶으소서.

B. 길만(B. Gillman)

창조세계에 관한 고대 이스라엘의 모든 사상에 근본적이었던 생명과 비옥은 그들이 영원한 언약(사 24:5) 또는 평화의 언약(민 25:12; 사 54:10)이라고 불렀던 근원적인 원칙에 대한 그들의 믿음 중 하나였다. **우주적 언약**(Cosmic Covenant)이라는 어구를 사용하면 이것의 의미가 좀 더 잘 표현될 것이다. 영어 번역에서는 이 이름이 사용된 적이 없지만 말이다. "영원한"이라는 단어가 우리에게는 "오랜 시간 계속되는"을 의미하는 반면에 이스라엘에게는 그 단어가 존재의 다른 질서에 속하는 모종의 것으로서 우리의 실존의 모든 측면에 영향을 미치는, 시공간 밖의 어떤 것을 의미했다. "우주적"이라는 단어가 이 의미를 좀 더 잘 전달하지만 영어 번역들이 "영원한"이라는 단어를 사용하기 때문에 나도 그 단어를 사용할 것이다. 영원한 언약은 노아, 아브라함, 모세, 다윗과의 모든 언약의 기초인데, 이는 이 언약들은 하나의 근본적인 언약의 개별적인 예들에 불과하기 때문이다. 예레미야가 새 언약에 관해 말했을 때 그는 이스라엘의 미래에 대한 약속을 영원한 언약과 결부했다.

여호와께서 이와 같이 말씀하셨느니라.

그는 해를 낮의 빛으로 주셨고

　　달과 별들을 밤의 빛으로 정하였고

바다를 뒤흔들어 그 파도로 소리치게 하나니

　　그의 이름은 만군의 여호와니라.

"이 법도가 내 앞에서 폐할진대

이스라엘 자손도 내 앞에서 끊어져

　　영원히 나라가 되지 못하리라."

여호와의 말씀이니라(렘 31:35-36).

영원한 언약은 모든 보이는 것과 보이지 않는 것이 하나의 거대한 체계의 일부이며 이 위대한 언약을 통해 묶였다는 믿음을 표현했다. 인간이든 신적인 존재든 간에 누구든 또는 어떤 것이든 이 정해진 질서를 위반하면 그 언약이 손상되었으며 창조세계가 왜곡되었다. 도덕 질서와 물리적 질서 모두 붕괴하기 시작했다. 그 언약에 대한 두 가지 주요 죄가 있었는데 하나는 (사 14장에서처럼) 최고의 권능에 대한 잘못된 주장으로 귀결된 교만이었으며, 다른 하나는 창조세계의 비밀에 관한 지식인 신적 지식의 남용이었다. 그들의 교만에 대해 처벌된 교만한 천상의 존재들에 관한 이야기(사 14장; 겔 28장)들과 자신의 지식을 남용한 다른 존재들에 관한 이야기들이 있었다. 따라서 그들은 창조세계의 비옥과 조화와 평화를 파괴했다. 이 지식에 관한 초창기의 목록 하나가 「에녹1서」 7-8장에 등장하는데, 거기서 우리는 마법, 의학, 무기를 만드는 금속 가공술, 화장술, 천문학, 점성술이 오용되었을 때 그것들 모두 지구를 파괴한 "무법"에 공헌했음을 발견한다. 대체로 비슷한 목록이 「에녹의 우화들」에 등장하지만, 이 목록은 분명히 성경의 "영원한 언약"과 동일한 큰 "맹세"의 회복에 대한 묘사로 직접 이어진다는 점에서 중요하다. 이 큰 맹세의 한 부분은 자연 질서를 한 데 묶는 숨겨진 이름이었다. 그것은 하늘과 땅을 제자리에 있게 했으며, 바다를 그것의 경계 안에서 유지되게 했고, 별들을 그것들의 경로 안에 있게 했다. 아쉽게도 그 텍스트는 완성되지 않은 것처럼 보이지만, 이것이 영원한 언약, 평화의 언약**이었음을** 보여주는 충분한 텍스트가 남아 있다. 에녹의 그 기사는 에녹의 환상들의 중심인 인자가 "이름" 하나를 지니고 있었는데 그것이 드러나면 심판을 실행하고 창조세계를 회복한다는 추가적인 세부 사항을 전해준다. 이 인자는 고대의 왕에서 유래했기 때문에 우리는 이런 환상들에서 왕의 역할들 가운데 하나를 얼핏 본다.

구약성경에서 영원한 언약은 이사야 11:1-9에 수록된 메시아/에덴 신탁의 토대였다. 야웨의 영에 붙들린 한 왕이 등장해서 땅에 정의를 가져오고, 사악한 자들에게 심판을 가져오며, 거룩한 산에 평화와 조화를 가져올 것이다. 영원한 언약은 미래에 실현될 터였다. 이사야는 자신이 과거에 있었던 상황을 묘사하고 있는 것이 아니라 그럴 수 있고 그래야 하는 상황을 묘사하고 있음을 알았다.

이사야서에 기록된 또 다른 구절은 그 언약이 깨졌을 때 어떤 일이 일어났는지를 보여주는 데 도움이 될 것이다.

> 땅이 슬퍼하고 쇠잔하며
> 세계가 쇠약하고 쇠잔하며
> 세상 백성 중에 높은 자가 쇠약하며

땅이 또한

　그 주민 아래서 더럽게 되었으니

이는 그들이 율법을 범하며

　율례를 어기며

　영원한 언약을 깨뜨렸음이라.

그러므로 저주가 땅을 삼켰고

　그중에 사는 자들이 정죄함을 당하였고⋯(사 24:4-6).

이사야 24-27장 전체는 심판을 받을 태세가 갖춰진 세상의 왜곡과 황폐 및 야웨의 나타나심을 묘사한다.

그날에 여호와께서

　높은 데에서 높은 군대를 벌하시며

　땅에서 땅의 왕들을 벌하시리니

그들이 죄수가 깊은 옥에 모임 같이

　모이게 되고

옥에 갇혔다가

　여러 날 후에 형벌을 받을 것이라.

그때에 달이 수치를 당하고

　해가 부끄러워하리니

이는 만군의 여호와께서

　시온 산과 예루살렘에서 왕이 되시고

그 장로들[1] 앞에서 영광을 나타내실 것임이라(사 24:21-23).

구약성경에는 영원한 언약이 언급되거나 가정되는 곳이 많다(예컨대 창 9:16; 겔 16:59; 호 2:18).

　이 언약은 속죄일과 초막절이라는 가을 축제들과 관련된 심판-즉위-갱신 주기의 일부였지만, 레위기 16장이나 미쉬나는 이 축제들을 이 언약과 관련짓지 않았다. 하지만 간접적인 언급들은 영원한 언약이 특히 제사장들 및 성전에서 그들의 역할과 연결되었음을 암시한다. 민수기에서 우리는 제사장 비느하스가 야웨의 분노를 백성들로부터 거둬들이고 그들을 위해 속죄했음을 발견한다. "그러므로 말하라. '내가 그에게 내 평화의 언약을 주리니 그와 그의 후손에게 영원한 제사장 직분의 언약이라. 그가 그의 하나님을 위하여 질투하여 이스라엘 자손을 속죄하였음이니라'"(민 25:12-13). 말라기는 제사장직의 부패를 이 언약의 위반에 연결한다.

　　레위와 세운 나의 언약은 생명과 평강의 언약이라. 내가 이것을 그에게 준 것은 그로 경외하게 하려 함이라. 그가 나를 경외하고 내 이름을 두려워하였으며, 그의 입에는 진리의 법이 있었고 그의 입술에는 불의함이 없었으며, 그가 화평함과 정직함으로 나와 동행하며 많은 사람을 돌이켜 죄악에서 떠나게 하였느니라. 제사장의 입술은 지식을 지켜야 하겠고 사람들은 그의 입에서 율법을 구하게 되어야 할 것이니, 제사장은 만군의 여호와의

1　시리아어 번역본은 이 단어를 거룩한 자들, 즉 천사들로 표현한다.

사자[2]가 됨이거늘 너희는 옳은 길에서 떠나 많은 사람을 율법에 거스르게 하는도다. 나 만군의 여호와가 이르노니 너희가 레위의 언약을 깨뜨렸느니라(말 2:5-8).

말라기가 깨진 언약을 야웨의 천사로서 제사장의 역할과 연결했다는 점은 흥미로우며, 그가 잘못된 가르침을 주어서 사람들을 탈선하게 하고 따라서 언약이 깨지게 했기 때문에 그가 타락한 천사임을 암시한다. 「에녹1서」의 타락한 천사 주제는 사실은 제2성전기의 부패한 제사장직에 대한 공격이었다고 주장되어 왔다(Suter, "Fallen Angel, Fallen Priest"를 보라).

제사장들과의 이 언약은 또한 속죄와도 연결되었다(민 25:12-13). 이 구절은 후대의 텍스트들에서 발견되지만 사실은 매우 오래된, 제사장에게 영원한 언약이 맡겨졌기 때문에 야웨의 천사/사자로서의 제사장이 속죄일에 백성을 위해 속죄했다는 믿음의 반향인가? 히브리서의 저자 역시 속죄일을 새 언약에 연결한다(히 9:15). 그리고 우리는 원래는 사악한 자들을 심판하고 창조세계를 갱신할 메시아적 제사장-왕, 야웨의 천사를 중심으로 한 **이** 언약이 그리스도인들의 새 언약의 토대가 된 것이 아닌지 의심한다. 초기의 설교는 그랬다고 암시한다. 사도행전 2장에 기록된 베드로의 설교는 요엘 2:28에 기초했다. 그는 이 예언에서 오순절에 일어난 일에 대한 설명을 보았다. 그 언약이 언급되지는 않았지만 이제 요엘서의 앞부분들이 영원한 언약에서의 심판과 갱신

---

2   이 대목에 사용된 히브리어 단어는 대개 "천사"로 번역되는 단어다.

과정을 묘사했다. 그는 야웨가 개입하셔서 자기 백성을 구원하시기 전의 황폐와 절망을 묘사했으며, 모든 사람에게 성령을 부어주시는 것이 야웨가 다시 그들 가운데 계신다는 증거가 될 터였다. 베드로가 주장한 것은 이 성령의 선물, 즉 영원한 언약이 갱신되었다는 표지였다. 바울도 성령을 주시는 것이 창조세계의 갱신으로 귀결된다는 것을 알았다(롬 8:12-21). 신약성경에 등장하는 이 모든 주제는 궁극적으로 에덴 신화들과 성전 의식에서 그 신화들이 구현된 데서 유래한다. 이 신화의 특정한 측면들은 매우 친숙해져서(예컨대 오순절, 롬 8장) 그것들은 그것들 자체로 기독교적 윤곽의 구성요소 역할을 하게 되었으며, 어떤 맥락도 필요치 않다고 생각된다. 그러나 우리가 이 구절들의 성전 배경으로 돌아가면 그 구절들이 매우 풍요로워진다.

비라는 선물

그가 소나기처럼 내리실 것이다,

비옥한 땅 위에.

그리고 사랑과 기쁨과 희망이

그의 길에서 꽃처럼 피어날 것이다.

J. 몽고메리(J. Montgomery)

동산 성전은 창조와 재창조의 장소였다. 그것은 팔레스타인에서 비를 의미한, 비옥의 원천이었다. 제1성전에는 비와 관련된 의식들에 대한 직접적인 증거가 없지만 후대에는 확실히 그런 의식들이 있었으며, 그것들이 고대에 기원을 두고 있다는 암시들이 있다. 비 의식들은 온 땅에 대한 야웨의 왕권을 축하한 초막절 절기와 관련되었다. 우리는 언제 비 의식들이 초막절에 실행되었는지 알지 못한다. 우리가 할 수 있는 최선은 좀 더 이른 시기의 텍스트들에 등장하는 정보들과 언급들을 모아 그런 의식이었을 수 있는 내용이 있는지 살펴보는 것이다. 그런 가능성은 증명에 미치지 못하지만 말이다.

스가랴서에는 신실한 예배자들에 대한 보상으로서 초막절에서의 비에 대한 언급이 있다. 야웨의 날에 대한 그의 환상에서 심판(그것은 이전의 혼돈에 대한 승리가 발전한 것이었다)과 왕권과 비옥의 친숙한 양상이 명백하다. 이는 틀림없이 이전의 종교에서 유래했을 것이다. 그 예언자의 환상들이라고 알려진 내용들은 완전한 혁신이었다기보다는 잘 알려진 개념들의 양상 안에 있었을 가능성이 좀 더 크다. 새로운 점은 그 예언자가 그런 개념들과 이미지들을 사용한 방식이었다. 그 예언자는 야웨가 온 땅의 왕이 되시고 그의 적들에게 심판을 내리시는 초자연적인 전조들을 묘사한 후 이어지는 큰 초막절을 묘사한다. "예루살렘을 치러 왔던 이방 나라들 중에 남은 자가 해마다 올라와서 그 왕 만군의 여호와께 경배하며 초막절을 지킬 것이라. 땅에 있는 족속들 중에 그 왕 만군의 여호와께 경배하러 예루살렘에 올라오지 아니하는 자들에게는 비를 내리지 아니하실 것인즉"(슥 14:16-17). 우리는 그 믿음이 전통적인 것이 아니었다면 왜 가뭄이 적절한 처벌이라고 여겨졌는지 궁금하다.

신명기 사가들은 비가 야웨를 사랑하고 그의 율법을 지킨 데 대한 적절한 보상이라고 말했다. "내가 오늘 너희에게 명하는 내 명령을 너희가 만일 청종하고 너희의 하나님 여호와를 사랑하여 마음을 다하고 뜻을 다하여 섬기면 여호와께서 너희의 땅에 이른 비, 늦은 비를 적당한 때에 내리시리니 너희가 곡식과 포도주와 기름을 얻을 것이요"(신 11:13-14). 이 구절에서는 장막들이나 성전과의 관련성이 없지만, 만일 성전에서 비를 내리게 하는 의식이 있었다고 하더라도 그런 행위는 신명기 사가들에게 승인받지 못했을 것이고 그들의 텍스트들에 기록되지 않았을 것이다. 아마도 신명기 사가들에 의해 현재의 형태로 확대되었고 따라서 그들의 가르침으로 가득 찬, 성전 봉헌 때 솔로몬이 드린 기도는 성전이 비와 관련이 있었다는 암시를 보존**한다.** "만일 그들이 주께 범죄함으로 말미암아 하늘이 닫히고 비가 없어서 주께 벌을 받을 때에 이 곳을 향하여 기도하며 주의 이름을 찬양하고…주의 백성에게 기업으로 주신 주의 땅에 비를 내리시옵소서"(왕상 8:35-36). 가뭄 때 **성전을 향해 드린** 기도가 도움이 되었다.

이 외에 시편에는 몇 가지 해석이 가능한 언급들이 있다. 가장 흥미로운 것은 시편 68편인데, 그 시편은 심판의 주제를 비를 내리는 것과 결부한다. 야웨가 자신의 적들을 흩으시고, 약한 자들을 보호하시며 자신의 모든 백성에게 비를 주신다.

> 하나님이 고독한 자들은 가족과 함께 살게 하시며
>> 갇힌 자들은 이끌어 내사 형통하게 하시느니라.
>> 오직 거역하는 자들의 거처는 메마른 땅이로다.…
> 하나님이여, 주께서 흡족한 비를 보내사
>> 주의 기업이 곤핍할 때에 주께서 그것을 견고하게 하셨고(시 68:6, 9).

전체 장면이 성전을 배경으로 하는데 이는 시인이 성전으로의 위대한 승리의 행진을 묘사하기 때문이다. 노래하는 자들과 악기를 연주하는 자들과 지파들의 고관들이 행진한다(시 68:24-27). 이것을 성전 제의와 관련된 고대의 심판과 왕권 및 비를 내리는 양상 외의 다른 것으로 보기는 어려울 것이다. 그리고 그 양상이 고대의 것이었다면 그것은 스가랴가 본 심판과 왕권과 비라는 미래의 야웨의 날에 관한 환상의 토대였을 것이다.

제2성전기 때 초막절과 관련된 강우 의식이 있었는데, 그것은 미쉬나에 매우 자세하게 기록되었다. 순례자들은 매일 밖에 나가 긴(약 4미터) 버드나무 가지들을 모아다 성전 뜰에 있는 큰 제단 주위에 놓았다. 제단이 푸른 가지들로 완전히 덮이면 양의 뿔로 만든 나팔이 불리고 예배자들은 각각 자신의 **에트로그**(유자 열매)와 **루라브**(레 23:40에 따른 한 묶음의 종려나무, 도금양, 버드나무)를 가지고 제단 주위를 걸었다. 그들은 일곱째 날에는 일곱 번을 돌았다. 제단 주위를 돌 때마다 그들은 다음과 같은 노래를 불렀다.

여호와여, 구하옵나니 이제 구원하소서.
여호와여, 우리가 구하옵나니 이제 형통하게 하소서(시 118:25).

그 시편은 다음과 같이 계속된다.

가지들을 흔드는 절기의 행진을 제단 뿔들에 맬지어다(시 118:27, 개역개정을 사용하지 아니함).

(예수가 예루살렘에 입성한 일요일과 의심의 여지가 없는 유사성이 있다. 군중이 가지들을 흔들고 환호하며 호산나[즉 히브리어로 "우리를 구원하소서"를 의미하는 *Hoshi'ahnna*', 시 118:25]와 시 118:26인 "여호와의 이름으로 오는 자가 복이 있음이여"를 외쳤다.)

시편과 미쉬나 모두 이 절기가 크게 기뻐하는 때였음을 보여준다. "물을 길을 때의 기쁨을 보지 못한 사람은 그의 삶에서 기쁨을 한 번도 본 적이 없다"라는 말이 있다(Mishnah, *Sukkah* 5.1). 어둠이 내리면 여인의 뜰에 있는 큰 촛대들에 불이 밝혀졌다. 각각 네 개의 등잔이 있었으며 그것들은 매우 높아서(탈무드는 50규빗, 즉 약 22미터라고 말한다!) 사다리를 타고 올라가 등잔의 연료를 보충해야 했다. 예루살렘 전역에서 그 빛을 볼 수 있었다. 축제 분위기가 성전을 변화시켰다. 남자들은 불타는 횃불을 들고 춤을 추었고 레위인들은 다양한 악기를 연주했다. 첫닭이 울 때 제사장들이 나팔을 길게 불었으며 흥겹게 노는 것이 그쳤다. 행렬을 이루어 제사장들을 따라 성전의 동쪽 문을 나가서 수문을 거쳐 실로암으로 갔는데, 제사장들은 거기서 금으로 만든 병을 물로 채웠다. 그 후 행렬은 성전으로 돌아왔으며 제사장들은 거기서 큰 제단 옆의 경사로를 올라가 물과 포도주를 제물로 드렸다. 그는 두 액체를 동시에 서쪽에 있는 제단 아래로 이어지는 굴대에 따랐는데 그쪽으로부터 비구름이 나타났다. 이때는 새벽이었고 아침 제사를 드릴 시간이었다. 이 새벽 의식의 의미는 무엇이었는가? 랍비의 "3세대"에 속했던, 즉 성전 의식들이 아직 생생하게 기억되었을 시기인 기원후 120년에서 140년 사이에 왕성하게 활동했던 랍비 아키바는 그 액체 제물에 대해 다음과 같은 이유를 제시했다. "소나기가 그대들을 축복하도록 물의 제물을 가져오라. 초막절에 오지 않는 자에게는 비가 내리지 않을 것이라는 말이 있다"(Tosefta, *Sukkah* 3.17). 그렇다면 이 의식을 수행한 사람들은 그것을 스가랴에 의해 약속된 비와 관련지었으며, 틀림없이 자기들이 고대의 관행을 영속시키고 있는 것으로 보았을 것이다.

유월절과 칠칠절과 초막절이라는 유대교의 큰 절기들 가운데 두 개만 기독교의 교회력으로 들어왔다. 유월절은 부활절이 되었고 칠칠절은 오순절이 되었다. 큰 신비가 초막절의 운명을 둘러싸고 있다. 그것은 최초의 그리스도인들에게 중요했다. 히브리서(12:22-24)와 요한계시록(7:9-12) 모두 초막절을 하늘에 있는 성도들의 승리에 대한 배경으로 삼기 때문이다. 헤르마스의 「목자」 역시 초막절에 기초한 비유를 하나 포함하고 있는데, 거기서 야웨의 천사가 버드나무 가지들을 나눠준다. 그들이 그에게 돌아왔을 때 싱싱하거나 시든 가지들의 상태는 그것을 지닌 자들의 상태—신실한 자인지 배교자인지, 죄인인지 구원받은 자인지—를 나타낸다. "그리고 야웨의 천사가 왕관들을 가져오라고 명령하자 종려나무 잎들로 만들어진 왕관들이 가져와졌으며, 그 천사는 싹과 약간의 열매가 달린 지팡이를 내민 사람들에게 관을 씌워 그 탑 안으로 들여보냈다.…그리고 그 탑 안으로 들어간 사람들은 모두 눈처럼 흰, 동일한 옷을 입었다"(*Parable* 8.ii. 1, 3). 이 대목에서 탑은 교회이지만, 그것은 전에는 성전이나 지성소에 대한 보편적인 묘사였다. 흰옷은 영광의 옷, 천사들의 옷이다(이 책의 3장을 보라). 대천사는 미가엘이라고 알려졌는데(8.iii. 3), 그것은 이 환상이 요한계시록의 환상처럼 기독교 이전의 뿌리를 갖고 있음을 암시한다. 두 환상 모두에서 그 대천사에게는 두 가지 이름이 있다. 이 대목에서 그의 이름은 미가엘이지만, 이후에 그는 하나님의 아들이라고 불린다(9.xii. 8). 요한계시록에서 그 전사는 미가엘이며(계 12:7-8), 하나님의 말씀이기도 하다(계 19:13). 이것은 텍스트 안에 혼동이 존재한다는 표지가 아니라 최초의 그리스도인들이 묵시 문학들을 낳았던 유대교의 많은 부분을 전체적으로 받아들였다는 증거다. 헤르마스의 저작에서 기저의 환상은 이스라엘의 대천사가 선택된 자들을 하늘 성전으로 받아들이는 초막절에 기초한 심판 환상이었다. 메시아의 계시와 심판은 이런 유형의 환상의 쌍둥이 주제다(이 책의 4장을 보라). 교회에서 이런 환상들이 상실되지 않았다. 그것들은 대림절과 주현절로 살아남았다. 대림절은 우리가 심판에 관해 생각하는 때이며 주현절은 메시아가 세상에 계시된 때다. 동방교회들은 지금도 주현절에 물들을 축복하는데, 그것은 이제 예수의 세례를 기념하지만 좀 더 오래된 성전에서 시행되었던 물들의 축복에 뿌리를 두고 있다.

낙원의 강들

생수의 물줄기들을 보라.
그것은 영원한 사랑에서 솟아나
그대의 자녀들을 잘 공급하고
결핍에 대한 모든 두려움을 제거하리라.

J. 뉴턴(J. Newton)

에덴으로부터 큰 강이 흘러 동산을 적시고, 네 개로 갈라져 온 땅에 물

을 댔다(창 2:10). 에덴 신화의 이 측면은 제1성전 텍스트들에서 여러 번
등장한다. 성전은 언제나 흘러나와 세상에 생명을 주는 초자연적인 강
과 결부되었다. 시편 36편은 초기의 언급 중 하나다.

> 사람들이 주의 날개 그늘 아래에 피하나이다.
>
> 그들이 주의 집에 있는 살진 것으로 풍족할 것이라.
>
> 주께서 주의 복락의 강물을 마시게 하시리이다.
>
> 진실로 생명의 원천이 주께 있사오니
>
> 주의 빛 안에서 우리가 빛을 보리이다(시 36:7-9).

시편 46편은 또 다른 언급이다.

> 한 시내가 있어 나뉘어 흘러
>
> 하나님의 성 곧 지존하신 이의 성소를 기쁘게 하도다(시 46:4).

강들은 이사야서의 좀 더 어려운 장들 가운데 하나의 일부이기도 하다.
이사야 33장은 위기의 시기에 나왔다. 백성은 그들의 적들에 맞서 야
웨의 도움을 기다리고 있다. 이어서 하늘의 환상인 것처럼 보이는 내용
이 따라온다. 누가 거룩한 산에 올라 영원한 불들 가운데 선다(사 33:14).
다음 절은 거룩한 산에 안전하게 설 수 있는 사람에 대한 묘사인 시편
24:4을 닮았다. 이사야서의 이 구절을 비슷하게 읽는 것이 일리가 있
을 것이다. 거룩한 언덕에 서는 사람은 "아름다운 모습의 왕을 보게 되
며"(사 33:17), 그곳에는 야웨가 위엄 중에 우리와 함께하시는 가운데

넓은 강들과 시내들이 있다(사 33:21). 훨씬 후에 쓰인 「에녹의 비유들」에 타오르는 불, 재판관으로서 위엄 중에 계시는 야웨, 보좌 앞에서 흘러나오는 물줄기들이 등장하는데, 거기서 그것들은 하늘 환상의 일부다. "그리고 그곳에서 나는 의의 샘을 보았는데, 그것은 마르지 않으며 많은 지혜의 샘으로 완전히 에워싸였다"(「에녹1서」 48.1). 아무도 「에녹1서」에 수록된 자료가 쓰인 시기를 추정하지 못하고 있지만, 이사야서에 등장하는 이 구절은 아마도 기원전 8세기에 쓰였을 것이다. 이는 하늘 보좌로부터 물줄기들이 나온다는 이른 시기의 증거다. 요엘도 야웨의 날에 성전으로부터 한 샘이 흐를 것을 기대했다(욜 3:18).

이 강에 대한 가장 자세한 묘사는 에스겔서에 기록된, 회복된 성전 환상에서 발견되는데 이 환상은 새해, 즉 초막절 때 발생했다(겔 40:1). 에스겔은 성전의 문으로부터 물이 나와 동쪽으로 흐르는 것을 보았다(겔 47:1). 그 물은 사해로 흘러 들어갔으며 사해의 물들이 다시 단물이 되었다(겔 47:8). 어부들이 그곳에서 일했으며, 강의 양쪽 가에서는 나무들이 자라 달마다 열매를 맺었는데 이는 "그들을 위한 그 물이 성소로부터 흐르기 때문이다"(겔 47:12). 이는 후대의 텍스트들에 매우 자주 등장하는 비옥 모티프에 대한 이른 시기의 언급이다. 에스겔은 이 비옥을 야웨가 성전으로 돌아오시는 것과 관련지었다. 야웨의 영광이 동쪽 문을 통해 성전으로 들어왔다(겔 43:4).

스가랴 역시 성전의 물을 야웨가 오시는 때와 관련지었다. 스가랴 14장은 야웨가 그 도시의 동쪽 감람산 위에 서서 그의 적들과 전투를 벌이시는 것을 묘사한다. "그날에 생수가 예루살렘에서 솟아나서 절반은 동해로, 절반은 서해로 흐를 것이라. 여름에도 겨울에도 그러하리라.

여호와께서 천하의 왕이 되시리니 그날에는 여호와께서 홀로 한 분이 실 것이요 그의 이름이 홀로 하나이실 것이라"(슥 14:8-9). 그 장은 모든 민족이 예루살렘에 올라와 초막절을 축하하는 것으로 끝난다. 요한계시록도 초막절을 배경으로 하는데(계 7:9), 이는 성전의 의식들이 어렴풋이 나타낸 하늘의 실재다. 요한은 그의 환상의 끝부분에서 생명의 강을 보았는데 그 강은 "수정 같이 맑았고 하나님과 어린 양의 보좌로부터 나와서 길 가운데로 흘렀다. 강 좌우에 생명나무가 있어 열두 가지 열매를 맺되 달마다 그 열매를 맺고 그 나무 잎사귀들은 만국을 치료하기 위하여 있었다"(계 22:1-2, 개역개정을 약간 수정함). 그는 이어서 성전에서 큰 빛을 보았는데 그것은 성전 뜰의 촛대가 아니라 그들 가운데 계시는 야웨 하나님이셨다.

예수는 초막절의 위대한 성취라는 이 환상을 품으셨다. 그는 명백히 다른 모든 것에서와 마찬가지로 이 대목에서도 요한의 영감의 원천이셨다. 제4복음서는 명절 때 일어난 사건 하나를 기록하는데(요 7:14), 그때 그는 성전에서 초막절 주제를 이용하여 가르치고 계셨다. "명절 끝날 곧 큰 날에 예수께서 서서 외쳐 이르시되 '누구든지 목마르거든 내게로 와서 마시라. 나를 믿는 자는 성경에 이름과 같이 그 배에서 생수의 강이 흘러나오리라' 하시니 이는 그를 믿는 자들이 받을 성령을 가리켜 말씀하신 것이라"(요 7:37-39). 여기서 요한은 강들이 성령을 뜻한다는 개인적인 해석을 제공하고 있는 것이 아니다. 신약성경 시대에 에덴의 물들은 하나님의 성령 또는 좀 더 흔하게는 하나님의 지혜를 **상징하게 되었는데** 하나님의 지혜는 성령과 거의 동의어였다. "~하게 되었다"라는 표현은 문제를 제기하는데, 이는 그것이 에덴의 물들이 그

의미를 얻었음을 암시하기 때문이다. 그것들이 창조세계에 생명을 준 지혜의 영을 항상 상징했을 가능성이 있다. 성령을 창조의 대행자(창 1:2; 2:7) 또는 재창조의 대행자(욜 2:2 3-28)로 보는 아이디어는 아주 오래되었다. 마찬가지로 지혜는 창조의 대행자(잠 8:22-31)이자 재창조의 대행자였다(솔로몬의 지혜 7.27). 집회서는 지혜를 성전에서 도출된 관점에서 묘사하며 그것을 낙원의 네 강과 비교함으로써 마무리한다. "거룩한 장막 안에서 나는 그분을 섬겼다"(집회서 24.10). "나는 계피나 아스파라거스처럼, 값진 유향처럼 향기를 풍겼다. 풍자향이나 오닉스 향이나 몰약처럼, 장막 안에서 피어오르는 향연처럼 향기를 풍겼다"(집회서 24:15). 이어서 율법이 지혜와 비교된다. "율법은 비손강 물처럼, 추수 때의 티그리스강처럼 지혜를 넘치게 하며 유프라테스강 물처럼, 추수 때의 요단강처럼 깨달음을 넘치게 하고 나일강처럼, 포도철의 기혼강처럼 교훈을 넘치게 한다"(집회서 24.25-27).

요단강을 제외하고 이 강들은 에덴의 강이 나뉘어 흘러 온 땅에 물을 댄 네 강이다(창 2:10-14). 집회서는 계속해서 다음과 같이 말한다. "나로 말하자면 강에서 흘러나오는 운하와 같고 낙원으로 흘러가는 물줄기와 같다. 내가 '나의 정원에 물을 대고 화단을 흠뻑 적시리라' 라고 말하자 나의 운하는 곧 강이 되고, 강은 또 바다가 되었다"(집회서 24.30-31). 이 강은 에스겔서에서 성전으로부터 나온 강이다. 지혜가 에덴으로부터 나온 강들과 성전으로부터 나온 강들처럼 흘러나왔다.

「에녹의 비유들」에 수록된 두 구절이 이 연관성을 확인한다. 하늘 보좌와 인자에 관한 두 번째 환상에서 에녹은 보좌 앞에서 보았다. "그리고 그곳에서 나는 의의 샘을 보았는데, 그것은 마르지 않으며 많은 지혜의 샘으로 완전히 에워싸였다"(「에녹1서」 48.1). 보좌에 앉은 인자 앞으로부터 "지혜가 물 같이 흐르며, 그의 앞에서 영광이 세세토록 헤아릴 수 없다"(「에녹1서」 49.1). 그러나 이 보좌는 생명나무이기도 했다. 창세기 라바와 「에녹2서」 모두 물줄기들이 생명나무 아래로부터 흘렀다고 말한다.

> 생명나무는 500년의 여정을 함께했으며 원시의 모든 물이 그 나무 아래에 있는 물줄기들에서 갈라져 나왔다(*Gen. Rab.* XV.6).

> 그리고 그것들 한 가운데, 야웨가 안식을 취하고 계시는 곳에 생명나무가 있었다.…그리고 두 시내가 나왔는데 하나는 꿀과 우유의 원천이었으며 다른 하나는 기름과 포도주를 생산한 원천이었다. 그리고 그것은 네 부분으로 나뉘었다(「에녹2서」 8.3, 5).

기독교의 창세기 해석에서 네 물줄기로 나뉘어 온 땅을 적신 강은 사복음서 전체에서 온 땅에 생명을 가져오신 그리스도의 상징이었다(예컨대 Hippolytus, *Commentary on Daniel*, 1.17). 성소로부터 흐르는 물줄기들은 기독교의 예전 안으로 들어왔다. 콥트 교회의 예배가 끝날 무렵에 사제가 제단의 남쪽에 서서 회중에게 물을 아래로 뿌리는데, 이것은 성전 제단의 남쪽으로부터 흐른 에스겔의 강을 나타낸다(겔 47:1). 생명나무로부터 흐른 물줄기들이 기독교 미술 안으로 들어왔다. 산 클레멘테 성당의 아치형 장식에 있는 12세기 또는 13세기의 대형 모자이크는 십자가를 그 밑에서 네 개의 물줄기가 흐르는 생명나무로 묘사하며, 라테라노에 있는 산 조반니 대성당의 대형 모자이크는 십자가의 발치로부터 흐르는 네 개의 물줄기를 보여준다. 베네치아의 산 마르코 대성당에 있는 성 마르코의 보좌는 그 발치에 어린 양이 있는 생명나무를 묘사하는데, 그것으로부터 네 개의 물줄기가 흐른다.

생명나무

이제 다윗이 오래전에 참된 예언의 노래에서
말한 것이 실현되었도다.
그는 하나님이 이교도들의 왕이 되시리라고 예언했도다.
이는 하나님이 그 나무로부터 다스리시기 때문이로다.
베난티우스 포르투나투스(Venantius Fortunatus), J. M. 닐(J. M. Neale) 번역

성전에 일곱 개의 가지가 달린 촛대인 **메노라**(*menorah*)가 있었다. 열왕기상에 수록된 성전 기사는 그것을 언급하지 않으며 역대하에 실린 기사도 그것을 언급하지 않는다. 우리가 이 기사들을 통해 솔로몬의 성전에 **메노라**가 없었다고 말하기 쉬울 것이다. 그러나 학개가 성전을 다시 지으라고 권고하고 있을 때(즉 제2성전이 건축되기 전에, 슥 1:1; 참조. 학 1:1) 예언했던 스가랴는 성전을 배경으로 환상을 보았는데, 그는 일곱 개의 가지가 있는 등잔대를 보았다. 이는 틀림없이 그가 이전의 성전으로부터 기억한 물품이었을 것이다. 그는 나무들 가운데 서 있는 천사들(슥 1:8), 하늘의 말들(슥 1:8; 6:1-8), 야웨의 천사 옆에 서 있는 사탄도

보았다(슥 3:1). 이것들 역시 틀림없이 그가 알았던 성전의 일부였을 것이다. 일곱 개의 가지가 있는 등잔대는 감람나무 두 그루 사이에 서 있었다. 그 예언자는 등잔대가 야웨를 나타낸다고 두 번 말한다. 일곱 개의 등잔은 온 세상에 두루 다니시는 야웨의 영이며(슥 4:10), 두 감람나무는 온 세상의 주 옆에 서 있다(슥 4:14). 스가랴는 다음과 같은 문제를 제기한다. 그가 야웨를 나타내는 일곱 개의 가지가 있는 등잔대와 나무들 사이에 있는 천사들과 아마도 하늘 정원 및 하늘의 말 탄 자들과 사탄을 상상할 수 있었다면 그는 위험한 혁신가였는가 아니면 제사장으로서 이전의 성전을 정확하게 기억하고 있었는가? 일곱 개의 가지가 있는 등잔대와 천사들과 사탄은 모두 유배 이후 성전 전승에 덧붙여진 것이라고 생각되지만, 자신도 제사장이었으며 마차 보좌에 대한 우리의 최고의 정보원인 에스겔이 고대의 성전을 재구성하기는 어려웠을 것이다.

다윗은 야웨를 자기의 등불이라고 찬양했으며 이후에는 자기의 반석이라고 찬양했다(삼하 22:29, 32). 등불과 반석의 이러한 연결은 그가 염두에 둔 등불은 성전의 등불이었음을 암시한다. 후대의 전통은 이처럼 등불과 야웨의 현존을 결부한 것을 기억했다. 라비 야아코브 벤 라비 요세(R. Jacob b R. Jose)는 "거룩하신 분—그분께 복이 있을지어다—이 죽을 인간을 등불의 빛에 비추어 살게 하셨다"라고 말했다(*Numbers Rabbah* XV.9). 혹자는 그 등불이 "빛을 주시는 하나님과 토라"였다고 기억했으며(*Exodus Rabbah* XXXVI.16), 등불은 메시아의 시대에 불과 성령과 언약궤 및 그룹들과 더불어 회복될 다섯 가지—그것들은 모두 제2성전에 없던 것이었다—가운데 하나라고 말했다. 그런데 제2성전에 일곱 가지가 있는 등잔대가 **있었는데**, 이는 이전의 등잔대에는 중요한 뭔가가 있었지만, 그것의 대체품에는 더 이상 없었음을 암시한다. 거룩한 책들에 관한 주석들을 편찬한 현자들은 세세한 모든 사항에서 의미를 발견하기를 좋아했지만 흥미롭게도 **메노라**에 대해서는 침묵했다. 그 등잔대는 출애굽기에서 매우 자세하게 묘사되었지만, 그것에 기초해서는 사실상 어떤 가르침도 전개되지 않았다. 현대 학자들(예컨대 구디너프[Goodenough])은 그러한 침묵은 그 등잔대가 신비한 추측의 대상이 되었고 이것이 장려되지 않았기 때문이라고 제안했다. 그것이 이전에 하나님의 현존의 상징이었다면, 그러한 신비한 추측이 있었을 가능성이 매우 크다.

출애굽기 25:31-40과 37:17-24에 등장하는 성막의 일곱 가지가 있는 등잔의 사양은 스가랴서와 거의 동시대의 글인데, 둘 다 "가지", "꽃", "아몬드 같은" 등의 단어들을 사용하여 나무 같은 물체를 묘사한다. 그것은 순금으로 만들어져야 했으며 그것과 관련된 기구들도 모두 순금으로 만들어져야 했다. 그것의 크기는 제시되지 않았는데 언약궤(출 25:10; 37:1)와 시은좌(속죄소, 출 25:17; 37:6)와 진설상(출 25:23; 37:10)과 분향단(출 37:25) 모두 크기가 제시된 점에 비추어 보면 이는 이례적이다. 제2성전의 등잔대의 크기는 탈무드에 기록되어 있다. "사무엘은 나이 든 학자의 이름으로 말했다. 그 촛대의 높이는 한 손의 넓이의 열여덟 배였다"(b. *Menaḥoth* 28b). (기원전 3세기나 2세기에 쓰인) 그의 하늘 환상에서 에녹은 큰 나무를 보았다.

네가 본, 하나님의 보좌를 닮은 이 높은 산은 (실제로) 그의 보좌이며 거룩하시고 위대하신 영광의 야훼, 영원하신 왕이 선의로 세상을 방문하러 내려오실 때 앉으실 그의 보좌다. 그리고 이 향기로운 나무에 관해 말하자면, 그가 모든 것에 보복하시고 모든 것을 마무리하실 큰 심판 때까지는 어떤 인간도 그것을 만질 권한이 없다. 이 나무는 의로운 자와 경건한 자를 위한 것이다. 그리고 선택받은 자들에게는 생명을 위해 그것의 열매가 주어질 것이다. 그가 그 나무를 북동쪽 방향, 즉 영원히 왕이신 야훼의 집 방향에 심으실 것이다(「에녹1서」 25.3-5).

「에녹2서」 역시 성소에 있던 낙원의 큰 나무를 묘사하는데, 이는 성소가 야훼의 휴식 장소였기 때문이었다. 그것은 금으로 된 매우 크고 불같은 모양의 나무였다. "그리고 (그것들의) 한가운데 생명나무가 있었다.…그 나무는 형언할 수 없을 정도로 상쾌하고 좋은 향기가 나며 존재하는 다른 어떤 창조물보다 아름답다. 그리고 모든 방향에서 그것은 금처럼 보이며 불 모양의 홍색이다"(「에녹2서」 8.3-4). 이 책은 약간 다른 판본 두 개가 존재한다. 하나는 이 대목에 "그리고 그 나무 근처에 다른 나무인 감람나무가 있는데 거기서 계속 기름이 흐른다"라고 덧붙인다. 누가 「에녹2서」의 이 판본을 썼든 간에 그는 그 생명나무를 스가랴서의 환상에 등장하는 일곱 개의 가지가 있는 등잔대와 동일시했는데, 그것도 그 옆에 있는 감람나무들에 의해 기름이 공급되었다. 이 등불은 "온 세상의 주"라고 설명된다(슥 4:11-14). 「에녹2서」는 고대 슬라브어 번역본만 남아 있지만, 그것은 원래 기원전 1세기나 그보다 다소 뒤에 이집트에서 나온 것으로 생각된다. 그리고 동시대 인물인 필론 역시 **메노라**가 생명나무를 나타냈다고 암시했다. 그는 동일한 천문학적 상징을 둘 모두에 적용했다(*Questions on Genesis*, 1.10). (이 대목에서 일곱 가지는 일곱 행성이었다는 점과 스가랴의 환상에서는 그것들이 야웨의 일곱 눈, 곧 일곱 대행자였다는 점을 제외하고 이 복잡한 시스템에 우리가 신경 쓸 필요는 없다. 이 일곱은 틀림없이 천사들뿐만 아니라 별들이었을 터인데, 우리는 후대의 묵시 문헌들과 구약성경 모두에서 두 사례를 모두 발견한다. 큰 천사적 인물들은 별들이었다. 예를 들어 민 24:17에서 메시아적 통치자는 별로서 떠오르고, 사 14:12에서 바빌로니아 왕은 샛별(계명성)이며, 마 2:2에서 새 별은 유대인들의 새 왕을 의미한다.) 이 대목에서 중요한 점은 등불이 야웨를 나타냈다는 것과 생명나무를 나타냈다는 이중의 연관성이다.

그런데 아직 세 번째 상징이 남아 있다. 그 등불은 왕을 나타냈다. 예언자 아히야는 여로보암에게 그가 열 지파를 다스릴 테지만 솔로몬의 아들은 한 지파만 유지할 것이라고 예언했다. "내가 거기에 내 이름을 두고자 하여 택한 성읍 예루살렘에서 내 종 다윗이 항상 내 앞에 등불을 가지고 있게 하리라"(왕상 11:36). 마찬가지로 사무엘하 21:17은 다윗의 신하들이 그에게 "이스라엘의 등불이 꺼지지 않도록" 전쟁터에 나가지 말라고 간청했다고 말한다(삼하 21:17). 야웨가 유다의 악한 왕을 멸하지 않으신 이유는 그가 "자신의 종 다윗을 위하여 그와 그의 자손에게 항상 등불을 주겠다고 약속하셨기" 때문이었다(왕하 8:19). 나는 성전의 큰 등불이 이러한 삼중의 의미를 지녔다고 주장한다. 그것은 자기 백성과 함께하시는 하나님의 현존이자, 하나님이 왕 안에서 자기 백성과 함께하셨기 때문에 그 왕조의 상징이었다. "하나님이 우리와 함께하신다"는 의미인 임마누엘은 그의 출생이 하나님이 자기 백성과 계속 함께하신다는 것을 증명할 왕가의 아이에게 주어진 이름이었다(사

7:14).

고대 근동의 전통들에서 "낙원 동산"이 있고 "그곳에서 동산지기가 생명수에서 자라는 생명나무를 감독하는데, 그는 그 나무의 큰 가지들에서 작은 가지 하나를 취해 자신의 지팡이 또는 홀(笏)로서 휴대한다. 그러나 생명나무 개념은 훨씬 더 중요한 다른 함의들을 갖고 있다. 다른 학자들은 이 생명나무가 신과 왕 모두에 대한 신화적-의식상의 상징이라고 보기 때문이다"(Geo Widengren, *The King and the Tree of Life in Ancient Near Eastern Religion*, p. 42). 모든 증거가 모호하지 않은 것은 아니지만, 확실히 구약성경 전통에도 그랬다고 암시하는 몇몇 텍스트가 있다. 예루살렘에서는 그 왕가가 이새의 나무였고, 거기서 기름 부음을 받은 가지(*nezer*)가 자랄 터였다(사 11:1). 가지(*tsemah*)는 이사야 4:2과 스가랴 3:8 및 스가랴 6:12에서 메시아적인 칭호였다. 예레미야는 왕을 두 번 의로운 가지(*tsemah*, 렘 23:5; 33:15)라고 말한다. 왕정에 관한 요담의 우화는 나무들에 관한 이야기였다(삿 9장). 「유다의 유언」은 메시아를 "지존하신 하나님의 이 가지, 그리고 모든 사람에게 생명을 주는 이 샘"이라고 묘사한다(「유다의 유언」 24.4). 그 제왕적 인물이 나무와 샘 모두임을 주목하라.

그 등잔대는 "아몬드 형상"으로 만들어졌는데(출 25:33-34), 그것은 아마도 **메노라**가 모종의 양식화한 아몬드나무였음을 의미할 것이다. 그런데 아몬드나무는 야웨의 현존과 특별한 관련이 있었다. 아론의 지팡이가 꽃이 피어 아몬드 열매가 열렸으며(민 17:8), 예레미야는 꽃이 핀 아몬드나무를 보았는데 그는 그것을 야웨가 자기 백성을 지켜보고 계신다는 표지로 인식했다(렘 1:11-12). 이 대목에 히브리어로 언어유희가 있다는 것은 사실이지만("아몬드"는 **샤케드**[shaqed]이고 "지켜봄"은 **쇼케드** [shoqed]다), 예레미야가 아몬드를 지켜보시는 야웨와 결부한 것과 스가 랴가 **메노라**를 지켜보시는 야웨와 결부한 것이 연결되지 않았다고 상 상하기는 어려울 것이다.

메노라의 가지들은 **카님**(qanim)으로 불리는데(출 25:32) 그 단어는 "갈대들"을 의미하며, 아마도 그것들이 속이 비었음을 의미하는 기술 적인 용어일 것이다. 야웨의 종도 갈대 및 등잔의 심지와 연관된다(사 42:3). 여기서 히브리어 구절은 "그는 부러져 상한 갈대가 되지 아니할 것이며, 꺼져 희미하게 타는 심지가 되지 않을 것이다"로 해석될 수 있 다. 이 종은 세상에 정의와 법을 가져오기까지 "희미하게 타"거나 "상하 지" 않을 것이기 때문에(사 42:4), 그리고 그는 그 위에 야웨의 성령이 머 문 선택된 존재이기 때문에 이 시는 부러진 **메노라**의 이미지를 사용하 여 한 왕의 운명을 묘사하고 있었던 것처럼 보인다. 제2이사야는 유배 의 예언자였다. 그 시는 부러진 등잔대가 바빌로니아인들에게 탈취되 는 광경에 의해 영감이 고취되었을 가능성이 있다. 무엇을 통해 영감을 받았든 그것은 제왕적 인물을 가지들이 있는 등잔대와 결부했다.

필론은 가지가 일곱 개 있는 등잔대의 중앙 축은 말씀을 나타낸다 고 기록하는데(Who is the Heir?, 215), 그는 또한 말씀을 천사장(Who is the Heir?, 205), 하나님의 면전에 있는 중재자이자 재판관(Questions on Exodus, 11.13), 하나님의 부왕(On Dreams, 1.241), 대제사장이자 왕(On Flight, 118) 이라고 불렀다. 필론은 온 창조세계가 "그것의 왕이자 목자이신 하나님 의 손아래 있는 양의 무리 같았다. 그는 이 신성한 무리를 의와 법에 따 라 인도하시며, 그들의 위에 위대한 왕의 부왕처럼 그것을 다스릴 하나님의 참된 말씀이자 맏아들을 두셨다. 어떤 곳에서 '보라. 스스로 있는 자, 곧 내가 네 면전에 나의 천사를 보내 너를 그 길에서 지키게 하노라'라고 말했기 때문이다"라고 기록한다(*On Agriculture*, 51). 우리는 이 칭호들 대다수가 고대 왕들의 칭호들이었음을 즉각적으로 알아볼 수 있다. 다른 칭호들은 아마도 동일한 원천에서 유래했을 것이다. 결국 필론은 우리보다 성전 이미지를 상당히 잘 알았으며, 그는 이 지식을 그의 모든 설명의 토대로 사용했다. 그가 제공하는, 왕은 대제사장이자 하나님의 현존을 상징한 **메노라**의 중앙의 축이라고 믿어졌다는 정보는 구약성경에 암시되기는 했지만 명시적이지는 않은 정보다. 요한은 영화로워지신 예수를 묘사할 때 똑같은 이미지를 사용한다. "일곱 금 촛대를 보았는데 촛대 사이에 인자 같은 이가 발에 끌리는 옷을 입고"(계 1:12-13). 이 대목에서 우리는 천사적 제왕인 인물이 그것들 사이에 있는 일곱 등잔, 즉 초기 기독교의 하늘 환상의 중심에 있었던 고대의 에덴/성전 상징을 본다.

야웨의 여성적인 측면이었던 지혜 역시 생명나무로 묘사되었으며(잠 3:18), 창세기에 대한 초기 팔레스타인 타르굼은 생명나무가 그것의 열매들이 의인들에게 자양분을 제공한 토라라고 말했다. 우리가 앞으로 살펴보겠지만 생명나무의 열매들은 그것들이 성찬식에서 그리스도의 몸이 되었을 때 초기 기독교 시에서 중요한 주제 중 하나가 된다. 전통들에 나타나는 연속성과 일관성을 주목할 필요가 있다. 율법은 **메노라**와 나무 모두였으며, 예수는 빛과 포도나무 모두이셨다.

알렉산드리아의 클레멘스는 예수를 **메노라**로 묘사했으며, 그 또한 등불을 제왕적인 나무와 연결했다. 예수는 빛의 수단으로서의 등불이었지만, 또한 등잔대의 모양에 뭔가가 있었기 때문에 그 점이 그를 이해하는 데 중요했다. "황금 등잔대는 형태 면에서만 아니라 그가 빛을 비추신다는 면에서도 그리스도의 상징으로서 또 다른 수수께끼를 암시한다.…그리고 그들은 야웨의 일곱 눈은 이새의 뿌리에서 나오는 가지 위에 임하는 일곱 영(사 11:2)이라고 말한다"(*Stromata*, V.6). 이레나이우스는 비슷하게 이해하며 이는 널리 사용된 예수의 이미지였다고 주장한다.

> 그러나 땅은 능력들과 천사들과 대천사들이 거하는 장소인 일곱 하늘로 둘러싸여 있다.…그래서 하나님의 처소에 있는 하나님의 영이 여럿이며, 예언자 이사야는 하나님의 영이 하나님의 아들, 즉 성육신하신 말씀 위에 일곱 형태로 임한다고 말한다.…그리고 모세는 일곱 개의 가지가 있는 촛대에서 이 양상을 드러냈다(*Proof*, 9).

기독교 미술에서 그리스도는, 예를 들어 산 클레멘테 성당의 모자이크나 이탈리아의 파치노 다 보나귀도(Pacino da Bonaguido)가 그린 14세기 초의 그림 "생명나무 위의 그리스도"(*Christ on the Tree of Life*)에서처럼 십자가이기도 한 생명나무의 중앙의 줄기로 표현된다. 등잔대 자체도 십자가와 결합되었는데, 이는 그 나무와 그 등잔대가 하나였다는 또 다른 암시다. (Yarden, *The Tree of Light*, 20은 이 점에 관해 초기 기독교 시기에 나온 몇몇 예를 제시한다.)

송가와 찬가

초기 그리스도인들은 흔히 교회를 낙원으로 묘사했다. 그들의 저술들은 성도들이 에덴의 나무들이라거나 네 강이 사복음서라는 등의 아이디어들로 가득하다. 이레나이우스는 성령을 받은 사람은 "말하자면 왕의 낙원에 심겼다"라고 말했다(*Against Heresies*, V.10.1). 히폴리투스는 교회를 동산, 즉 천상의 실재를 가리키는 지상의 동산이라고 보았다. 그는 자신의 저서 『다니엘서 주석』(*Commentary on Daniel*) I.17에서 천상의 동산의 이미지와 시내산 위에서 모세에게 계시된 성막의 조감도 이미지를 매우 자연스럽게 혼합한다. 이것이 바로 언약궤가 썩지 않는 나무로 만들어져야 했던 이유다(히폴리투스가 사용했던 그리스어 판본 출 25:10은 언약궤가 썩지 않는 나무로 만들어졌다고 말한다). 언약궤는 천상의 세계의 일부였다. 히폴리투스의 사고는 자연스럽게 천상의 에덴에서 시작해서 성막을 통해 계시되고 상징된 천상의 영광으로 이어지고, 이어서 영적 동산으로서 교회로 이어진다. 이전의 전통이 명확하게 드러나는 한 곳이 있다. 그는 교회는 "모든 종류의 나무를 볼 수 있는 동쪽에 심긴 것처럼, 그리스도 안에 심긴 하나님의 영적 집"이라고 말했다(*Commentary on Daniel*, I.17). 그 텍스트에 대한 주석들은 이 하나님의 집이 하나님의 동산의 실수라고 가정하며, 그에 따라 번역들이 조정된다. 그러나 고대의 하나님의 집은 에덴동산이었으며, 가장 이른 시기의 그리스도인 저자들은 이 점을 알았다.

「솔로몬의 시편」같은 기독교 이전의 문헌들에서도 유사한 묘사가 발견되는데, 이 사실은 그것이 중단되지 않고 이어진 전통이었음을 보여준다. "야웨의 낙원, 생명나무들은 그의 경건한 자들이다. 그들의 농원은 영원히 뿌리를 내리고 있다"(「솔로몬의 시편」14.2-3). 이 텍스트들에는 그것들이 낙원을 성전에 연결한 전통에 의존하고 있다고 암시하는 요소가 전혀 없다. 하지만 다른 텍스트들은 이 연결을 보여준다. 쿰란 텍스트들에 의인들의 농원은 **제사장직을 위한 거룩한 건물**임을 보여주는 구절들이 많은데, "성전"이나 "에덴"이라는 단어가 사용되지는 않지만 아이디어들의 연관성은 현저하다. 따라서 「공동체 규율」(Manual of Discipline)은 공동체의 위원회(Council of the Community)를 다음과 같이 묘사한다.

> [그것은] 영원한 농원, 이스라엘을 위한 거룩한 집, 이스라엘을 위한 지극히 거룩한 총회다.…그것은 아론을 위한 지극히 거룩한 거처가 될 것이다.…그리고 그것은 달콤한 향기를 낼 것이다(1QS VIII).

> 그는 그들의 총회를
> 하늘의 아들들에 합류시켜
> 공동체의 위원회와
> 거룩한 건물의 터와
> 다가올 모든 세대의 영원한 농원이 되게 했다(1QS XI).

성전으로서의 에덴에 대한 이전의 이 믿음이 시리아어를 사용하는 그리스도인들의 찬가에 에덴과 교회를 결부하는 형태로 들어간다. 여러 곳에서 아이디어들과 간접적인 언급들이 결합되어 저자가 틀림없이 옛 성전의 상징을 염두에 두고 있었음을 보여준다.

「솔로몬의 송가」는 시리아어로 쓰인 초기 찬송 모음인데, 그것들은 세례 의식을 위해 쓰였을 가능성이 있다. 모든 찬송이 유대교의 전통에 흠뻑 젖어 있다 보니 유대교적인 요소로부터 기독교적인 요소를 구분하기가 쉽지 않다. 송가 11편은 신자가 낙원을 회복하는 것을 묘사한다. 낙원이 성전 및 성경에서는 발견되지 않는 전통들을 넌지시 언급하며 묘사된 점이 이채롭다. 신자는 "그의 낙원"으로 인도되어 그곳에서 "그의 영광으로 인해 야웨를 예배했으며" "야웨는 지표면에 비추는 해와 같았다." 야웨의 샘에서 나온 말하는 물들이 그의 입술을 만졌고 그는 "진리의 반석 위에 확고히 섰다." 그에게 야웨의 옷이 입혀졌으며 "[그가] 그의 빛을 통해 나를 소유하셨고, 그가 위로부터 내게 썩지 않는 쉼을 주셨다." 다른 곳에서 그는 다음과 같이 말했다. "나는 주님의 성령의 옷으로 입혀졌고, 주님은 내게서 내 가죽옷을 제거하셨다"(「솔로몬의 송가」 25편). 아담이 에덴을 떠날 때 그에게 가죽옷, 즉 필멸성이 주어졌다. 대제사장(이 책의 3장을 보라) 역시 물질세계를 상징한 옷들을 입었지만, 그는 그가 지성소, 즉 야웨의 현존으로 들어갈 때는 천사적인 상태를 상징하는 옷들로 바뀌었다. 이 의복의 변화는 성전 상징의 중요한 부분이었으며, 흥미롭게도 옷을 갈아입은 신자는 다른 곳에서 "야웨의 제사장"으로 불린다(「솔로몬의 송가」 20편).

「솔로몬의 송가」 36편은 왕이 하늘 동산에 올라가 그곳에서 하나님의 아들로 임명되고, 하나님의 사자(使者)로서 말하는 것에 관한 이전의 믿음들로부터 직접 유래한 것으로 보인다.

나는 야웨의 영 위에서 쉬었으며, 그 영은 나를 들어 올렸다. 그리고 나를 높으신 야웨의 완벽함과 영광 앞에 내 발로 서게 하셨다. 나는 그의 노래 들을 지어 그를 찬양하고 있었다. 그 영이 나를 야웨의 면전으로 인도했다. 나는 인간의 아들이었지만 빛나는 자, 하나님의 아들이라고 불렸다. 나는 찬양하는 자들 가운데서 찬양하고 있었으며 능력 있는 자들 가운데서 큰 자였다. 그가 지존자의 위대하심에 따라 나를 그렇게 만드셨기 때문이었 다. 그리고 그가 자신의 새로우심처럼 나를 새롭게 하셨다. 그리고 그가 자 신의 완벽함으로부터 내게 기름을 부으셨다. 그리고 나는 그의 이웃들의 하나 같이 되었다. 그리고 내 입은 이슬의 구름처럼 열렸으며, 내 마음은 분출하는 의의 물줄기처럼 쏟아졌고, 나는 평화롭게 그에게 접근했다. 그 리고 나는 그의 통치의 영에 의해 세워졌다. 할렐루야.

이처럼 천상의 어전회의에 올라가 빛을 비춤을 받는 것이 쿰란 찬송들 에서도 발견되는데, 이는 에덴/성전 전통이 중단되지 않았다는 또 다른 표시다.

주께서 나를 영원히 높은 곳으로 올리셨나이다.
나는 한없이 평평한 땅 위를 걸으며
주께서 영원한 회의체를 위해
먼지로 만든 그에게
희망이 있음을 아나이다.
주께서 큰 죄를 짓고 사악한 영을 깨끗이 씻으셔서
그 영이 거룩한 무리들과 함께 서고

하늘의 아들들의 회중과 함께

그 공동체에 들어갈 수 있게 하셨나이다(1QH III).

주께서 나를 통해

그 회중의 얼굴에 빛을 비추셨고

주의 무한한 능력을 보이셨나이다.

이는 주께서 주의 놀라운 신비를 통해

내게 지식을 주셨사오며

주의 놀라운 회의체 가운데서

내 안에 주께서 능력이 있으심을 보이셨음이니이다(1QH IV).

또 다른 「솔로몬의 송가」에 이전의 성전 전통에 대한 놀라운 기억이 담겨 있는데, 그 송가는 다음과 같이 시작한다. "나는 마차 안으로 올라가듯이 진리의 빛 안으로 올라갔다. 그리고 진리가 나를 취해서 인도했다"(「솔로몬의 송가」 38편). 마차는 지성소에 있는 하나님의 보좌로서 선택된 사람들이 그곳에 올라가 천사적 존재로 변화되고 종종 "하나님의 사자"로서 돌아오는, 조명의 장소였다(우리는 4장에서 이 점을 살펴볼 것이다). 히브리어로 "사자"와 "천사"는 같은 단어다.

낙원에 관한 탐구가 가장 풍부한 작품은 4세기 중엽에 쓰인 성 에프렘의 「낙원에 관한 찬송들」(*Hymns on Paradise*)이다. 그의 낙원은 세 단계로 나뉘었는데, 가장 낮은 곳은 참회자들을 위한 곳이었고, 다음은 의인들을 위한 곳이었으며, 가장 높은 곳은 승리자들을 위한 곳이었다. 그 산의 꼭대기에 하나님의 영광이 있었다. 우리는 즉각적으로 우주적인 산, 에스겔서의 에덴동산, 「에녹1서」에 등장하는 하나님의 보좌의 산 그리고 그것의 동심원적인 거룩함의 영역들이 성전 산을 올라가다 가장 높은 중앙의 지성소에 오르는 성전을 상기한다(「낙원에 관한 찬송들」 2.11). 그의 낙원은 이전에 성전이었던 교회이기도 했다. 에덴/성전이 낙원/교회가 되었으며 그곳에서 날마다 나무에서 따낸, 생명을 주는 과일이 모든 사람에게 주어졌다.

> 성도들의 총회는
> 낙원을 닮았다.
> 날마다 모든 사람에게 생명을 주시는 이의
> 열매를 딴다(「낙원에 관한 찬송들」 6.8).

성전에서의 야웨가 **메노라**이셨던 것처럼, 에프렘의 동산에서 예수가 생명나무이셨다. 나무의 이미지는 성례전에서 다양한 가르침을 지니는 것으로 발전했지만, 그것은 틀림없이 왕이라는 인물 안에서 자기 백성과 함께하셨던 야웨의 현존이었던 이전의 에덴/성전의 나무/등잔대로부터 유래했을 것이다. 그[낙원] 안에 있는 생명나무는 교회의 생명의 원천으로서 그리스도의 모형인데, 그것은 성찬식과 특히 세례를 베풀기 위한 표시로서 기름 바름 모두를 언급한다. 이는 생명나무가 동시에 포도나무로서 및 감람나무로 나타내짐을 의미한다(Murray, p. 125). 야웨의 상징으로서의 나무/등불은 생명나무가 다른 모든 나무가 그것에 절하는 "낙원의 태양"으로 묘사되는 것도 설명해 준다.

아마도 그 복된 나무,

그 생명나무는

그것의 광선을 통해

낙원의 태양일 것이다.

그 나무의 잎들은 반짝이고

그것들 위에

그 동산의

영적 은혜들이 새겨져 있다.

산들바람 가운데

다른 나무들은

그 주권자이자 나무들의 리더 앞에서

마치 예배하려는 듯이

절한다(「낙원에 관한 찬송들」 3.2).

이 찬송은 계속해서 지식의 나무를 성전의 휘장에 비교한다. 아담은 그
나무의 열매를 맛보았다. 웃시야 왕이 성전의 휘장 안으로 들어갔듯이
말이다(대하 26:16-21). 그 결과 둘 다 금지된 영광을 보았고, 둘 다 처벌
받았다(「낙원에 관한 찬송들」 3.14; 12.4). 후대의 신비주의자들도 그 영광
을 얼핏 본 사람들의 운명을 묘사했다. 그들의 환상 가운데 낙원에 들
어간 랍비 네 명 중 한 명만 보좌를 보고서 살아남았다(이 책의 4장을 보
라).

바로 중앙에

그가 지식의 나무를 심으시고

그것에 경외를 부여하시고

그것을 두려움으로 두르셔서

그것이 낙원의 내소에 대한

경계 역할을 하게 하셨다(「낙원에 관한 찬송들」3.3).

낙원의 중앙에 하나님이

지식의 나무를 심으셔서

성소를 지성소로부터

위에서 아래까지 분리하게 하셨다.

아담은 대담하게도 그것을 만졌고

웃시야처럼 매를 맞았다.

왕은 나병환자가 되었고

아담은 벌거벗겨졌다.

그는 웃시야처럼 매를 맞고서

서둘러 떠났다.

두 왕 모두 그들의 몸의 수치 가운데

도망가 숨었다(「낙원에 관한 찬송들」3.14).

낙원의 나무들은 야웨 앞에서 그들의 얼굴을 가린 천사들과 같았다.

천사들은 그들의 날개로,

나무들은 그것들의 가지들로

자신의 얼굴을 가린다.

이는 자신의 주님을 보지 않기 위함이다(「낙원에 관한 찬송들」 3.15).

에녹이 에덴에서 제사장이었던 것처럼 그리스도는 아마도 에덴에서의 천상의 대제사장이셨을 것이다. 그는 아담의 운명을 보셨으며, 그가 낙원에 다시 들어갈 수 있도록 그를 정화하시기 위해 내려오셨다.

> 그 동산이 그 한가운데서 그를 내쫓았다.
>
> 동산은 빛을 발하면서 그를 밀쳐냈다.
>
> 높임을 받으신 존재인 대제사장이
>
> 그가 자신으로부터
>
> 내쫓긴 것을 보셨다.
>
> 그분은 몸을 굽히셔서 그에게 오셨으며
>
> 그를 우슬초로 깨끗하게 하셔서
>
> 그를 다시 낙원으로 인도하셨다(「낙원에 관한 찬송들」 4.4).

고대의 천사들에게 그들의 사당들이 있었던 것처럼 빛의 아들들에게 그들의 하늘 장막들이 있었으며(「낙원에 관한 찬송들」 1.6; 5.6), 각각은 그 장막 거주자의 선행들에 따라 장식되었다. 각자에게 구름들의 마차가 있었는데, 우리는 원래 구름들을 나타냈던 그룹들의 고대의 마차를 알아본다. 「안식일 제사의 노래들」은 성전이 나타냈던, 천상의 영역에서의 그런 영광스러운 많은 마차를 언급했다. 에프렘에게 있어서 그것들은 빛의 자녀들이 타고서 자신들을 핍박했던 세상으로 내려온 그들의 마차들이었다.

> 그들의 마차들인 구름들이
> 공중을 흘러간다.
> 그들 각각은 그가 가르쳤던 자들의
> 지도자가 되었다.
> 그의 마차는 그의 수고에 상응하며
> 그의 영광은 그의 추종자들에 상응한다(「낙원에 관한 찬송들」 1.7).

에덴에 있는 아담에 관한 창세기 기사만 있다면, 우리에게는 이 의미심장하고 복잡한 시가 무엇을 표현하는지 이해할 수단이 없을 것이다. 그러나 다른 자료들에만 남아 있는 성전과 에덴에 관한 전통들과 믿음들에 대해 알면, 기독교 본래의 유대교적 유산의 범위 안에서 저술한, 가장 이른 시기의 그리스도인 교사들의 통찰을 우리가 이해하기 시작할 수 있다. 기독교가 비유대교적인 배경 안으로 들어가고 그리스의 사고 방식을 띠게 되자 이것의 많은 부분이 희미해졌다. 그러자 신학은 그림들의 문제라기보다는 단어들의 문제가 되었다. 정의(Definition)가 환상을 대체했다. 성전은 에덴이었으며 그것의 의식들은 창조세계에 관한 이 근본적인 믿음과 상호작용할 터였다. 성전 자체는 에덴처럼 하늘과 땅 사이에 있었으며 신적인 세계와 물질적인 세계 모두에 접근할 수 있었다. "그리고 낙원은 부패성과 썩지 않음 사이에 있다"(「에녹2서」 8.3-5). 따라서 에덴은 그곳으로부터 물질세계가 형태를 띨 수 있는 장소였는데, 이는 이곳에서 신적 창조의 힘과 현존을 통해 형태가 퍼질 수 있었기 때문이다. 에덴 주위에 원시 바다가 있었는데, 그곳에서 하나님의 형상이 결여되었기 때문에 인간의 형태가 결여된 괴물들이 나왔다. 그 바다는 형태가 갖춰지지 않은 필멸성의 혼돈이었는데, 창세기 1장에 따르면 그것으로부터 하나님의 영이 안정적인 창조세계를 끌어내셨다. 후대의 영지주의 텍스트들에 수록된 이상한 창조 기사들은 성전 신화에 뿌리를 두고 있는데, 그 텍스트들은 천상의 존재가 위의 세상과 아래의 세상을 분리하는 **휘장 안으로** 들어갔으며 그가 낮은 세상에서 발견한 혼돈으로부터 창조 질서를 형성했다고 말한다. "그 통치자가 축축한 물질을 한 지역으로 분리했으며 건조한 물질을 또 다른 지역으로 분리했다. 그리고 그 통치자는 [한] 물질로 자신의 거처를 창조했다. 그는 그것을 땅이라고 불렀다"(*On the Origin of the World* CG II.5.101). 이것이 신적 현존이 하늘로부터 나와 성전의 휘장을 거쳐 성소를 둘러싸고 있던 물의 혼돈으로 들어갔다는 이전의 믿음에 대한 기억이었을까? 영지주의 체계들에서는 휘장 안으로 들어간 신적 존재가 사악했으며, 그 결과 창조세계 역시 악했다. 이것은 일반적으로 영지주의의 창작이라고 여겨졌다. 그러나 우리가 창세기 1장을 주의 깊게 읽어보면 이 창조 이야기의 강조점은 물질세계가 선하다는 것임을 알 수 있다. 창세기 1장에 변증의 요소가 있는가? 영지주의의 먼 조상 가운데 에덴 성소 밖의 물질세계가 악했다는, 다른 견해가 있었는가? 창조세계가 "악하다"는 견해에 대한 암시들이 남아 있다. 에덴에서 살았던 자들은 천사들이었으며 따라서 불멸의 존재였다. 두로의 군주처럼 에덴에서 쫓겨난 자들은 필멸의 존재가 되어 죽었다(겔 28:9). 아담과 하와에게는 가죽옷이 입혀졌으며(훗날 주석가들은 그것이 육신을 입었음을 의미한다고 말했다), 그들은 에덴을 떠난 뒤 흙으로 돌아가도록 운명지어졌다(창 3:19-20). 동산 밖의 세상은 가시들과 엉겅퀴들과 고통의 장소였다. 혹자가 그것을 선하다고 말하기가 거의 불가능했을 것이다.

에덴의 중앙에 하나님의 현존을 상징한 생명나무가 있었다. 그것의 가지들은 스가랴가 그의 환상에서 보았던 것처럼 이 땅을 거니셨던 하나님의 영들이었다. 왕은 그들 가운데 한 명으로서 그들의 우두머리였으며, 따라서 예수가 "나는 포도나무요 너희는 가지"라고 말씀하실 수 있었다(요 15:5). 최초의 그리스도인들은 자신을 참된 포도나무의 가지들이라고 생각했는데, 하나님의 아들들의 새 세대, 이 세상에 있지만 영원의 삶을 살고 있는 땅 위의 천사들이라고도 생각했다. 이 생명나무의 잎들은 나라들을 치유할 터였다(계 22:2).

기름 부음을 받은 왕은 또한 만물을 그것들의 지정된 장소에 유지하는 영원한 언약의 접착제였다. 나는 이 영원한 언약이 신년에도 유효하도록 큰 가을 명절에서 갱신되었다고 굳게 믿는다. 생명─대체된 동물의 피─을 통해 상징된 왕의 생명은 땅 위에서의 신적 현존의 표지였으며, 이 생명이 사용되어 성전 휘장 양쪽에 피를 뿌림으로써 영적 세계와 물질세계를 재결합시켰다.

잠정적으로 재구성된 신화의 토대에 관한 추측은 확실히 모든 학문 분야 중 가장 덜 정확하겠지만, 신화가 실제 역사라는 괴물 같은 주장보다는 유용할 수 있다. 슬프게도 오랜 과거에 에덴동산이 있었던 곳을 발견하여 어떤 면에서 그 이야기가 사실이었음을 증명하기 위해 외진 곳들로 탐험 여행을 떠나는 사람들이 있다. 에덴은 시공간상에 있는 것이 아니라 영원히 존재하는 이상으로서 초월적인 영역이다. 마치 모종의 역사 과정이 있는 것처럼 끝이 시작과 같다고 말하는 것은 이 신화를 잘못 나타내는 것이다. 「도마복음」에 기록된 예수의 두 말씀이 에덴의 진정한 의미를 보여준다.

제자들이 예수께 말했다. "우리에게 우리의 끝이 어떻게 될지 말씀해 주소서." 예수가 말씀하셨다. "그렇다면 너희가 시작을 발견했기에 끝을 바라보는 것이더냐? 이는 시작이 있는 곳에는 끝이 있기 때문이다. 시작에 자기의 자리를 취할 자는 복이 있도다. 그는 끝을 알고 죽음을 경험하지 않을 것이다"(「도마복음」 18장).

그의 제자들이 그에게 말했다. "그 나라가 언제 오나이까?" [예수가 말씀하셨다.] "그것은 기다린다고 오지 않을 것이다. 그것은 '여기 있다' 또는 '저기 있다'라고 말하는 문제가 아닐 것이다. 오히려 아버지의 나라는 땅위에 퍼지는데, 사람들이 그것을 알지 못한다"(「도마복음」 113장).

3장

휘장

헤칼의 서쪽 끝에 큰 커튼, 그룹 보좌를 숨겼던 휘장이 있었다. 출애굽기와 역대기 편찬자는 휘장을 자세하게 묘사하지만, 열왕기상이나 에스겔서는 그것을 언급하지 않는다. 그것은 인간의 경험의 한계에 관한 많은 믿음을 표현하는 수단이 되었다. 단순한 바느질 작품으로서의 휘장 자체는 틀림없이 걸작이었을 것이고, 성전이 약탈당할 때마다 금 및 놋과 더불어 휘장이 탈취당했다는 것이 놀랄 일이 아니다. 정교하게 짜였고 휘장과 거의 같은 방식으로 장식된 대제사장의 의복들은 휘장과 분리될 수 없다. 휘장과 의복들은 보완적인 이미지다. 휘장은 인간의 인식과 하나님을 보는 환상 사이에 있는 모든 것을 상징했으며, 의복들은 동일한 물질세계에 있는 신성의 옷을 상징했는데, 그 옷 역시 신성을 숨겼다. 따라서 성전의 휘장과 제사장의 의복들은 최초의 그리스도인들에게 그들이 성육신을 통해 무엇을 의미했는지를 전달하기 위한 손쉬운 이미지를 제공했다. 대제사장이 성소에서 입었던 베옷들은 천사들, 즉 이 세상의 삶을 떠나 즉각적인 하나님의 현존 안에서 산 사람들의 옷이기도 했다. 그 옷들은 새로 세례를 받은 사람들의 흰옷이 되었다.

에덴동산의 경우와 마찬가지로, 이 모든 그림은 아마도 색이 바래

지고 희미해져 더 이상 명확하지 않은 **그림들로서** 기능하도록 허용되어야 한다. 그림들이 전달했고 지금도 전달하고 있는 내용은 많은 단어를 통해 전달하는 것보다 생생하다. 우리는 그 이미지를 이리저리 따라감으로써만 그것의 영향을 충분히 보고 이해할 수 있을 것이다.

하늘과 땅 사이

예수여, 내 눈은 주님의 눈의 빛나는 형태를
본 적이 없나이다.
주님의 복된 얼굴과 내 얼굴 사이에
감각의 휘장이 어둡게 드리워 있나이다.

R. 팔머(R. Palmer)

혜칼은 땅을 나타냈고 **데비르**는 하늘을 나타냈다. 그 사이에 성소를 지성소로부터 구분한 휘장이 있었다(출 26:33). 그 휘장은 가시적인 세계와 비가시적인 세계, 시간과 영원 사이의 경계를 나타냈다. 휘장 안에서 수행된 행동들은 이 세상의 것이 아니었고 천상의 예전의 일부였다. 그 휘장 안으로 들어간 존재들은 신적인 인물이든 인간이든 간에 중재자들로서 두 세계 모두에서 사람들의 기도들과 회개를 하나님께 가져가고 하나님의 복 주심과 현존을 그의 백성에게 가져오는 기능을 수행했다. 이 모든 것은 복잡한 상징을 통해 표현되었다. 성전에 관한 다른 모든 것과 마찬가지로 그것은 남아 있는 조각들로부터 재구성되어야 하는데, 이는 우리의 지식에 많은 틈새가 있음을 의미한다. 이번 장에서 나는 남아 있는 그 그림의 조각들을 조립할 것이다. 우리는 그것으로부터 휘장은 성육신, 즉 하나님이 물질적인 형태로 이 땅에 현존하신다는 아이디어의 가장 이른 표현이었던 것으로 보인다는 점을 알게 될 것이다. 이 아이디어가 기독교의 용례 안으로 직접 들어왔다. "그러므로 형제들아, 우리가 예수의 피를 힘입어 성소에 들어갈 담력을 얻었나니 그 길은 우리를 위하여 휘장 가운데로 열어 놓으신 새로운 살 길이요 휘장은 곧 그의 육체니라"(히 10:19-20). 그의 죽음의 순간에 그의 육체와 성소의 휘장이 모두 찢어졌으며(막 15:38) 하늘, 곧 하나님의 현존 안으로 들어가는 길이 열렸다. "우리에게 큰 대제사장이 계시니 승천하신 이 [곧 하나님의 아들 예수시라]"(히 4:14). 그 상징이 이른 시기의 기도서 안으로 들어갔다.

오 우리 주 하나님, 주께서 우리에게 주의 성소들에 들어갈 수 있는 담력을 주셔서 감사하나이다. 주께서 주의 그리스도의 육체의 휘장을 통해 그것을 새롭고 산 길로서 우리에게 갱신하셨나이다. 그러므로 주의 영광의 장막의 장소로 들어가 휘장 안에 있으면서 지성소를 볼 가치가 있다고 여겨진 우리는 주의 선하심 앞에 엎드리나이다(야고보의 기도서).

휘장의 역사

거룩하시도다, 거룩하시도다, 거룩하시도다! 어둠이 주님을 숨기고

죄악 된 인간의 눈은 주님의 영광을 볼 수 없지만

오직 주님만 거룩하시오며, 주님 외에 아무도 없나이다.

주님의 능력과 사랑과 순결은 완벽하나이다.

R. 히버(R. Heber)

열왕기상 6-8장에 기록된 솔로몬의 성전 기사에는 휘장에 대한 묘사가 없지만, 휘장은 역대하의 상응 구절에서 언급된다. "청색 자색 홍색 실과 고운 베로 휘장 문을 짓고 그 위에 그룹의 형상을 수놓았더라"(대하 3:14). 그것의 의미에 대해서는 어떤 언급도 없다. 광야 성막의 휘장도 비슷하게 묘사된다. "너는 청색 자색 홍색 실과 가늘게 꼰 베 실로 짜서 휘장을 만들고 그 위에 그룹들을 정교하게 수 놓아서[*hoseb* 작업]"(출 26:31; 참조. 출 36:35). 이 대목에서도 그것의 의미에 대해서는 아무것도 언급되지 않는다. 제1성전이 파괴된 뒤 그 성전에 휘장이 있었는지에 관해 다소 논란이 있었다. 미쉬나는 속죄일에 대제사장이 두 휘장 사이를 걸어가야 언약궤에 도달할 수 있었다고 말한다. 그러나 이 구절에 대한 주석은 다음과 같이 말한다. "이 대목에서 우리는 무엇을 말하고 있는가? 그것이 첫 번째 성소라면 그곳에 휘장이 있었는가? 그것이 두 번째 성소라면 그곳에 언약궤가 있었는가?"(b. *Yoma* 52b) 이 텍스트를 통해 우리는 제2성전에 휘장 두 개가 있었으며 그것들 사이에 한 규빗(약 45센티미터)의 간격이 있어서 휘장들 사이에 좁은 통로가 있었다는 전통이 있었음을 알 수 있다. "바깥쪽 휘장은 남쪽 끝부분에서 말아 올려졌으며 안쪽 휘장은 북쪽 끝부분에서 말아 올려졌다. 그는 [남쪽에서 바깥쪽 휘장 안으로 들어가] 휘장들 사이를 걸어서 북쪽에 이르렀다. 북쪽에 이르면 그는 [안쪽 휘장 안으로 들어가] 남쪽을 향해 뒤로 돌아서 [안쪽] 휘장을 그의 왼편에 두고 계속 걸어서 언약궤에 도달했다"(Mishnah, *Yoma* 5.1). 틀림없이 이 큰 성전 휘장들이 여러 개 있었을 것이다. 그런 직조물은 매우 비쌌을 것이다. "그 휘장은 손바닥 하나의 두께였으며, 스물두 개의 칸이 있는 베틀에서 짜였는데 각각의 칸 위에 스물네 개의 실이 있었다. 그것의 길이는 40규빗(약 18미터)이었고 넓이는 20규빗(약 9미터)이었다. 그것은 어린 소녀 여든두 명에 의해 만들어졌는데 그들은 해마다 휘장 두 개를 만들었다"(Mishnah, *Shekalim* 8.5). 휘장이 어떤 부정으로 오염되면 세탁되어야 했다. 이것은 확실히 매우 고된 일이었을 것이다. 200제곱미터에 달하는 양털과 베 섬유는 젖으면 매우 무거웠을 것이다. 그것을 물에 담그기 위해서는 제사장 300명이 필요했다고 한다.

> 성전의 휘장이 파생된 불결로부터의 불결에 오염되면, 그것은 성전 뜰 안에서 물에 잠겼다가 다시 사용될 수 있었다. 그러나 본래 불결한 것에 의해 불결해지면 그것은 뜰 밖에서 물에 잠기고 벽에 널려야 했다. 석양까지 기다려야 그것이 완전히 깨끗해졌기 때문이었다. 휘장이 새것이라면 그것을 현관의 지붕 위에 펼쳐 놓아서 사람들로 하여금 그것의 솜씨가 얼마나 좋은지 볼 수 있게 해야 했다(Mishnah, *Shekalim* 8.4).

안티오코스와 티투스 모두 성전의 휘장을 그들의 노략물로 가져갔다. 기원전 169년에 안티오코스 에피파네스는 "대군을 이끌고" 예루살렘에 쳐들어갔다. "그는 무엄하게도 성전 깊숙이 들어가서 금 제단, 등경과 그 모든 부속물…휘장…을 약탈했다"(마카베오상 1.21-22). 이 휘장은 제우스의 신전에서 최후를 맞이했을 수도 있다. 안티오코스는 예루살렘 성전을 올림포스산의 제우스 신에게 재봉헌했는데(마카베오하 6.2), 기원후 2세기에 파우사니아스는 올림포스산의 거대한 제우스 신전에 봉헌된 휘장을 묘사했다. "올림피스에는 양털 휘장이 있는데, 그것은 아시리아의 직조와 페니키아의 자색 실로 장식되었다. 그것은 안티오코스에 의해 봉헌되었다"(Pausanias, *Description of Greece*, V. 12.2). 이 휘장이 예루살렘의 휘장이었다는 증거는 없지만, 그랬을 가능성이 매우 크다. 이 사례와 유사하게, 기원후 70년에 티투스는 많은 청색과 자색 양털 직물과 더불어 성전 휘장을 노략물로 취했다. 그는 그 휘장이 로마에 있는, 그의 궁에 보관되도록 명령했는데(요세푸스, 『유대 전쟁사』 VII.162), 2세기의 어느 랍비가 거기서 그것을 보았다. 그는 그 휘장 위에 묻어 있는, 속죄일에 뿌린 핏자국도 보았다. "라비 엘레아자르 벤 라비(R. Eleazar b. R. Yose)가 다음과 같이 말했다. '내가 로마에서 그것을 직접 보았는데, 그것 위에 속죄일에 뿌린 핏방울 자국들이 있었다'"(Tosefta, *Kippurim* 2. 16). 그것의 궁극적인 운명에 관해 더 이상은 알려지지 않았다.

휘장의 상징

오 그의 능력을 말할지어다. 오 그의 은혜를 노래할지어다.
그의 옷은 빛이요 그의 닫집(canopy)은 우주로다.

R. 그랜트(R. Grant)

우리의 목적상으로는 휘장이 무엇을 나타낸다고 생각되었는지가 더 중요하다. 구약성경에는 이 아이디어가 전제된 것처럼 보이는 곳들이 있기는 하지만 이에 대한 직접적인 언급은 없다. 제2이사야서는 하나님의 거처를 장막과 휘장으로 묘사했지만, 야웨의 장막은 하늘이었으며 그의 앞에는 그를 가린 휘장이 있었다.

> 그는 땅 위 궁창에 앉으시나니
> > 땅에 사는 사람들은 메뚜기 같으니라.
> 그가 하늘을 차일 같이 펴셨으며
> > 거주할 천막 같이 치셨고(사 40:22).

야웨의 천막, 곧 그의 장막은 사실 땅 위의 높은 곳에 있었으며 그것의 휘장으로서 하늘이 펼쳐져 있었다. 이 구절에는 그 아이디어를 특별히 성소와 연결할 요소가 전혀 없지만, 다른 텍스트들은 이것이 성소의 형태와 관련된 이미지였다고 암시한다. 시편 104편은 물들 위에 세워진 야웨의 천막과 그의 궁궐, 그의 구름 마차와 그의 하늘 전령의 무리들, 불꽃과 불의 생물들을 묘사한다. 이것들은 하늘 성전이었으며 성소의 비품들의 관점에서 묘사되었다. "주께서 …하늘을 휘장 같이 치시며"(시 104:2)라는 표현은 성막을 의도했음이 분명하다. 사무엘하 22장에 수록된 똑같이 극적인 시(그것은 시 18편과 같다)는 구름 덮개에 둘러싸여(삼하 22:12) 그의 그룹들을 타고 계시는 야웨를 묘사했다. 성막과 관련된 후대의 몇몇 아이디어는 이 세 텍스트에 뿌리를 두고 있지만, 우리는 그 텍스트들이 이전의 형태에 나타난 아이디어들을 대표했는지 아니면 그것들이 후대의 추측의 토대였는지 알지 못한다. 후대의 전통은 성막의 휘장을 야웨(또는 그의 예언자)가 거기서 내려다보시고 땅을 보실 수 있는 높은 장소와 결부**시켰다**. 한 자료에 따르면 휘장은 하늘을 나타내기 위한 양상으로 장식되었으며, 감싸는 구름들이라는 아이디어는 아마도 심지어 광야 성막의 휘장들에 수 놓아진 그룹들에 의해서도 묘사되었을 것이다.

기원후 1세기에 요세푸스는 휘장이 창조된 세상을 나타낸다는 것을 알았다.

> 이것들[문들] 앞에 같은 길이의 휘장이 걸려 있었는데, 그것은 바빌로니아식 태피스트리로 만들어졌으며 고운 베에 홍색과 자색 실로 수가 놓였고, 놀라운 기술로 만들어졌다. 이 혼합된 재료들에 신비주의적인 의미가 없지 않았다. 그것은 우주를 상징했다. 홍색 실은 불을 상징하는 것처럼 보였고 고운 베는 땅을 상징하고 청색 실은 공기를 상징하고 자색 실은 바다를 상징하는 것 같았기 때문이다. 고운 베와 자색 실의 색상의 기원에 의해 비교가 암시되었는데, 이는 하나는 땅에서 생산되고 다른 하나는 바다에서 생산되기 때문이었다. 이 태피스트리 위에 황도대의 별자리들은 제외하고 하늘의 전경이 묘사되었다(「유대 전쟁사」, V. 212-13).

이것은 바깥 휘장의 묘사다. 그는 안쪽 휘장도 똑같았다고 말한다. 이 상징의 기원은 알려지지 않았다. 그것은 성전 민간 전승에 대해 최근에 덧붙여진 것이었는가 아니면 고대의 것이었는가? 광야 성막의 휘장에 대한 그의 묘사도 비슷하다. "그 성막은 고운 베로 짜인 휘장으로 가려졌는데, 그 휘장은 자색과 홍색이 섞여 있었다.…그 휘장은 매우 아름다웠으며 땅이 내는 온갖 꽃과 다른 모든 디자인으로 장식되었는데 생물은 수놓아지지 않았다"(『유대 고대사』, III.124, 126). 네 가지 재료로 짜인 태피스트리들은 자연의 원소들을 나타낸다. "따라서 고운 베는 땅을 상징하는 것처럼 보이는데 이는 아마도 땅에서 섬유가 나오기 때문이며, 자색 실은 바다를 상징하는데 이는 그 실이 물고기의 피로 물들여졌기 때문이다. 청색 실은 공기를 나타낼 것이고 홍색은 불의 상징일 것이다"(『유대 고대사』, III.183). 성막 전체는 우주의 다른 측면들을 나타냈다. "사실, 이 모든 물체는 우주를 상기하고 그것을 나타내도록 의도된다"(『유대 고대사』, III.180).

필론도 이 상징을 언급한다. "가장 높고 가장 진실한 의미에서 하나님의 거룩한 성전은—우리는 그렇게 믿어야 한다—성소를 모든 존재(심지어 하늘까지)의 가장 신성한 부분으로 하는 전체 우주다. 그것의 봉헌 장식은 별들이며 그것의 제사장들은 천사들이다"(*Special Laws*, 1.66). 그는 다른 곳에서 휘장의 직조가 창조된 세상을 나타낸다고 말한다.

재료들로 직조한 솜씨에 관해 말하고 있는데, 그 재료들은 네 가지인데 이는 땅과 물과 공기와 불이라는 네 가지 원소의 상징이며 그것들로 달 아래의 사물이 만들어지지만 천상의 영역은 천상의 것들로 [만들어지는데] 가장 뛰어난 것들이 결합되어 만들어진다.…그래서 그는 만물의 창조주의 신성한 성전은 세상에 존재하는 사물들의 재료들로 짜여서 그 성전에 앞서 [존재했던] 우주적인 성전이 [되는 것이] 옳다고 생각했다(*Questions on Exodus*, II.85).

이 영광스러운 바빌로니아식 태피스트리는 요한계시록 17장에서는 덜 아첨하는 관점에서 등장하는데, 거기서 그것은 큰 음녀의 의복이다. 제2성전은 많은 사람에게 불결한 장소로 여겨졌는데, 이는 타락한 제사장 때문만은 아니었다. 최초의 그리스도인들은 예루살렘에서 잔인하게 박해받았으며, 예루살렘을 야웨께 벌을 받을 큰 음녀로 본 고대의 묘사를 자신들의 것으로 받아들였다(예컨대 겔 23장에 등장하는 큰 음녀 오홀리바 이야기, 사 57:7 이하에 수록된 큰 음녀의 침상으로서의 새 성전). 모든 예언과 마찬가지로 요한계시록 17장에 등장하는 이 예언도 재사용되어 로마라는 도시에 적용되었지만, 원래 그것은 거의 확실히 예루살렘에 대한 것이었다. 이 여인은 "자주 빛과 붉은 빛 옷을 입고 금과 보석과 진주로 꾸몄다"[계 17:4]. 그녀는 성도들의 피와 예수의 증인들의 피에 취했으며[계 17:6], 땅의 나라들을 나타낸 많은 물 위에 앉았다(계 17:15). 이전에 야웨가 그의 적들에 대해 승리를 거두신 것을 묘사한 텍스트에서 그 적들이 그랬던 것처럼, 그리고 요한계시록과 거의 동시대에 쓰인 바다에서 올라온 사람의 환상에서 적들이 그랬던 것처럼 말이다(「에스라4서」 13.5). 요한계시록에서 옛적의 창조 이야기에 나오는 위협적인 깊음들은 하나님의 백성을 위협하는 나라들이 되었다. 요한계시록 4장의 모든 세부 사항은 정교하게 해석되었는데, 이 점은 이것이 전통적인 내용이 재사용되고 있다는 확실한 표지다.

필론은 휘장이 **헤칼**을 **데비르**로부터 구분했다는 점에서 땅을 하늘로부터 구분한 휘장의 역할에 관해 많이 말한다. "이는 우주에서 하늘은 가장 신성하며 땅은 좀 더 밖의 영역으로서 그것 자체로서는 참으로 존중할 만하지만 에테르에 비하면 훨씬 열등하기 때문이다. 어둠이 빛에 비해 열등하고 밤이 낮에 비해 열등하며 부패가 부패하지 않음보다 열등하고 죽을 운명인 인간이 하나님보다 열등하듯이 말이다"(*Life of Moses*, II.194). 그것은 변하는 것을 변하지 않는 것으로부터 구분했다. "그것은 달 아래에 있으면서 방향의 변화를 경험하는, 세상의 변하는 부분들과 일시적인 사건들이 없으며 변하지 않는 천상의 영역을 나타낸다"(*Questions on Exodus*, II.91).

진설상과 **메노라** 같은 **헤칼**의 비품들은 감각의 세계에서 천상의 세계를 나타냈다. "그리고 그것들은 휘장 밖에 비치되었는데 이는 안쪽 깊숙이 있는 것들은 볼 수 없고 [지성으로] 이해할 수 있는 반면에 외부에 있는 것들은 볼 수 있고 감각으로 인식할 수 있기 때문이다"(*Questions on Exodus*, II.95). 등잔대는 금으로 만들어졌는데 이는 이것이 가장 순수한 물체인 하늘의 상징이기 때문이었다(*Questions on Exodus*, II.73).

알렉산드리아의 클레멘스는 색상의 상징을 이용하여 성막의 신비주의적인 의미를 설명했다. "그리고 덮개와 휘장은 가늘게 짠 베에 청색과 자색과 홍색으로 변화를 주었다. 따라서 그것은 하나님의 계시에 포함된 원소들의 본질이라고 제안되었다. 자색은 물에서 나왔고 베는 땅에서 나왔으며, 청색은 어두워서 공기를 닮았고 홍색은 불을 닮았기 때문이다"(*Stromata*, V.6). 휘장은 유대교 신비주의자들의 문헌에도 등장한다. 히브리어 에녹서(「에녹3서」)에서 메타트론이 랍비 이스마엘에게 거룩하신 이 앞에 펼쳐진 큰 휘장의 비밀들을 계시했다. 이 문서는 승천 기사였기 때문에 그 휘장은 말하자면 다른 쪽으로부터 묘사되었다. 이는 그 휘장을 하늘에서 본 사람에게 그것이 어떤 모습이었는지에 관한 것이었다. 그 그림은 이사야서에 나타나는 그림인데, 거기서 야웨가 앉아서 땅의 거주자들을 보시니 그들이 메뚜기 같았다. 히브리어 에녹서는 아마도 기원후 5세기에 쓰인 후대의 텍스트이지만, 그것은 성전 신화가 계속 영향을 주고 있음을 보여준다. 그 휘장은 이 세상을 그 위의 세상으로부터 구분했다. 필론은 이것을 물질적 의미에서 사용했으며 휘장이 어떻게 가시적인 창조세계와 비가시적인 창조세계 사이의 경계인지를 보여주었다. 「에녹3서」의 저자는 그것을 시간적 의미로 사용해서 휘장이 어떻게 시간 너머의 세계의 모든 역사를 동시에 나타내는지를 보여주었다. 역사의 모든 구성 요소가 휘장 위에 보일 수 있었다. 창조된 세상의 모든 원소가 보일 수 있듯이 말이다. 시간을 초월하여 역사를 보는 이 견해는 예언 텍스트들과 묵시 텍스트들(실제로는 이 두 가지가 동일하다)을 이해하는 데 중요하다. 미래에 대한 그들의 견해는 영원으로부터의 견해였으며, 시간의 기초를 이루는 실재를 얼핏 보는 것이었다. 예를 들어 요한은 자신의 시대 "뒤의" 일뿐만 아니라 "그 너머에" 있을 일도 보았다(계 4:1). 그는 들어 올려져 하늘 보좌 앞에 놓였다.

대제사장

우리의 큰 대제사장이신 당신은
육신의 옷을 입고 휘장 안으로 들어가셨나이다.

W. 채터턴 딕스(W. Chatterton Dix)

속죄일에 대제사장만 휘장 안으로 들어갔다. 그의 의복들을 묘사한 텍스트들은 그 의복들이 성전의 휘장과 똑같은 방식으로 만들어졌으며 그것들 역시 창조세계를 나타냈음을 보여준다. 그 의복을 만든 것은 출애굽기 28장에서 묘사되었다. 대제사장은 가장자리에 청색, 자색, 홍색 실로 석류 무늬를 넣고 금방울들을 단 청색 옷을 입었다. 그 위에는 금실과 청색, 자색, 홍색 실 및 가늘게 꼰 베 실로 만들어졌으며 어깨에는 글씨를 새긴 호마노 두 개를 단 에봇을 입었다. 대제사장은 또한 이 위에 흉패를 입었는데, 흉패에는 열두 지파를 나타내는 열두 가지 보석이 박혔다. 그는 머리에 고운 베로 만든 관을 썼는데, 그 관에 "야웨께 성결"이라고 쓴 금패를 매었다.

요세푸스와 필론 모두 제사장의 의관의 상징을 설명했다. 요세푸스는 다음과 같이 말한다.

> 대제사장의 속옷도 가는 베 실은 땅을 상징하며, 청색은 하늘의 호(arch)를 상징하는데 석류를 통해 번개를 상기하고 방울 소리를 통해 천둥을 상기한다. 그의 상의도 우주의 본성을 나타내는데, 하나님은 그것을 네 가지 원소로 만드시기를 기뻐하셨다. 그것은 추가로 금으로 짜였는데, 나는 그것이 사방으로 퍼지는 햇빛을 나타낸다고 생각한다(『유대 고대사』, III.184)

필론은 그 의복이 매우 복잡하다고 말한다.

이 점에서 그것은 우주와 유사하고 우주의 사본처럼 보일 것이다. 이는 디자인을 통해 확실히 나타난다. 우선 그것은 전체적으로 어두운 청색의 원형 상의와 긴 치마로 된 속옷이며 따라서 공기를 상징한다. 공기는 자연적으로 검정 색이며 어떤 의미에서는 달 아래 지역부터 지구의 가장 낮은 구석까지에 닿는 긴 의복이기 때문이다. 둘째, 이 위에 하늘을 상징하는 가슴판 형태로 짜인 조각을 댄다. 어깨에는 매우 값진 물질인 에메랄드 두 개가 있다. 그것들은 양쪽 어깨에 하나씩 있는데 둘 다 원형이며, 반구들(hemispheres)을 나타내는데 하나는 지상의 반구를 나타내고 다른 하나는 지하의 반구를 나타낸다. 가슴에는 각각 다른 색상의 열두 보석이 있었는데 그것들은 한 줄에 세 개씩 네 줄로 정렬되었으며 황도대(zodiac)의 모델 형태로 배치되었다(*Special Laws*, I.84-87).

신성한 의복은 우주의 사본 형태로 디자인되었는데, 사람의 눈과 마음에 놀라울 정도로 아름다운 작품이었다.…

그것은 대제사장들이 자기 위에 모든 것의 형상을 지녀야 한다는 희망 사항을 표현한다.…유대인들의 대제사장은 모든 인류뿐만 아니라 자연의 부분들인 땅, 물, 공기, 불을 위해서도 기도하고 감사한다(*Special Laws*, I.96-97).

솔로몬의 지혜도 비슷하게 말한다. "발끝까지 늘어진 그의 옷에는 온 세상이 그려져 있었고 넉 줄 보석에는 조상들의 영광스러운 이름이, 그의 왕관에는 주님의 '거룩한 하느님'이라는 말이 새겨져 있었다"(솔로몬의 지혜 18.24). 제사장은 휘장 밖에서 분향단에 향을 피웠으며, 1년에 한 번 속죄일에 **데비르** 안으로 향을 가지고 들어갔다. 향의 네 가지 향료들도 의복과 마찬가지로 창조세계의 예배를 상징했다.

> 내가 보기에 향을 만드는 이 네 가지는 그것으로 온 세상이 만들어진 상징
> 이다.…따라서 외관상으로는 그것은 향으로서 태워지는, 향 만드는 사람
> 에 의해 만들어진 혼합물이지만 그것은 사실은 신적 지혜에 의해 만들어
> 진 온 세상으로서 제사의 불에서 아침과 저녁에 드려지고 소비된다(*Who
> is the Heir?* 197, 199).

대제사장은 땅인 **헤칼**에서 업무를 수행할 때는 우주를 나타내는 옷을
입었지만, 휘장을 지나 하늘인 지성소 안으로 들어갈 때는 베옷을 입었
다(레 16:4). 레위기는 왜 대제사장이 다른 옷을 입어야 했는지를 말하지
않지만, 그것은 거의 확실히 다른 역할을 나타냈다. **헤칼**의 옷은 고도로
상징적이었던 반면 **데비르**의 옷은 그렇지 않았을 것 같지는 않다. 대제
사장은 **데비르**에서는 더 이상 창조된 세상을 대표하지 않았고 천상의
수행원들 가운데 하나로 여겨졌다. 흰 베옷은 천사들의 옷이었으며 은
총을 입어 하늘에 올라간 인간에게 주어졌다. 구약성경과 후대의 묵시
문헌 모두에서 "흰옷을 입은 사람들"은 자주 천사들이었으며, 종종 천
사장들이었다. 에스겔은 예루살렘에 심판이 임했을 때 가는 베옷을 입
은 사람을 보았다(겔 9:2). 다니엘은 세마포 옷을 입은 사람을 보았는데,
그의 얼굴이 빛이 났으며 그의 팔과 다리는 놋과 같았던 점으로 미루
어 볼 때 그는 확실히 천사적인 인물이었다(단 10:5). 에녹은 하늘에서
흰 [옷을 입은] 사람들이 오는 것을 보았다(「에녹1서」 87.2). 그들은 심판

을 가져오는 천사장들이었다. 에녹은 이후에 흰 [옷을 입은] 사람 일곱 명이 타락한 천사들에게 심판을 집행하는 것을 보았다(「에녹1서」90.21-22). 미가엘이 에녹을 야웨의 보좌 앞으로 데려갔을 때 에녹 자신이 영광스러운 옷을 입게 되었다. "야웨가 미가엘에게 '가서 에녹에게서 그의 지상의 옷을 벗겨라. 그리고 그에게 내 상쾌한 기름을 바르고 내 영광의 옷들을 입히라'라고 말씀하셨다. 그래서 미가엘은 야웨가 자기에게 말씀하신 대로 했다. 그는 내게 기름을 바르고…옷을 입혔다. 그리고 내가 나를 바라보았더니 나는 그의 영광스러운 자들 가운데 하나처럼 되어 있었다"(「에녹2서」22.8, 10). 인간 에녹이 천사 에녹이 되었다. 그에게 옷이 입혀졌을 뿐만 아니라 기름도 발라졌는데, 이는 왕이나 대제사장의 표지였다. 요한은 보좌 앞에서 흰옷을 입고 있는 장로들을 보았으며(계 4:4) 흰옷을 입은 많은 무리를 보았다(계 7:9). 「이사야의 승천」에서 그 예언자는 일곱 하늘을 통과해 위로 올려졌다. 이 텍스트 곳곳에서 천사의 지위는 옷의 관점에서 묘사된다. 동료 천사가 이사야에게 말했다. "너는 옷을 받게 될 테니 그 옷을 보라.…그러면 너는 일곱 번째 하늘에 있는 천사들과 같아질 것이다"(「이사야의 승천」8.14-15). "거룩한 이사야가 이곳으로 올라오도록 허용되었다. 그의 옷이 여기에 있기 때문이다"(「이사야의 승천」9.2). 이사야가 일곱 번째 하늘에 도착했을 때 그는 하늘의 무리를 보았다. "그리고 나는 거기서 에녹과 그와 함께 있는 모든 사람을 보았는데, 그들은 육신의 옷이 벗겨지고 위의 옷을 입고 있었다. 그리고 그들은 거기서 큰 영광 가운데 서 있는 천사들과 같았다"(「이사야의 승천」9.8-9). 이처럼 이사야와 고대의 가치 있는 사람들은 사람에서 천사로 변화되었다. 그들은 각자의 옷을 받았다. 필론은 대제사장이 성소에서 흰옷을 입는다고 말하는데, 그 세마포 옷이 천상의 옷을 상징한다는 이 믿음을 암시한다. "…그가 분향하러 성소에 들어갈 때 세마포는 죽음에 종속하는 창조물의 산물인 양털과 같지 않기 때문이다"(*Special Laws*, I.84). 구약성경에는 대제사장이 성소에서 흰옷을 입는 이 관행을 언급하는 것일 수도 있는 신기한 사건이 하나 등장한다. 스가랴가 대제사장의 환상을 보았을 때 그는 대제사장이 야웨의 오른쪽에서 자기를 고소하는 사탄과 함께 야웨의 앞에 서 있는 것을 보았다(슥 3:3). 야웨의 명령에 따라 대제사장에게서 더러운 옷이 벗겨지고 그에게 깨끗한 옷이 입혀졌다. 옷이 갈아입혀진 후 그는 자기가 "여기 섰는 자들 가운데에 왕래할 권리"를 지녔다는 말을 들었다(슥 3:7). 전체 환상이 하늘 궁정에서 일어났기 때문에, 이는 틀림없이 그가 자기의 옷을 받고 야웨의 길로 행하기로 맹세하고 나서 천사들이 있는 장소에 접근하는 것을 가리킨다.

필론의 로고스

전능하신 아들이시자 성육신하신 말씀이신
우리의 예언자이시고 제사장이시며 구속자이신 주님.

E.쿠퍼(E. Cooper)

제사장의 역할을 이해하기 위해서는 우리가 이 다양한 의복이 무엇을 의도했는지 알아내야 하지만, 아쉽게도 현재 남아 있는 텍스트 가운데 대제사장직의 의미를 직접 다루는 것은 없다. 의복과 의식에 관한 묘사는 많이 남아 있다. 그러나 필론은 대제사장의 역할에 대한 자신의 독특한 해석을 남겼는데, 이는 우리가 현재 이해할 수 있는 내용과 가장 가깝다. 필론은 그의 저작 전체를 통해 유대인들의 믿음을 알렉산드리아에서 살고 있던 그의 당대 그리스인들에게 이해될 수 있는 것으로 변형시켰다. 그러나 **그는 창작하지 않고 변형시켰다.** 그 자신이 유대인 공동체의 지도적인 인물로 남았는데, 그가 이단의 우두머리였다면 그런 인물이 되지 못했을 것이다. 그는 틀림없이 당대 유대인들의 믿음을 변형시켰을 것이다. 그는 자신의 동시대인들을 위해 **무엇을** 변형시키고 있었는가? 그는 성전 상징을 이용했지만, 천상의 성전과 지상의 성전에 관해 말하는 대신 우주와 개인에 관해 말했는데 각 사람이 어떤 면에서는 하나님의 성전이었다. 우리가 1세기의 대제사장직에 대한 이해를 회복하기 위해서는 필론의 저작들로부터 성전 상징─그는 그것으로부터 시작했다─을 뽑아내야 한다.

필론은 지상의 상대역이 있는 천상의 대제사장에 대해 말하는데, 이는 성전에 관해 다른 곳에서 알려진 내용과 상당히 일치한다. 필론이 말하는 천상의 대제사장은 하나님의 로고스, 하나님의 말씀이라고 불렸다. 놀라운 점은 이 천상의 대제사장이 지존하신 하나님과 그가 만드신 세상 사이의 중재자인 **버금 하나님**으로 묘사되었다는 것이다. 인간은 이 버금 하나님의 형상으로 지어졌다. "필멸의 존재는 지존자이자 우주의 아버지의 모양으로 만들어질 수 없고 **그의 로고스이신 버금 하나님**의 모양으로만 만들어질 수 있기 때문이다"(*Questions on Genesis*, II.62). 이 버금 하나님이 우주의 대제사장이었는데 "이는 우리가 명백하게 알 수 있듯이 하나님의 두 성전이 있기 때문이다. 그것들 가운데 하나는 이 우주인데 거기에는 대제사장으로서 그의 장자이자 신적 로고스가 있으며, 다른 하나는 합리적인 영혼인데 그것의 제사장은 실제 인간이다"(*On Dreams*, I.215). 이 대목에 하나님의 장자이자 버금 하나님이었던 천상의 대제사장이라는 아이디어가 등장한다. 이것은 아마도 대제사장에 관한 필론 자신의 믿음의 일부였을 것이다. 그것은 성전에 있는 대제사장이 어떤 면에서는 이 버금 하나님의 역할을 묘사했음이 확실함을 의미한다. 그가 로고스의 우주적 의미에 관해 말한 내용은 분명히 대제사장과 그가 나타낸 것의 원래 의미였을 것이다.

진정한 대제사장은 천상의 인물이었기 때문에, 그는 원래는 휘장을 지나 하나님의 현존**으로** 간 것이 아니라 그곳**에서** 나와 휘장을 통과했다. 그는 휘장을 지나 그것으로부터 형태를 취하고 볼 수 있는 존재가 되었으며 창조 질서의 네 원소로 옷을 입었다. "이제 존재하는 자의 최고의 로고스가 옷으로서 입는 의복은 세상이다. 이는 그가 흙과 공기와 물과 불 및 이것들로부터 나오는 모든 것으로 자신을 치장하기 때문이다"(*On Flight*, 110). 그는 대제사장이 외적이고 가시적인 이미지라고 말하며 다음과 같이 설명한다. "[그는] 기도와 우리 조상들로부터 전해져 내려온 제사를 드리는데, 그는 앞서 언급된 전체 하늘의 사본이자 복제품인 의복을 입도록 위임되었다. 그 의도는 거룩한 제의에서 우주가 인간에게 가담하고 인간이 우주에 가담할 수 있게 하는 것이다"(*On Dreams*, I.215). 대제사장은 이처럼 지상에 현현한 버금 하나님이었으며, 중재자로서 하나님의 현존 안으로 돌아갔다. 필론은 대제사장의 역할에 관해 간단하게 또 다른 언급을 한다. 그는 대제사장이 "기름 부음을 받은 재판관이자 중재자"였다고 말한다(*Questions on Exodus*, II.13). 그는 휘장 안으로 들어갈 때는 물질세계의 다채로운 옷을 벗고 자신이 우두 머리인 천사들의 영광스러운 옷을 입었다. "만물의 아버지는 자신의 천 사장인 자신의 로고스에게 경계 위에 서서 창조물을 창조주로부터 분 리하는 독특한 특권을 주었다. 이 로고스가 괴로움을 당하는 필멸의 존 재들을 위한 탄원자로서 불멸의 존재들과 함께 탄원하며, 또한 신민 에 대해 통치자의 대사로서 행동한다"(*Who is the Heir?*, 205). 이 로고스는 "대제사장인 동시에 왕인" 제왕적 인물이었다(*On Flight*, 118). 그는 인간 의 형태를 취한 "하나님의 사람, 영원한 로고스"였다(*On the Confusion of Tongues*, 41). 마지막으로, 필론은 로고스를 하나님의 지상 대리인으로 묘 사한다. "그는 이 신성한 무리를 의와 법에 따라 인도하며, 그 무리 위 에 위대한 왕의 부왕처럼 그들을 다스릴 자신의 진정한 로고스이자 장 자를 세운다. 어떤 곳에 '보라, 스스로 있는 자인 내가 내 천사를 네 면 전에 보내 그 길에서 너를 지키게 하노라'라고 기록되어 있듯이 말이 다"(*On Agriculture*, 51). 그 로고스이자 대제사장은 심판에서 살아남은 선 택받은 자들과 마찬가지로 야웨의 현존 안으로 들어갈 수 있도록 그의 이마에 야웨의 이름을 지닌 야웨의 천사였다(겔 9:4; 계 7:3; 14:1). 필론 은 대제사장이 그의 관 위에 금 테를 둘렀는데, 그것 위에는 출애굽기 28:36에 기록된 "야웨께 성결"이라는 어구가 아니라 단순히 신성4문자 만 새겨져 있었다고 말한다. "그 이름을 보여주는 이 네 문자는 귀와 혀 가 정화된 사람만 성소에서 듣거나 말할 수 있으며, 다른 사람이나 다 른 장소에서는 전혀 그럴 수 없다"(*Life of Moses*, II.114). 달리 말하자면 대 제사장이 야웨의 이름을 지니고 있었다. "아리스테아스의 편지"도 이 점을 말한다. "그는 머리에 소위 티아라라는 관을 썼다. 그는 이 관 위 그의 머리의 중앙에 모방할 수 없는 두건, 즉 금 패 위에 새겨진 신성한 문자인 야웨의 이름의 영광이 가득한 제왕의 머리띠를 둘렀다"(Aristeas 98).

로고스이자 대제사장에 대한 이 모든 묘사는 옛적 제왕의 칭호를 생각나게 한다. 필론의 대제사장은 기름 부음을 받은 고대 왕의 역할을 물려받은 것처럼 보이며, 로고스는 왕정이 그 위에 기초를 둔 천상의 이상에 대한 기억이라고 설명되는 것이 가장 좋을 것이다. 로고스 천사장은 에덴동산에서 거닐었고 자신의 사당을 하늘 성전에 두었던 이스라엘의 수호천사였다. 그러나 필론의 저작들에서는 우리가 다른 측면을 발견한다. 그는 휘장을 지나 성전 안으로 들어갔을 때 볼 수 있게 되었다. 이는 전혀 예상되지 않았던 것이다. 아모스는 야웨가 제단 곁에 서신 것을 보았으며(암 9:1), 언약의 천사가 성전에 나타나리라고 예언했다(말 3:1). 사가랴는 주의 천사가 성전 안의 향단 옆, 즉 휘장 앞에 서 있는 것을 보았다(눅 1:11). 필론이 말한 내용은 다른 저작들이 암시하는 내용과 전혀 모순되지 않는다. 그가 덧붙이는 정보는 대제사장이 어떤 면에서 대천사장적인 중재자"였다"는 것이다. 사해문서는 종종 제사장들을 천사들로 언급하는데, 이것은 설명되지 않고 단순히 가정된다. 따라서 제사장들인 사독의 아들들의 축복에서 우리는 다음과 같은 내용을 발견한다. "네가 [만군의] 하나님의 영광에 대해 거룩한 처소에 있는 임재의 천사와 같기를 원하노라.…네가 왕국의 성전에서 섬기고 임재의 천사들과 함께 선포하기를 원하노라"(1 QSb IV). 「안식일 제사의 노래들」 역시 천사적인 제사장들을 묘사한다. "그를 위해 [그의 제왕적인 성소에 있는 안쪽 성전의] 제사장들, 즉 그의 영광스러운 가장 안쪽 성전 방에 있는 임재의 사역자들이 되기 위해"(4Q 400). "[멋진] 제사장[직]의 주권적인 군주들…거룩한 일곱 위원회를 위한 멋진 성소 안의 일곱 제사장[직]"(4Q 403).

특정한 결론이 도출되기에는 텍스트들이 너무 단편화되어 있지만, 남아 있는 텍스트들은 필론의 그림과 일치한다. 어떤 쿰란 텍스트도 필론의 천상의 대제사장을 묘사하지 않지만, 제사장들이 성소의 천사들"이었다"면, 대제사장은 바로 필론이 말하는 것처럼 천사장이었으며, 이 천사장이 성전 휘장 안으로 들어가 가시적인 형태를 취하고 물질세계의 원소들로 자신을 치장했다고 가정해도 불합리하지 않을 것이다.

몇몇 영지주의 텍스트

휘장은 물질세계와 영적 세계 사이 및 가시적인 것과 비가시적인 것 사이의 구분을 나타냈으며, 이 점에서 그것은 신성을 은폐한다. 그러나 그것은 대제사장이 가시적인 세상 안으로 들어갔을 때 천상의 대제사장의 의복이었다는 점에서 신성을 계시하기도 했다. 기독교 초기의 몇 세기 동안 역사가 그리스도인이라고 기억하는 사람들과 이단자라고 딱지 붙인 사람들 모두 이 모든 아이디어를 사용했다. 이단자들 가운데 우리의 목적상 가장 중요한 사람들은 여러 세기 동안 생존했으며 12세기에 프랑스의 남부에서 카타리파와 함께 재등장한 영지주의자들이었는데, 그들은 매우 정교한 형태의 기독교를 발전시켰다. 영지주의의 기원에 관해 확신할 수 없지만, 그들의 많은 텍스트에서 사용된 이미지는 아마도 그 가족에 적어도 유대인 할머니가 있었으며, 그들은 그 할머니와 심하게 의견을 달리했음을 암시한다. 그들은 유대인의 하나님이 악함을 보여주겠다는 결심과 더불어 유대교의 주제들을 병행하여 사용했다. 이 점이 그들의 저작들에 나타나는 좀 더 독특한 뒤틀림들을 설명한다. 영지주의는 기독교의 가장 이른 시기에 기독교에 대한 최대의 위협 중 하나였으며, 어느 정도 시간이 경과해서야 양자가 참으로 구분되게 되었다. 프랑스 남부에서 기원후 2세기 말에 저술한 이레나이우스는 영지주의자들의 가르침에 대해 체계적으로 정죄했는데, 우리는 그의 설명으로부터 영지주의자들에 관한 많은 정보를 얻는다.

1945년에 이집트의 나그함마디에서 영지주의 책들의 장서가 발견되었다. 거기서 발견된 텍스트들 가운데 두 개는 확실히 고대의 성전 주제들을 사용한다. 이 영지주의 텍스트들은 기원후 3세기에 쓰인 것으로 생각되는데, 그것들은 분명히 서로 관련이 있다. 우리가 이 대목에서 이 관계의 본질에 관해 신경 쓸 필요는 없다. 양자 모두 이전의 성전 주제들을 사용하는 방식이 중요하다. 비록 그들이 자신들의 특징적인 방식으로 사용하기는 했지만 말이다. 영지주의자들은 구약성경의 창조주 하나님이 버금 신이며 더 높은 신적 존재가 있다고 주장했다. 이는 정확히 필론의 저작에서 암시된 내용, 즉 최고로 높은 하나님이 존재하며 그다음에 버금 신, 곧 성전 휘장 아래의 세상에서 가시적으로 된 신인 그의 장자이자 그의 말씀이 있다는 내용이다. 영지주의의 주장이 필론의 주장과 다른 점은 그들은 하나님이 악하다고 말했다는 점인데, 그들의 이 믿음이 그들이 전통에 가한 몇 가지 변경을 설명해 준다. 필론의 저작들에서와 마찬가지로, 이 영지주의 텍스트들에 기저의 전통 또는 좀 더 오래된 패턴에서 나온 요소들의 개요에 대한 해석이 존재한다. 성전 신앙의 "원래의" 개요를 재구성하기 위해 의존할 수 있는 자료가 너무 적기 때문에, 무엇이 이전의 자료들을 사용한 새로운 구성이고 무엇이 실제로 이전의 아이디어들을 전개한 것인지 구분하기가 쉽지 않다. 나는 여기서 단순히 친숙한 모티프들을 선택할 것이다.

두 텍스트 가운데 첫 번째인 『통치자들의 본질』(*The Nature of the Archons*)(CG. II.4)은 창세기의 처음 여섯 장에 대한 비전(秘傳)의 해석을 제공함으로써 우주의 위대한 천사적 통치자들의 실재를 설명한다. 하와의 딸 노레아는 위대한 천사를 만났는데, 그는 흰옷을 입었으며 그의 외모는 순금 같았다(CG. II.4.93). 이 위대한 천사는 보이지 않는 위대한 영(Great Invisible Spirit)의 현존 앞에 서 있는 4인의 빛의 수여자들(Light-Givers) 중 하나였다. 그는 노레아에게 통치자들이 그녀에게 힘을 쓰지 못하리라는 것과 그들이 장차 어느날 속박되리라는 것을 장담했다. 그는 이어서 그녀에게 위의 세상을 말했다. "한계가 없는 영역에 썩지 않음(Incorruptibility)이 거한다. 소피아(지혜)가…그녀의 배우자 없이 혼자서 뭔가를 창조하기를 원했는데 그녀가 만든 것이 천상의 것이었다"(CG. II.4.94). (우리는 이 대목에서 지혜가 지닌 창조의 힘 및 물질과 시간 너머의 세상에 대한 믿음을 알아본다.) 그 천사는 이어서 창조 과정을 설명했다. "위의 세상과 아래의 영역들 사이에 휘장 하나가 있다. 그리고 그 휘장 아래에 그늘이 생겼다. 그 그늘이 물질이 되었다. 그 그늘이 갈라져 나갔다. 소피아가 창조한 것이 낙태한 태아처럼 물질을 입은 산물이 되었다"(이 대목에서 신적 존재가 휘장을 지나 물질의 형태를 취한다). 필론은 로고스를 그늘이라고 불렀었다. "하나님의 그늘은 그의 로고스인데, 하나님이 그것을 도구처럼 사용하셔서 세상을 만드셨다"(*Allegorical Interpretation*, III.96). 이 신적 존재는 주위를 둘러보고서 자기가 유일한 하나님이라고 선언했다. 그는 남녀 양성이었으며 자신을 위해 남녀 양성인 일곱 자손을 만들었다. (이 대목에서 우리는 자신의 형상을 따라 남자와 여자를 만드신 창세기의 창조주를 인식한다[창 1:27]. 또한 땅 위에 야웨의 대행자들로서 일곱 천사장과 야웨의 일곱 눈이 있었다. 마지막으로, 영지주의 문헌의 특징인 유대교에 대한 적의가 있었다. 여기서 구약성경의 하나님은 교만해서 자신이 독특하다고 주장하는 것으로 묘사된다. 어떻게 해석하든 그 기저의 전통은 명백하다. 구약성경의 하나님은 교만 때문에 정죄된 타락한 천사들만큼이나 악했다.) 물질의 형태를 취하고 교만해진 그 신적 존재는 사바오트(Sabaoth)라고 불렸다. 그는 이후에 자신의 교만을 회개했으며, 지혜에 의해 "위와 아래 사이의 휘장 아래" 있는 일곱째 하늘의 통치자로 임명되었다(CG. II.4.95). "그리고 그는 세력들의 하나님, 곧 사바오트라고 불린다. 지혜가 그를 세웠으므로 그가 혼돈의 세력들 위에 있기 때문이다"(CG. II.4.96). (여기서 우리는 야웨가 혼돈의 물 위에 즉위하시는 고대의 전통을 인식한다. 교만한 사바오트의 즉위는 그가 회개했기 때문에 가능하다. 이것은 그 기사에 나타나는 영지주의 요소인데, 구약성경의 하나님에 관한 그들의 특이한 견해를 통치자로서의 사바오트의 전통과 다시 정렬시키기 위해 회개가 필요했다.) 마지막으로, 이 사바오트는 "얼굴이 넷 달린 그룹들이 끄는 큰 마차와 부하들로 행동할, 수 없이 많은 천사들과 하프들과 수금들도 만들었다"(CG. II.4.96). 이 텍스트의 원천은 명백하다. 사바오트는 만군의 야웨였으며(히브리어로는 *Yahweh Sabaoth*), 모든 에피소드는 확실히 영지주의 판 창조의 성전 신화로서 그들은 그 신화를 구약성경의 창조주 하나님을 본질적으로 악하다고 묘사하기를 원한 자기들의 희망을 덧붙여 다듬었을 것이다. 이 기사의 근원에 있는 전통에 따르면 **야웨 자신이 휘장을 지나 물질의 형태를 취하시고** 세상을 창조하셨다. 아마도 이것이 대제사장이 그의 머리에 야웨의 이름을 쓴 띠를 맨 이유였을 것이다. 그는 야웨를 대표했다. 그가 고대 왕의 역할을 물려받았다면—그랬을 가능성이 있는 것처럼 보인다—이것은 왕이 야웨의 가시적인 현현이자 이스라엘의 수호신이었다는 아이디어와 일치할 것이다.

두 번째 텍스트는 대개 『세상의 기원에 관하여』(*On the Origin of the World*)로 알려진, 제목이 붙여지지 않은 작품이다(CG. II.5). 그 텍스트 역시 원시의 시기를 다루며 혼돈이 원시의 그늘, 즉 어둠이었다고 말한다. 불멸의 존재들이 창조된 뒤 소피아(지혜)는 빛으로부터, 즉 그림자 위의 세계인 상부 세계로부터 뭔가를 창조하기를 원했다. "그녀의 희망사항은 즉시 천상의 모습으로 나타났는데 그것은 이해할 수 없는 위대함을 지녔다. 그것은 불멸의 존재들과 그들 뒤에 생겨난 존재들 사이의 중간에 있으며, 위에 있는 것과 비슷한데 그것은 **인간들을 위의 영역에 속하는 존재들로부터 구분하는 휘장**이다"(CG. II.5.98). 진리의 영겁(aeon)이라 불리는 상부 세계는 측량할 수 없는 빛의 장소였으며 따라서 그늘이 없었다. 즉 그 안에 물질이 없었다. 그래서 그늘은 자기가 가장 큰 힘이 아님을 깨달았으며(사바오트가 더 높은 힘을 인식한 것을 참조하라), 지혜는 자기가 없이 존재하는 창조세계로부터 어떤 무서운 일들이 초래되었는지를 깨달았다. "그래서 그녀는 그것을 향해 모든 하늘 아래[에 있는] 심연에 있는 그것의 얼굴 안으로 [숨을 불어넣었다]"(CG.

II.5.99). (이것은 창세기의 창조 이야기이지만, 수면 위의 영은 중간기 텍스트들에서 종종 그러하듯이 지혜라고 불린다.) 지혜는 이어서 빛의 상부 세계에 혼돈의 통치자의 권능을 주었다. "그런데 신앙―지혜가 영이 없는 자에게 유사함의 패턴을 받고 물질과 그것의 모든 권능을 통치하도록 [만들기를] 원했을 때 물들로부터 최초로 한 통치자가 나왔는데, 그는 사자 같은 모습이었고 남녀 양성이었으며 자신 안에 큰 권위를 지녔지만 자기가 어디로부터 존재하게 되었는지는 알지 못했다"(CG. II.5.100). 이 창조물은 물질을 조직화하고 자신을 위해 하늘을 창조했으며 자신의 발판으로서 땅을 창조했다. 그는 이어서 남녀 양성인 존재 일곱(야웨의 일곱 눈, 일곱 천사장)을 창조했으며, 그들 각자를 위해 영광스러운 천사의 처소와 마차 보좌 및 전사적인 하인들을 창조했다. (이것은 「안식일 제사의 노래들」에 암시된 하늘의 그림인데 그곳에 천사적인 일곱 군주와 그들의 성소들이 있다.) 그 이야기의 이 판본에서는 일곱 아들들의 아버지가 교만해지고 정죄를 받지만, 그 이야기는 계속해서 친숙한 사바오트의 회개로 이어진다. 그는 일곱 아들 중 하나로서, 신앙-지혜에 의해 그에게 큰 빛이 수여되며 혼돈에 대한 권능이 주어진다. 아버지 하나님과 그의 아들 중 하나인 이 사바오트에 대한 이전의 묘사는 같은 믿음―본질적으로 악한 존재에게 신앙-지혜에 의해 빛이 수여되고 그것이 그로 하여금 혼돈/물질을 지배할 수 있게 해준다는 믿음―의 이형들로 보인다. 사바오트는 신앙-지혜에 의해 일곱 번째 하늘로 올려지고 자신을 위해 "그룹들이라고 불리는 얼굴이 넷 달린 마차 위에 큰 보좌"를 만들었으며… "일곱 천사장이 그의 앞에 선다"(CG. II.5.105). 사바오트는 이렇게 창조주, 혼돈을 지배하는 자로서 일곱 번째 하늘에 앉는다. 그는 버금 하나님이다. 그는 물질/혼돈의 세상의 일부였는데 지혜의 힘에 의해 하늘로 올려졌다.

세 번째 나그함마디 텍스트인 『발렌티누스의 설명』(*A Valentinian Exposition*)은 너무 단편화되어 있어서 확실하게 읽을 수 없지만, 그것은 다른 영지주의 텍스트들에서 알려진 "호로스"라는 한계 개념을 소개하는 것처럼 보인다. 이 한계는 물질세계를 상부 세계로부터 구분했다. "그리고 한계[그것은 모든 것을 분리하는 존재다]는…모든 것에 대해 전혀 형언할 수 없고, 그는 모든 것의 확인이자 [바로 그] 본질이며 그 침묵[휘장], 영겁의 영광을 드러내는 지성소에 들어갈 권한[을 지닌] 그 [참된] 대제사장이다"(CG XI. 2.25-26).

2세기 말에 사람들을 가르쳤던 발렌티누스파 영지주의자인 테오도투스는 성전 주제들을 사용한 또 다른 영지주의 저자다. 알렉산드리아의 클레멘스는 아마도 책을 쓰기 위한 기초로서 그의 가르침으로부터의 인용 모음을 만들었다. 어느 부분이 테오도투스로부터 나온 말이고 어느 부분이 클레멘스의 논평인지를 항상 구분할 수 있는 것은 아니지만 우리가 이 점에 대해 너무 염려할 필요는 없다. 사용된 성전 이미지와 그것이 성전 종교에서 휘장의 역할에 대해 무엇을 드러내는지가 중요하다.

제사장은 두 번째 휘장 안으로 들어가자마자 향단에서 판을 떼었으며[1] 그의 가슴 위에 그 이름이 새겨진 채 침묵에 빠져들었는데, 이는 정화를 통해

---

1   다른 자료들로부터는 이 관행에 관해 아무것도 알려지지 않았다.

금판 같이 순수하고 밝게 된 그의 몸을 내려놓는 것을 가리켰다.…

이제 그는 높이 올려진 기도의 사역자들인 천사들과 함께 이 몸, 즉 빛이 된 그 판을 두 번째 휘장 안, 즉 우주의 두 번째 완전한 휘장인 이성적 영역에서 향단에 버린다. 이제 지식을 지닌 자의 권능에 의해 벗겨진 영혼들은 마치 그 권능의 몸이 되기라도 한 것처럼 영적 영역 안으로 들어가 참으로 합리적이고 참으로 대제사장적으로 된다(발췌문 27).

우리는 영지주의의 특이함 저변에서 휘장을 통과해 들어감은 하늘로 들어감이라는 것과 이 위험한 여행은 대제사장에 의해서만 이루어질 수 있다는 좀 더 고대의 믿음을 발견한다.

두 번째 발췌문은 히브리어 단어 **마콤**(*MAQOM*)에 해당하는 그리스어 단어 **토포스**(*TOPOS*)를 사용하는데, 이는 신의 이름에 대한 여러 완곡어 가운데 하나다. 그것은 "그 장소"를 의미한다.

[토포스의] 보좌 아래로부터 강 하나가 발원하여 창조세계의 공허 안으로 흘러 들어가는데, 그것은 게헨나이며 결코 채워지지 않는다. 불이 창조세계의 시작부터 흐르지만 말이다. 그리고 [토포스] 자체는 불이 붙어 있다. 그러므로 그는 사물들이 그것을 보고서 파괴되지 않도록 그것에 휘장이 있다고 말한다. 그리고 천사장만 그 안에 들어가는데, 이것을 상징하기 위해 대제사장이 해마다 지성소 안에 들어간다. 그곳으로부터 예수가 부름을 받으셨고 토포스와 함께 앉으셨다(발췌문 38).

이 대목에서 우리는 속죄일에 불타는 보좌의 임재 속으로 들어가는 대제사장의 천사적인 역할을 본다.

클레멘스 역시 이런 영지주의자들이 상부 세계를 하부 세계로부터 구분한 경계(호로스)를 알았다고 기록한다. 그들이 사용한 고도로 양식화된 개념들로부터도 이것 또한 성전의 휘장에서 비롯되었음이 명백하다. 영지주의자의 영혼은 그것의 천사 신랑인 천상의 짝을 만나러 간다. "이어서 그들은 호로스 안에 있는 신방에 들어가 아버지를 보게 된다"(발췌문 64). 예수가 세상 안으로 오셨을 때 그는 "호로스 밖으로 나가셨으며"(발췌문 35), 십자가는 "플레로마(Pleroma)에 있는 호로스의 상징"이 되었다. "호로스가 세상을 플로레마로부터 분리하듯이 십자가가 신실한 자를 신실하지 않은 자로부터 나누기 때문이다"(발췌문 42).

그것은 "우리도…호로스와 십자가에 의해 플레로마 안으로 들어가는 것이 억제되지 않도록" 그들의 영지주의 신자들을 위해 세례를 받은 천사들이 있었다(발췌문 22). 예수가 "내가 문이다"라고 하신 말씀(요 10:7)은 "우수한 씨에 속하는 너희는 내가 있는 곳인 호로스까지 올라올 것이다"라는 의미였다(발췌문 26).

이런 영지주의 문서들은 명백한 혼동에도 불구하고 그 문서들을 통해 이전의 믿음들을 볼 수 있게 해준다. 창조와 구속을 위한 모든 드라마의 배경은 천사들이 있는 성전과 빛의 상부 세계인 플레로마와 하부의 물질세계다. 버금 하나님은 두 세계에 처소를 둔 존재다. 『통치자들의 본질』은 그가 휘장을 통과해 와서 물질이 되었다고 말한다. 『세상의 기원에 관하여』는 그가 물질을 입은 기원과 지혜에 의한 그의 높아짐을 강조하는 것처럼 보인다. 어느 쪽이든 이 창조주 하나님은 물질의 형태를 취할 수 있었고 빛과 썩지 않음의 세계를 어둠과 물질의 세계로부터 구분하는 휘장을 통과한 신적 존재였다. 그는 일곱 번째 하늘에서 성전 성소의 그룹 보좌 위에 앉혀졌다. 다른 한편으로 "발췌문들"은 창조주의 역할보다는 대제사장의 역할을 강조한다. 세 가지 모두의 뿌리들은 의심할 나위 없이 성전에 놓여 있다.

초기 기독교 문헌들

육신에 가려진 신성을 보라! 성육신한 신을 찬양하라!

C. 웨슬리(C. Wesley)

그리스도인들은 처음부터 성전의 휘장을 사용하여 성육신을 묘사했다. 또한 그들은 휘장뿐만 아니라 휘장의 물질세계를 입은 버금 신적 존재를 상징한 대제사장의 의복도 사용했다. 최초의 그리스도인들은 둘 사이의 밀접한 관계를 알았다. 휘장에 대한 가장 이른 언급은 히브리서에 등장하는데, 그곳에서 휘장은 예수의 육체이며 대제사장이신 예수가 자신의 피를 취해 휘장을 지나 성소 안으로 가져간다(히 10:19-21). 복음서들은 예수가 사망하시던 순간에 휘장이 둘로 찢어졌다고 기록하는데, 이는 육체와 휘장이 같음을 생생하게 보여준다(마 27:51; 막 15:38; 눅 23:45).

기원후 170-80년경에 저술한 사데의 멜리토는 파스카(Pascha)에 관한 설교문을 작성했다. 파스카에 정확히 해당하는 영어 단어는 없다. 그 단어는 유월절이나 그것을 대체한 기독교의 고난주간과 부활절을 의미할 수 있지만 유월절의 많은 주제를 유지했다. 십자가 처형 때 성전의 휘장이 찢어진 순간에 대해 말하면서 멜리토는 다음과 같이 썼다. "사람들이 떨지 않았을 때 땅이 흔들렸다. 사람들이 겁먹지 않았을 때 하늘이 두려워했다. 사람들이 자기의 옷을 찢지 않았을 때 그 천사가 자기의 옷을 찢었다. 사람들이 탄식하지 않았을 때 야웨가 하늘에서 천둥을 내리시고 지존자가 음성을 발하셨다"(*On the Pascha*, 98). 성전의 휘장은 그 천사의 옷이다. 멜리토는 그의 청자들이 어느 천사를 의미하는지 알았을 것이라는 듯이 그 천사라고 말한다. 그 천사는 틀림없이 성전에 있었던 천사였을 것이다. 게오르그 번역본에만 남아 있는 그의 작품의 한 파편에서 그는 십자가 처형도 묘사했다. "별들이 빛을 억제했고, 태양이 어두워졌다. 공포에 질린 천사들이 성전을 떠났고 스랍들이 소리를 질렀으며, [휘장이] 찢어졌고 그늘이 온 땅을 덮었다"(*New Fragment* II. 101-6). 이 묘사는 성전이 로마인들의 수중에 들어가기 직전에 천사들이 떠났다는 요세푸스의 묘사와 비슷하며(이 책의 1장을 보라), 그리스도인들이 「열두 족장의 유언」에 덧붙인 내용에 그 전통의 이형이 존재한다. "그리고 성전의 휘장이 찢어질 것이고, 불이 쏟아질 때 하나님의 영이 이방인들에게 넘어갈 것이다"(「베냐민의 유언」 9.4).

2세기 말에 저술한 알렉산드리아의 클레멘스는 그 의복과 휘장이 성육신을 묘사한다는 것을 알았다. 그는 이것은 특히 오감(five senses) 너머의 세계에 대처할 수 없는 사람들의 유익을 위한 것이라고 말했다. "그러나 하나님에 관한 지식은 이런 사람들의 귀와 그런 감각 기관에는 접근될 수 없는 사항이다. 그러므로 아들이 몸소 육신을 입으심으로써 오감으로 아버지의 성품을 계시하시는 존재인 아버지의 얼굴이라고 말해진다.…이제 대제사장의 의복의 역할은 감각의 세계의 상징이다." 신성한 이름을 지닌 사람들만 휘장을 지나 성소 안으로 들어갈 수 있었다. 대제사장의 의관의 모든 항목은 예수의 사역의 특정한 측면을 나타냈다. 의복에 달린 방울 360개는 주께서 받으실 해의 날들이었고, 금관은 군주의 통치의 표지였으며, 그것을 통해 신탁이 주어진 흉패는 예언자와 재판관으로서의 말씀을 의미하는 식이었다. "그리고 그들은 그 의복이 육신을 입은 상태에서의 사역을 예언했다고 말하는데, 그것을 통해 그는 세상과 좀 더 밀접한 관계 속에서 보여진다. 따라서 대제사장은 그의 신성한 의복을 벗고…자신의 몸을 씻은 후 지성소용 의복인 다른 의복을 입는다. 말하자면 그 옷은 그와 함께 지성소로 들어간다." 이 고운 베옷은 "영광의 밝은 의복"이었으며 그 옷을 입는 사람은 "이제 물리지 않고 얼굴과 얼굴을 마주하여 계속 대면한다." "그러나 나는 어떤 면에서는 주께서 감각의 영역 안으로 내려오심으로써 의복을 벗으시고 입으신다고 생각한다. 그리고 다른 면에서는 그분을 통해 믿은 사람은 그 사도가 암시했듯이 그 신성한 옷을 벗고 입는다"(이 모든 내용의 출처는 *Stromata*, V.6이다). 유스티누스는 다른 전통을 알고 있었다. 그는 "영원한 제사장이신 그리스도의 권능에 의존한 열두 사도"를 나타낸 방울 열두 개가 있다고 말했다(*Trypho*, 42). 이레나이우스는 『사도의 설교의 증거』(*Proof of the Apostolic Preaching*)에서 성육신을 묘사하면서 이 배경에서 나왔음이 분명한 언어를 사용했다.

그는 그렇게 인간을 하나님과 연합시키셨으며 하나님과 우리 인간의 친교를 가져오셨다. 그가 우리에게 오시지 않았더라면 우리는 썩지 않음에 참여할 수 없는 존재들이다. 썩지 않음이 보이지 않고 인지되지 않는 동안에는 우리를 도와주실 수 없기 때문에, 그가 볼 수 있게 되셔서 우리로 하여금 썩지 않음과 완전하게 소통할 수 있게 하셨다(*Proof*, 31).

그는 그늘에 대해서도 말했다. "그리고 그늘은 그의 몸을 의미한다. 그늘은 몸에 의해 만들어지듯이 그리스도의 몸은 그의 영에 의해 만들어지기 때문이다"(*Proof*, 71). 그는 그늘의 이미지를 몇 가지 방법으로 정교하게 다듬었지만, 영의 그늘이 볼 수 있는 몸이 된다는 사실은 그가 버금 하나님이 휘장을 통해 온다는 전통적인 묘사를 사용했음을 보여준다.

4세기 중엽에 저술한 시리아의 성 에프렘은 휘장과 의복을 사용하여 성육신을 묘사했다.

장자가 그의 몸을 입으셨다.
　그것은 그의 영광의 휘장이었다.
불멸의 신랑이
　이 옷을 입고 빛이 나실 것이다.
자신의 옷을 입은 손님들은
　그분의 옷처럼 될 것이다.
[그들의] 몸들, 곧 그들의 옷들이 빛이 날 것이다(*Nisibene Hymns* 43, Murray 역, *Symbols of Church and Kingdom*, p.76에 수록됨).

『탄생에 관한 찬송들』(*Hymns on the Nativity*) 가운데 하나에서 그는 다음과 같이 썼다. "우리의 몸을 자기의 보이지 않은 본성을 위한 장막으로 삼으신 이가 복이 있도다.…자궁 안에 거하시고 그것을 완벽한 성전으로 삼으신 이에게 복이 있기를 바라노라. 이는 그가 그것 안에 거하려고 하심이로다. 그것은 그가 그 안에 계실 수 있는 보좌요 그가 입으실 수 있는 의복이로다"(*Hymn* 11).「낙원에 관한 찬송들」(*Hymns on Paradise*)에서 그는 휘장에 대해 다르게 말했다(이 책의 2장을 보라). 그는 아담의 죄와 제사장들의 항의에도 불구하고 향을 취해 성전 안으로 들어갔으며 나병으로 처벌받은 웃시야 왕의 죄(대하 26:16-21)를 비교했다. 에프렘은 웃시야 왕이 들어가지 말았어야 했던 휘장을 아담이 먹지 말았어야 했던 나무의 열매와 비교했다. 휘장과 나무 둘 다 위에 있는 것과 아래에 있는 것 사이를 구분했다(*Hymn* 3.14). 우리는 그가 이렇게 말한 이유를 쉽게 알 수 있다. 그 나무의 열매는 인간에게 지식을 주어서 그가 **엘로힘** 중 하나와 같아졌으며(창 3:22), 휘장 너머를 보는 것 역시 보는 사람을 변화시켰지만, 각각의 경우 불법적으로 이 일을 한 사람에게는 죽음이 뒤따랐다. 에프렘은 틀림없이 지성소가 변화시키는 환상의 장소로서 인간을 신적으로 만드는 장소임을 알았을 것이다. 그렇지 않았더라면 그가 그 비교를 하지 못했을 것이다.

『야고보의 책』(*The Book of James*)은 3세기 초에 오리게네스에 의해 처음 언급되었는데, 그 책은 예수의 유아기에 관한 매우 이른 시기의 자료를 기록한다. 그것의 이야기들 가운데 하나는 마리아가 성전의 베를 짜는 사람이었다고 말한다. 그 이야기에 따르면 거룩한 아기의 어머니는 그녀의 태에 그를 잉태하고 있었던 동안에 성전의 새 휘장을 짜고 있었다.

> 제사장들의 회의체가 있었는데 그들이 다음과 같이 말했다. "야웨의 성전
> 을 위해 휘장을 만듭시다."…그리고 그들은 [처녀 일곱 명을] 야웨의 성전
> 안으로 데려왔으며 그 제사장이 다음과 같이 말했다. "제비를 뽑아 너희
> 중 누가 금실과 더럽혀지지 않은[흰] 실과 고운 베 실과 히아신스 색실과
> 주홍색 실과 자색 실을 짤지 결정하겠다." 주홍색 실과 자색 실이 마리아
> 에게 배정되었으며 그녀는 그 실들을 가지고 자기의 집으로 갔다(*Book of
> James* X).

마리아가 일하고 있을 때 가브리엘 천사가 와서 마리아에게 그녀가 거
룩한 아기를 임신할 것이라고 말했다. 그녀는 자기의 일을 계속했으며
자색 실과 홍색 실을 성전에 있는 제사장들에게 돌려주었다.

성전의 휘장은 숨김의 수단이었을 뿐만 아니라 이처럼 계시의 수
단이기도 했다. 신적인 존재가 물질세계로 가려질 때 볼 수 있게 된다.
가장 이른 시기의 성경 텍스트들에서 이 점이 암시된다. "그들에게 내
가 그들 가운데서 보일 수 있도록 성소를 짓게 하라"(출 25:8, 그리스어 번
역본에서 취한 내용으로서 개역개정을 사용하지 아니함). 이 그리스어 번역본
이 성막에 대한 오리게네스의 이해를 고쳐했다. "그러므로 하나님은 우
리가 자기를 위한 성소를 만들 것을 원하신다. 그는 우리가 자기를 위
한 성소를 만들면 **자기가 우리에게 보일 수 있다**고 약속하시기 때문이
다"(*Homily on Exodus*, IX).

휘장 너머

…내 아버지의 보좌 앞에서

내가 [그분께] 알려진 것 같이 나는 [그분을] 알게 될 것이다.

J. E. 리슨(J. E. Leeson)

휘장 너머에는 시간 밖의 세상이 있었으며, 따라서 휘장은 영원으로부터의 그리고 영원에 대한 환상들을 보는 장소였다. 영원한 것은 숨겨졌다. "영원"과 "숨기다"를 의미하는 히브리어 단어들은 같은 어근 'lm에서 나왔다. 이것들이 심판의 환상들일 때도 있었고, 역사를 파노라마 같이 보는 것일 수도 있었다. 후대의 텍스트들에 나타나는 성소 환상들은 종종 그 예언자가 높은 곳으로부터 자기 앞에 펼쳐지는 시공간 안의 모든 창조세계를 동시에 보는 것을 묘사한다.

이 전통에 대한 가장 명확한 예는 늦은 시기의 텍스트이지만 의심할 나위 없이 오래된 많은 아이디어를 통합하는 히브리어 에녹서다. 랍비 이스마엘은 이전에 예언자 에녹이었던 대천사 메타트론에 의해 하늘로 올려졌다. 그는 자기의 경험을 기록했는데 그 가운데 하나는 하늘의 휘장을 본 것이었다. "메타트론이 내게 말했다. '오라. 내가 거룩하시며 편재하신 이―그에게 복이 있을지어다―앞에 펼쳐져 있는 휘장을 네게 보여주겠다. 그 휘장 위에는 마지막 세대까지 세상의 모든 세대와 이미 행해졌거나 앞으로 행해질 그들의 모든 행위가 기록되어 있다'"(「에녹3서」 45.1). 이어서 가장 이른 시기부터 앞으로 도래할 메시아의 시대까지 이스라엘의 역사가 길게 묘사된다. "이스라엘과 이방인들의 모든 세대의 나머지 지도자들과 모든 세대의 모든 행위는 이미 행해졌든 앞으로 모든 세대에게 다가올 시대에 행해질 예정이든 간에 어느 곳에나 계시는 이의 휘장 위에 모두 기록되었다"(「에녹3서」 45.6). 그 휘장은 시간과 공간의 모든 한계를 걷어내고 신적 보좌로부터 창조세계를 보여주었다. 그 휘장 너머로 나아간 사람은 그것이 나타낸 것을 통해 부과된 제약을 넘어갔다. 히브리서 저자는 예수를 육신으로 자신을 감추시고 다시 하늘로 들어가신 참된 대제사장이라고 묘사한 뒤 예수가 휘장 너머의 세상의 일부였다고 결론지을 수 있었다. "예수 그리스도는 어제나 오늘이나 영원토록 동일하시니라"(히 13:8). 구약성경에 등장하는 예언자들의 많은 환상은 그런 배경을 지녔을 수도 있다. 예언자들은 자기가 하나님이 일하시는 방식에 관한 특별한 통찰을 지니고 있다고 주장했다. "주 여호와께서는 자기의 비밀을 그 종 선지자들에게 보이지 아니하시고는 결코 행하심이 없으시리라"(암 3:7).

성소라는 높은 곳에서 역사의 파노라마를 보는 것에 관한 가장 이른 시기의 특정한 언급이 「에녹1서」에 등장한다. 천사장 셋이 에녹의 손을 잡고 "나를 땅의 세대들로부터 높은 곳으로 들어 올려 내게 땅 위의 높은 탑을 보여주었는데, 모든 언덕이 작아 보였다. 그들 중 하나가 '너는 일어날 모든 일을 볼 때까지 이곳에 있으라'라고 말했다"(「에녹1서」 87.3-4). 탑은 성소에 대한 흔한 묘사였다. 탑을 환상을 보는 장소로 보는 가장 오래된 언급은 하박국서에 등장한다.

"내가 내 파수하는 곳에 서며

성루[탑]에 서리라.

그가 내게 무엇이라 말씀하실는지 기다리고 바라보며

　나의 질문에 대하여 어떻게 대답하실는지 보리라" 하였더니

여호와께서 내게 대답하여 이르시되

"너는 이 묵시를 기록하여

　판에 명백히 새기되

　달려가면서도 읽을 수 있게 하라.

이 묵시는 정한 때가 있나니

　그 종말이 속히 이르겠고 결코 거짓되지 아니하리라.

비록 더딜지라도 기다리라 .

　지체되지 않고 반드시 응하리라"(합 2:1-3).

시편 저자에게는 탑이 성소였다. 이 텍스트에는 환상의 문제가 없지만 말이다.

나보다 높은 바위에 나를 인도하소서.

주는 나의 피난처시요

　원수를 피하는 견고한 망대[탑]이심이니이다.

내가 영원히 주의 장막에 머물며

　내가 주의 날개 아래로 피하리이다(시 61:2-4).

「에녹1서」에서 돌아오는 유배자들은 높은 탑을 쌓았으며 그 탑 앞에 놓인 상에 떡을 드렸다(「에녹1서」 89.73). 이 떡은 틀림없이 성소 앞의 **헤칼**에 차려졌던 진설병이었을 것이다. 「모세의 승천」에는 다음과 같이 기

록되어 있다. "하늘의 하나님이 그분의 장막의 뜰과 그분의 성소의 탑을 만드실 것이다"(「모세의 승천」 2.4). 이사야서의 포도원의 노래(사 5:1-7)는 만군의 야웨의 포도원은 이스라엘 족속이었다고 말했다. 기원후 2세기 초의 랍비 요시(R. Yosi)가 말한 것으로 전해지는 한 해석은 "그리고 그는 그것의 한가운데에 탑 하나를 세웠다.…이것이 성소다"라고 덧붙인다(Tosefta, Sukkah, 3.15). 헤르마스의 저작에서는 교회가 큰 탑으로 묘사되었지만, 그 이미지는 분명히 이전의 성전에서 취해졌다. 그 탑은 베드로전서 2:5의 산 돌인 사람들로 세워졌으며, 물 위에 세워졌고(Parable 3.ii.4) 또한 큰 바위 위에 세워졌다(Parable 9.iii.l). 우리에게 하나님의 아들이라고 알려진 영광스러운 사람이 그 탑의 주인이며(Parable 9.vii.l), 또한 그 위에 탑이 세워진 바위다(Parable 9.xii.l). 하나님의 아들의 이름을 받지 않았다면 누구도 하나님 나라라고도 불린 그 탑 안으로 들어갈 수 없었다(Parable 9.xii.8). 이 탑은 그 성전의 성소인데 그 아래에는 큰 바위가 있고, 주위에는 원시의 물들이 있으며, 들어갈 수 있는 모든 사람 위에 야웨의 이름이 있다.

에녹은 이 탑으로부터 그의 환상을 보았다. 그는 천사장들에게 붙들렸으며, 에덴동산 때부터 최후의 심판 때까지 이스라엘의 모든 역사를 동물 우화의 형태로 보았다. 예수가 유혹을 받으셨을 때 보았던 환상들은 형태 면에서 [에녹의 환상과] 매우 비슷했다. "마귀가 또 예수를 이끌고 올라가서 순식간에 천하만국을 보이며…또 이끌고 예루살렘으로 가서 성전 꼭대기에 세우고"(눅 4:5, 9). 「아브라함의 묵시」에 비슷한 파노라마적인 조망이 등장한다. 언약의 제물을 드릴 때(창 15장) 아브라함은 이아오엘 천사에 의해 신적 보좌로 들어 올려졌는데, 거기서 천상의 존재들을 보고 그들의 노래를 들었다. 영원히 능력 있는 자가 그에게 말했다.

> "이제 네 발아래 궁창을 보고 옛적에 이 궁창 위에 묘사된 창조세계와 그 안에 있는 창조물들과 그것 후에 준비된 시대를 이해하라." 내가 내 발아래 궁창을 보았더니 하늘의 모양과 그 안에 있는 것들이 보였다. 그리고 나는 땅과 그것의 열매와 그것의 움직이는 것들과 영혼을 가진 것들을 보았다.…그리고 나는 바다와 그것의 섬들과 그것의 가축과 그것의 물고기와 레비아탄 및 그것의 영역과 침상과 잠자리들을 보았다(「아브라함의 묵시」 21.1-5).

아브라함도 메시아 시대까지의 이스라엘의 모든 역사를 보았다.

바룩의 묵시에 수록된 환상들은 성소에서 주어졌다. 바룩이 예루살렘에 닥친 재앙에 관해 질문을 받았을 때 그는 다음과 같이 말했다. "나는 결코 너를 버리거나 네게서 떠나지 않고 지성소로 가서 능력자에게 너에 관해서 및 시온에 관해서 물을 것이다. 나는 어떤 면에서든 좀 더 많은 조명을 받을 수 있기를 바란다"(「바룩2서」 34장). 이후에 그는 복을 받은 자들의 최종 상태를 묘사했다.

> 그들이 지금은 자기들에게 보이지 않는 세계를 볼 것이기 때문이다. 그리고 그들은 지금은 자기들에게 숨겨진 시간을 볼 것이다. 그리고 시간은 더 이상 그들을 늙게 하지 않을 것이다. 그들은 그 세계의 높은 곳들에서 거주할 것이고 천사들처럼 되며 별들과 동등해질 것이기 때문이다.…그들 앞

에 낙원의 광활한 지역이 펼쳐질 것이기 때문이다(「바룩2서」51.8-10).

모세가 하나님의 현존 안에 있을 때 그에게 모든 비밀이 보였다.

그가 모세에게 율법의 원칙들과 시대의 완성 및 많은 훈계를 보여주었기 때문이다.…마찬가지로 시온의 양식과 그 척도들, 현시대의 성소가 만들어져야 할 양식도 보여주었다. 그리고 나서 그는 모세에게 불의 척도와 심연의 깊이와 바람의 무게와 빗방울의 수와…공기의 높이와 낙원의 위대함과 시대들의 완성과 심판 날의 시작을 보여주었다(「바룩2서」59.4, 5, 8).

바빌로니아 탈무드는 천사들이 휘장을 통해 계시들을 가져온다고 믿어졌음을 보여주는데, 그러한 계시들은 종종 덜 중요한 내용들이었다. 가브리엘이 인두세에 관한 권고를 가져왔으며(b. *Yoma* 77a), 사탄이 아브라함에게 "나는 휘장 뒤로부터 이렇게 들었다"라고 비밀 하나를 드러냈다(b. *Sanhedrin* 89b). 그 이야기는 자기 아내에게 잔소리를 듣고 집을 나가 묘지에서 밤을 지낸 사람에게 들렸다. 그는 두 영이 대화하는 것을 들었다.

한 영이 다른 영에게 말했다. "여보게. 와서 세상을 돌아다니며 휘장 뒤로부터 세상에 어떤 고통이 오고 있는지 들어보세." 그 영이 처음 말한 영에게 말했다. "나는 갈대 돗자리에 묻혀서 그럴 수 없다네. 그러니 자네가 가서 무슨 내용을 들었는지 내게 말해 주게." 그래서 그 영이 가서 돌아다니다 돌아왔다. 남아 있던 영이 그 영에게 말했다. "여보게. 휘장 뒤로부터 무

엇을 들었는가?" 그 영이 대답했다. "나는 비가 처음 내린 뒤 씨를 뿌린 사
람은 그의 작물이 우박에 의해 상할 것이라는 말을 들었네"(b. *Berakoth*
18b).

묘지에서 그 말을 들은 사람은 이 정보로부터 이익을 얻을 수 있었다! 다
른 곳에서는 휘장이 단순히 일곱 하늘 중 첫째의 이름이 되었다. 첫 하늘의
이름인 **윌론**(Wilon)은 라틴어 **벨룸**(velum)에서 유래한 휘장의 이름이었
다(b. *Hagigah* 12b).

휘장은 신성을 숨기기도 하고 드러내기도 하는 수단이었다. 그것은 물
질세계를 대표했으며, 따라서 신성을 숨기는 역할을 했다. 하지만 그것
은 신성을 덮었기 때문에 신성을 보이게 만들었다. 하나님의 현존으로
부터 "나오는", 드러내기도 하고 드러내지기도 하는 존재는 제4복음서
의 큰 주제들 가운데 하나다(요 3:13; 6:38; 8:23). 「이사야의 승천」은 그
아이디어를 좀 더 투박하기는 하지만 좀 더 생생하게 표현했다. "마지
막 날들에 그리스도라 불릴 주님이 참으로 세상에 내려오실 것이다. 그
가 내려오셔서 형태 면에서 너처럼 되신 후에는 그들이 그가 육신이자
인간이라고 생각할 것이다"(「이사야의 승천」 9.13). 히브리서는 보냄을 받
은 "사도"이자 휘장을 통과해 돌아간 "대제사장"에 대해 말했다(히 3:1).
이 모든 텍스트는 보이지 않는 세계에서 보이는 세계로, **데비르**와 그것
이 대표하는 것으로부터 **헤칼**과 이 세상으로 넘어간다는 기본적인 아
이디어를 표현했다. **데비르**는 시간이 없는 장소, 신화의 장소, 그 위에
창조세계가 세워지고 그것을 통해 창조세계가 이해될 원칙들이었다.

이런 신화들을 새롭게 현실화함으로써 새로운 시작이 진행되고 새로운 창조 과정이 시작되었다. 휘장의 이 측면이 이레나이우스의 신비로운 "재현", 즉 에베소서 1:9-10에 나타난 그리스도의 사역을 설명하는 아이디어의 기초를 이룬다. "그 뜻의 비밀을 우리에게 알리신 것이요 그의 기뻐하심을 따라 그리스도 안에서 때가 찬 경륜을 위하여 예정하신 것이니 하늘에 있는 것이나 땅에 있는 것이 다 그리스도 안에서 통일되게 하려 하심이라." 이레나이우스는 하나님이 아담의 타락에 의해 망가진, 인류를 위한 신적 계획을 회복하셨다고 말했다. 하나님의 모든 작품은 처음부터 아담으로서 사셨지만 아담이 타락했던 것처럼 타락하지는 않으셨던 그의 아들 안에서 회복되었다. [그가] 다시 최초의 인간이 되심으로써 온 인류가 갱신되고 회복되었다. 이것이 신화적인 역사관이다. 우리가 시간 안에서만 경험하는 모든 것이 시간 밖과 영원에 존재한다. 영원 안에 있는 자들은 단번에 모든 역사를 파악한다("순식간에 천하만국을 보이며", 눅 4:5). "그가 성육신하시고 인간이 되셨을 때, 그는 자신 안에서 인간의 긴 역사를 재현하시고 요약하시고 우리에게 구원을 주셨다. 이는 우리가 아담 안에서 잃은 것, 즉 하나님의 형상과 모양을 그리스도 안에서 다시 받을 수 있게 하기 위함이었다"(*Against Heresies*, III.18.1). 이 모음, 이 재현을 통해 그리스도는 모든 것을 새롭게 하셨으며, 재창조와 계시, 에덴과 에덴에서 거니셨던 분을 연결하셨다.

4장

보좌

휘장 너머에는 성전의 가장 신성한 부분인 지성소가 있었다. 솔로몬 시대 때 지성소에는 그룹 보좌가 있었다. 광야 성막의 묘사에서 이것은 속죄소, 야웨의 현존의 장소가 되었는데 이는 그 종교의 핵심에 놓여 있었다. 신약성경 시대 때 그 거룩한 장소는 적에게 약탈당해 텅 비었다. 의식들은 보좌가 존재하는 "것처럼" 실행되었다. 바울은 이 점에 의존해서 예수를 새로운 "속죄소"[개역개정에서는 "화목제물"]라고 말했다(롬 3:25). 미국 개정 표준 번역(RSV) 성경에서 "속죄"(expiation)로 번역된 단어는 레위기 16:14에 등장하는 "속죄소"(mercy seat)와 같은 단어다. 성전의 배경이 상실되면 이 단어의 예리함이 명백하게 드러나지 않는다. 바울은 그 종교의 핵심이 회복되었다고 말하고 있었다.

가장 높은 하늘을 상징한 지성소에 있는 하나님의 보좌는 기독교의 모든 최후 심판 이미지 안으로 들어왔다. 보좌 주위의 천사들은 가장 이른 시기의 삼위일체 표현들의 토대였으며─이 점이 가장 중요한데─원래는 고대 왕들에 대한 기억이었던 보좌에 앉은 인간 같은 존재는 성육신, 즉 야웨의 현존이 인간의 형태로 사람들과 함께함을 미리 보여준다고 생각되었다. 보좌 및 그것과 관련된 것들이 초기 기독교 사상을 표현하기 위한 가장 비옥한 영감의 원천이었다.

야웨의 현존

죽을 모든 육체는 잠잠할지어다.

그리고 두려워하고 떨며 서 있을지어다.

어떤 세속적인 생각도 하지 말지어다.

우리 하나님 그리스도께서 그의 손에 축복을 가지고

이 땅에 내려오셨음이니라.

우리의 완전한 경의를 드릴지어다.

성 야고보의 예전, G. 몰트리(G. Moultrie) 역

하늘의 지성소에 신적 보좌가 있었다. 야웨는 문자적으로 그의 백성과 함께 계신다고 믿어졌다. 이것이 정확히 어떻게 이해되었는지는 알려지지 않았지만, 이스라엘의 종교가 점점 더 정교해짐에 따라 그것은 많은 논란이 되는 문제가 되었다. 야웨가 어떻게 어떤 의미에서든 그의 성전에 **계실** 수 있는가? 성전이 파괴되고 백성이 바빌로니아에 유배되자 이 문제가 한층 더 절박해졌다.

시편의 저자는 고대의 견해를 표현했다. "여호와께서는 그의 성전에 계시고 여호와의 보좌는 하늘에 있음이여"(시 11:4). 하박국도 마찬가지였다. "오직 여호와는 그 성전에 계시니 온 땅은 그 앞에서 잠잠할지니라"(합 2:20). 늦게는 예레미야의 시대에 신적 현존에 관한 이 믿음

이 계속되었다. "여호와께서 시온에 계시지 아니한가? 그의 왕이 그 가운데 계시지 아니한가?"(렘 8:19) 언제나 그것은 성전이 하늘과 땅 모두에 있다는 아이디어의 일부였다. 야웨의 보좌는 하늘에 있었지만, 성전에도 있었다. "영화로우신 보좌여, 시작부터 높이 계시며 우리의 성소이시며"(렘 17:12). 왕은 자신의 성전에 계시는 야웨의 지상의 현현이었다. 왕은 야웨의 아들로 불렸으며(시 2:7; 72:1) 왕으로서 야웨의 보좌에 앉았다. "솔로몬이 여호와께서 주신 왕위에 앉아 아버지 다윗을 이어 왕이 되어"(대상 29:23). 이러한 제왕 의식들에 대한 기억은 그 종교 자체가 변화되고 나서 오랜 뒤에도 계속 유지되었다. 종종 신적 보좌에 인간이 앉아 있었으며, 야웨가 그의 적들에 대해 승리를 거두신 것을 재현한 고대의 즉위식이 최후 심판의 환상 안으로 들어갔다.

기원전 7세기 말에 성전의 역사에서 큰 사건 두 개가 거의 동시에 일어났는데, 그 사건들은 신명기 사가들의 개혁과 바빌로니아인들에 의한 성전과 왕조의 파괴였다. 그 사건들은 고대의 종교를 파괴했다. 신명기 사가들은 우리가 현존하는 그들의 저작에서 알 수 있듯이 왕정을 좋아하지 않았다. 그들은 한 왕의 사악함이 예루살렘의 멸망을 초래했다고 말했다(왕하 24:3). 그들은 이스라엘의 종교를 군주가 더 이상 그 종교에 핵심적이지 않은 방식으로 재형성하려고 했다. 그리고 매우 많은 사람이 바빌로니아로 유배됨에 따라 그들은 자기들의 생활의 중심이었던 성전으로부터 물리적으로 분리되었다. 이 두 상황이 결합해서 하나님이 성전에 계신다는 인식을 근본적으로 바꿨다. 역사의 사건들이 하나님이 거룩한 한 장소에 계시는 것이 아니라 자기 백성과 함께 이동하신다는 아이디어를 필요하게 했으며, 신명기 사가들은 고대의 제왕 종교의 모든 신인동형론을 거절했다. 그들의 하나님은 인간이 그의 음성을 듣고 순종할 수는 있지만, 가시적인 형태는 없는 하나님이어야 했다. 신명기 사가들이 이스라엘의 신성한 텍스트들을 후대에 전하는 데 중요한 역할을 했다고 생각되기 때문에 그 종교에 존재하던 이전의 신인동형론이 대체로 사라진 것이 놀랄 일이 아니다. **이것이 기독교의 기원들에 대한 우리의 이해에 미치는 영향을 아무리 강조해도 지나침이 없다.** 하지만 이전의 많은 전통이 살아남았는데, 그것들은 그리스도인들의 손에 의해서만 보존된 묵시 문헌들에서 추적될 수 있다. 우리는 이런 텍스트들에서 신적 보좌와 그 위에 앉은 인간에 대한 증거의 대다수를 발견한다.

고대의 전통들이 재작업되었으며 몇몇 텍스트에서는 편집자의 손길이 보인다. 예를 들어 열왕기상에 기록된 성전 건축 기사는 신명기 사가들의 영향을 받은 역사가에 의해 현재의 형태가 되었다. 그 결과 봉헌 기도는 적절히 수정되었다. 솔로몬은 다음과 같이 기도를 시작한다. "야웨께서 그의 하늘에 그의 해를 두셨사오나 짙은 어둠에 거하시겠다고 말씀하셨나이다. 내가 주를 위해 고귀한 집을 지었사오니 이는 주께서 영원히 거하실 처소이니이다"(왕상 8:12-13, 개역개정을 사용하지 아니함). 그러나 그는 이어서 자신이 앞서 한 말과 모순되는 말을 한다. "하나님이 참으로 땅에 거하시리이까? 하늘과 하늘들의 하늘이라도 주를 용납하지 못하겠거든 하물며 내가 건축한 이 성전이오리이까?"(왕상 8:27) 신명기 사가들에게는 제왕 종교의 일부였던 문자적인 하나님의 현존이나 정교한 하늘 환상들이 설 자리가 없었다. 그들은 하나님께는 보여질 수 있는 형태가 없다고 거듭 주장했다. "여호와께서 불길 중에서 너희에게 말씀하시되 음성뿐이므로 너희가 그 말소리만 듣고 형상은 보지 못하였느니라.…여호와께서 호렙산 불길 중에서 너희에게 말씀하시던 날에 너희가 어떤 형상도 보지 못하였은즉 너희는 깊이 삼가라. 그리하여 스스로 부패하여 자기를 위해 어떤 형상대로든지 우상을 새겨 만들지 말라"(신 4:12, 15-16). 형상들과 신인동형론에 대한 이러한 금지는 틀림없이 그 종교 자체의 확립보다 늦게 출현했을 것이다. 그렇지 않았다면 우리가 어떻게 그룹들이나 이사야의 성전 환상(사 6장)에서 그가 보좌에 앉으신 야웨를 본 것을 설명할 수 있겠는가? 하나님을 볼 수 있다고 말하는 사람과 그것을 부정하는 사람들 사이의 갈등은 수세기 동안 계속되었다.

신명기 사가들은 하나님을 하늘에만 계시는 것으로 재배치했다. "원하건대 주의 거룩한 처소 하늘에서 보시고 주의 백성 이스라엘에게 복을 주시며"(신 26:15). 그들은 야웨가 그의 성전에 계시는 것이 아니라 그의 이름이 그곳에 있다고 말했다. 학자들은 이 말이 정확히 무슨 뜻인지 또는 언제부터 야웨와 그의 이름 사이에 구분이 이뤄졌는지에 대해 의견의 일치를 이루지 못하고 있지만, 구분은 확실히 이루어졌다. 예를 들어 현존하는 텍스트는 신명기 사가들의 손을 거친 텍스트인 나단의 예언에서 두 절을 비교해보라. "여호와께서 이와 같이 말씀하시되 '네가 나를 위하여 내가 살 집을 건축하겠느냐?'…그는 **내 이름을 위하여** 집을 건축할 것이요 나는 그의 나라 왕위를 영원히 견고하게 하리라"(삼하 7:5, 13). 신명기의 좀 더 이른 층은 야웨의 현존과 그의 이름을 동일시했던 것으로 보이지만(예컨대 신 12장 전체), 이후의 이름 신학은 모두 이스라엘로부터 이전의 방식을 근절하려는 그 큰 운동의 일부였다. (이에 관한 설명을 T. N. D. Mettinger, *The Dethronement of Sabaoth*에서 읽을
수 있다.)

우리는 다양한 "장막" 전통의 운명에서도 이 과정의 다른 측면을
볼 수 있다. 이스라엘의 광야 시기 이야기들은 의심할 나위 없이 고대
에 기원을 두고 있지만, 유배 후 상당한 기간이 지나기까지는 우리가
현재 알고 있는 형태로 기록되지 않았다. 그 이야기들이 편찬되었을 때
그 일을 한 사람들은 단순히 오래된 이야기들을 기록한 신사적인 학자
들이 아니었다. 그들은 뭔가를 가르치기 위해, 즉 새로운 상황에서 이
스라엘 자체를 재건하려는 그들의 관점을 전달하기 위해 그 이야기들
을 기록했다. 그들은 자기들의 믿음이 어떻게 이스라엘의 원래 광야 전
통들에 충실한지를 보여주고 있었다. 그것이 사실이었는지 아니었는지
는 다른 문제다. 오늘날 교회에서도 누가 변화를 도모하려고 하면 비슷
한 일들이 일어난다. 그 결과 두 전통이 결합되었는데 하나는 예언자들
의 전통이었고 다른 하나는 제사장들의 전통이었다. 또는 아마도 그것
은 북왕국의 전통들과 남왕국의 전통들이었을 것이다. 전자는 하나님
이 자기 백성을 찾아오셨다가 떠나신 것을 말했고, 후자는 하나님이 자
기 백성과 항상 함께 거주하시는 것을 말했다.

고대의 예언의 장막은 광야 이야기들에서 진영 밖에 쳐진 것으
로 묘사된다(예컨대 출 33:7-11; 민 11:16-30; 12:1-16). 이 구절들은 **회막**
(tent of meeting)을 묘사하는 가장 중요한 세 구절이다. 야웨로부터 말씀
을 듣기를 원하는 사람은 누구나 진영 **밖**으로 가서 장막 안으로 들어갔
다. 회막 문, 즉 진영 **밖**에 구름 기둥이 나타났으며 이 구름으로부터 "여
호와께서는 모세와 대면하여 말씀하셨다"(출 33:11). 모세가 야웨의 영

광을 보여달라고 요청했을 때 그는 "네가 내 얼굴을 보지 못하리니 나를 보고 살 자가 없음이니라"라는 말을 들었다(출 33:20). 모세는 바위가 갈라진 틈에 숨겨졌고 야웨가 지나가실 때 그의 등만 보았다(출 33:21-23). 누구도 하나님을 볼 수 없다고 말하며 야웨는 자기 백성과 함께 거주하시지 않고 그들을 방문하시기만 한다고 암시하는 전통은 신명기 사가들의 입장과 매우 유사하다.

"다른" 장막은 **성막**(tabernacle)이었는데, 이것은 야웨가 항상 자기 백성과 함께 계시는 **거처**였다. 히브리어로는 거처를 의미하는 이름인 성막은 출애굽기 25-31장과 35:10-39장에 묘사된 정교한 소형 성전이었는데, 그것은 언약궤와 **메노라**를 간수했다. 우리가 야웨가 진영 중에 계셨다는 말을 들을 때 이 말은 야웨의 거처, 즉 성막을 가리킨다고 가정된다(출 25:8; 민 5:3). 야웨는 성막 **안**에 있는 그룹들 사이에서 모세에게 말씀하셨는데(출 25:22), 이는 이곳이 성막이 세워진 때부터 야웨가 정착하신 곳이기 때문이다(출 40:34-38). 이것은 제1성전이 솔로몬에 의해 봉헌되었을 때 등장하는 표현과 똑같다(왕상 8:10). 두 경우 모두 구름, 즉 야웨의 영광이 그곳에 가득했고 한동안 아무도 그곳에 들어갈 수 없었다. 성막이라는 단어는 다른 곳에 종종 등장하지만 영어 성경들에서는 다르게 번역되며—예컨대 "주의 영광이 **머무는 곳**"(시 26:8), "주의 이름이 **계신 곳**(시 74:7)"—따라서 성막을 명백하게 가리키지 않는다. 또는 아래의 경우에서처럼 히브리어 텍스트에서 복수를 사용하는 곳에서 다르게 번역된다. "지존하신 이의 거룩한 **거처**(들)"(시 46:4, 개역개정을 사용하지 아니함), "우리가 그의 **계신 곳**으로 들어가서 그의 발등상 앞에서 엎드려 예배하리로다"(시 132:7), "내 **처소**가 그들 가운데에 있을 것이며"(겔 3:27). 야웨의 거처는 성전이었으며 야웨의 거처라고 쓴 사람들은 틀림없이 예루살렘의 성전을 염두에 두었을 것이다.

세 번째 유형의 장막도 탐지될 수 있는데 사실은 그것이 가장 흔한 유형이다. 이 장막은 **회막 성막**(The tabernacle of the tent of meeting)이라는 결합된 이름을 갖고 있는데, 이는 모순되는 두 아이디어와 관련되는 이름이다. 그것은 유배의 격변과 생존에 대한 공통의 필요에서 예언자 전통과 제사장 전통 또는 북왕국의 전통과 남왕국의 전통이 결합된 것이라고 생각된다. 아마도 광야에 있었던 원래의 장막은 신탁의 장소, 즉 회막이었을 것이다. 아마도 사람들이 유배되고 성전에서 멀리 떨어져 지내게 되자 야웨가 예루살렘에 거하시는 것이 아니라 자기 백성과 함께 이동하시는 것으로 보여져야 했을 것이다. 에스겔은 마차 보좌가 예루살렘 성을 떠나(겔 10장) 바빌론으로 이동하는(겔 1장) 환상에서 이 개념을 표현했다. 오경의 편찬자들도 그들 나름의 방식으로 같은 일을 했다. 그들은 회막과 성막을 융합했다. 거처가 이동식 거처가 되었고 그 결과 회막 성막이 나왔다.

이 가운데 어느 것도 증명될 수 없다. 학계의 풍향은 수시로 바뀌며 현재 오경 연구는 끊임없이 변화하고 있다. 언제든 실타래를 푸는 것은 복잡한 일이지만 그것들이 풀어지면 언젠가는 야웨가 그의 백성과 함께하심에 관한 다양한 전통이 그들의 상황 변화에 따라 어떻게 달리 강조되었는지를 우리가 이해할 수 있게 될 것이다. 오늘날 성탄 이야기들이 예컨대 특정한 회중과 그들의 필요에 따라 설교되는 방식에서 유사한 일이 일어나고 있다. (이 광야 이야기들은 학계의 연구를 위해 사용된 것이 아니라 종교 공동체의 지속적인 삶을 위해 사용되었다.) 압도적인 필요에 직면해서 상이한 "거주" 신학과 "만남과 떠남" 신학이 융합되었다.

제4복음서도 성막에 관해 말한다. "말씀이 육신이 되어 우리 가운데 거하시매 우리가 그의 영광을 보니 아버지의 독생자의 영광이요 은혜와 진리가 충만하더라"(요 1:14). "'너희가 이 성전을 헐라. 내가 사흘 동안에 일으키리라.'···그러나 예수는 성전된 자기 육체를 가리켜 말씀하신 것이라"(요 2:19, 21).

언약궤

예수여, 주의 백성이 모이는 곳마다
그들은 거기서 주의 속죄소를 보나이다.

W. 쿠퍼(W. Cowper)

이러한 전개의 또 다른 측면을 언약궤와 그룹 보좌 사이의 관계에서 볼 수 있다. 어떤 전통에서는 언약궤가 보좌의 발판이었고 다른 전통에서는 언약궤가 보좌 자체였던 것으로 보인다. 우리는 이 두 전통 사이에 서로 어떤 관련이 있는지 알지 못한다. 광야 성막과 관련이 있는 전통들은 언약궤 위에 있던 금으로 만든 속죄소 양쪽 끝에 있던 작은 그룹 둘을 묘사하는 반면(출 25:17-21), 성전 전통들은 지성소에 있던 거대한 그룹들을 묘사하는데 그것들은 크기가 각각 10규빗(4.5미터)에 이르고, 보좌를 형성했다. 성막의 그룹들은 서로 얼굴을 마주 대했으며 그것들의 날개들로 속죄소를 덮은 반면(출 25:20), 성전의 그룹들은 나란히 서서 **혜칼** 쪽을 내려다 보았다(대하 3:13). 언약궤의 크기는 길이가 두 규빗 반(약 1.1미터), 넓이와 높이가 한 규빗 반(약 67센티미터)이라고 기록되었기 때문에(출 25:10), 그것은 성전 보좌의 그룹에 비해 왜소해 보였을 것이다. 몇몇 학자는 광야 성막 이야기들은 제1성전이 파괴된 **후** 야웨가 예루살렘으로만 제한되시는 것이 아니라 그의 백성과 함께 (즉 유배지로) 이동하시는 그림을 제공하기 위해 현재의 형태로 쓰였다고 생각한다. 이 이론에 따르면 출애굽기에 묘사된 언약궤와 속죄소 위의 그룹들은 그룹 보좌의 선구자가 아니라 그것의 자취였다.

언약궤는 시내 광야에서 만들어졌으며 계명들을 기록한 두 돌판과 만나 항아리(출 16:33)와 싹이 나서 아몬드 가지가 된 아론의 지팡이(민 17:8; 참조. 히 9:4)를 담는 데 사용되었다. 이른 시기의 이야기들에서 언약궤는 그룹 보좌와 마찬가지로 야웨의 실제적인 현존을 상징했다. "언약궤가 떠날 때에는 모세가 말하되 '여호와여, 일어나사 주의 대적들을 흩으시고 주를 미워하는 자가 주 앞에서 도망하게 하소서' 하였고 언약궤가 쉴 때에는 말하되 '여호와여, 이스라엘 종족들에게로 돌아오소서' 하였더라"(민 10:35-36). 블레셋과의 전쟁과 관련된 이야기 하나는 언약궤의 역할을 보여준다. "'여호와께서 어찌하여 우리에게 오늘 블레셋 사람들 앞에 패하게 하셨는고? 여호와의 언약궤를 실로에서 우리에게로 가져다가 우리 중에 있게 하여 그것으로 우리를 우리 원수들의 손에서 구원하게 하자' 하니 이에 백성이 실로에 사람을 보내어 그룹 사이에 계신 만군의 여호와의 언약궤를 거기서 가져왔고"(삼상 4:3-4). 동일한 칭호가 성전에 있는 그룹 보좌의 야웨께 주어졌다. 이사야 시대 때

히스기야 왕이 성전에서 기도했다. "그룹 사이에 계신 이스라엘 하나님 만군의 여호와여"(사 37:16). 그렇다면 원래의 보좌에 어떤 그룹들이 있었는가? 언약궤의 그룹들이었는가 아니면 **헤칼**의 그룹들이었는가? 그 질문은 확실하게 대답될 수 없지만, 성전의 그룹들이 원래의 보좌였을 가능성이 좀 더 크다.

광야 시대에 관한 제사장 전통들에 따르면 모세는 그룹들 위에서 말씀하시는 야웨의 음성을 들었다. "모세가 회막에 들어가서 여호와께 말하려 할 때에 증거궤 위 속죄소 위의 두 그룹 사이에서 자기에게 말씀하시는 목소리를 들었으니 여호와께서 그에게 말씀하심이었더라"(민 7:89). 이 기사는 그것이 묘사하는 사건들이 발생하고 나서 오래 뒤에 기록되었을 것이고, 야웨가 어떻게 예루살렘에 있는 성전에서 그의 백성에게 말씀하셨다고 믿어졌는지에 관해 우리에게 뭔가를 말해줄 것이다. 성전의 그룹들 사이에 보좌가 있었을 것이다. 그 보좌에 앉은 사람은 야웨의 대변인으로서 행동했을 것이다. 우리가 살펴본 바와 같이, 야웨가 그룹들 위에서 말씀하셨다는 믿음은 기원후 1세기까지도 살아남았으며, 알렉산드리아의 필론에 의해 언급되었다. 그의 경우 그것은 그룹 보좌에서 말한 버금 하나님인 로고스였다.

광야 언약궤의 속죄소는 레위기 16장에 묘사된 속죄 제의에 핵심적이었다. ("속죄소"로 번역된 단어는 **카포레트**[*kapporeth*]인데, 그것은 "속죄하다, 보상하다"를 뜻하는 히브리어 어근 *kpr*에서 나왔다.) 대제사장이 피를 가져다 속죄소 위에 뿌렸다. 만일 성막 기사가 제1성전의 관행들의 자취들을 지니고 있다면, 이는 속죄 의식이 피를 보좌 자체 위에 뿌렸을 것임을 암시한다.

구약성경에서 지배적인 다른 전통 즉 신명기 사가들의 전통은 성전에 있는 야웨의 현존에 대해 다른 견해를 취했다. 그들의 견해는 후대에 솔로몬의 기도를 편집한 사람에 의해 표현된 견해다. 야웨가 어떻게 성전에 계실 수 있겠는가? 그들에게 있어 언약궤는 보좌가 아니라 그 안에 언약 판들이 담긴 나무 상자였을 뿐이며(신 10:1-5; 참조. 왕상 8:9), 성전에는 그 이름만 현존했을 뿐이었다. 그룹 보좌 위에는 우리가 하나님을 볼 수 있는 어떤 형체도 없었다.

그것의 역사와 의미에 관한 진상이 어떠했던 간에 언약궤는 예루살렘으로 옮겨져서 **데비르** 안에 두어졌다. 언약궤는 그것의 운반용 막대들이 **헤칼**에서 보이도록 놓였다. 즉 그것이 발판이었을 경우 우리가 예상하는 것처럼 그룹 보좌의 밑바닥을 가로질러 놓이지 않았다. 그럼에도 그것은 발판으로서 묘사되었다. 다윗은 "나는 여호와의 언약궤 곧 우리 하나님의 발판을 봉안할 성전을 건축할 마음이 있어서"라고 말했다(대상 28:2). 시편 저자 역시, 언약궤를 언급하지는 않지만 그것을 가리키는 것처럼 보인다. "너희는 여호와 우리 하나님을 높여 그의 발등상 앞에서 경배할지어다"(시 99:5). 시편 132편은 좀 더 명시적이다. 그 시편은 언약궤가 다윗에 의해 예루살렘으로 옮겨지기 전에 그것을 찾으러 다닌 전통을 설명한다.

> 우리가 "그것이 에브라다에 있다" 함을 들었더니
> 나무 밭에서 찾았도다.
> 우리가 그의 계신 곳으로 들어가서
> 그의 발등상 앞에서 엎드려 예배하리로다.

여호와여, 일어나사 주의 권능의 궤와 함께

평안한 곳으로 들어가소서(시 132:6-8).

언약궤가 궁극적으로 어떻게 되었는지는 아무도 모른다. 바빌로니아 탈무드에 언약궤가 성전의 보물들과 함께 바빌론으로 탈취되어 갔다는 전통이 기록되어 있으며(b. *Yoma* 53b), 예루살렘이 함락될 때 바빌로니아의 약탈자들로부터 보호하기 위해 예레미야가 언약궤와 휘장과 향단을 어느 동굴에 숨겼다는 기록이 있다. "하느님께서 당신의 백성을 다시 모으시고 그들에게 자비를 베푸실 때까지는 그 장소는 아무도 모르게 감추어두어야 한다"(마카베오하 2.7). 예레미야에게 귀속되는 또 다른 전통은 그가 언약궤가 없고, 예루살렘 전체가 야웨의 보좌가 되며, 이스라엘과 유다가 다시 통일될 때를 고대했다고 말한다(렘 3:16-17). 또 다른 전통은 그것이 성전 자체에 숨겨졌다고 말했다.

> 랍비 나흐만(R. Nahman)이 "우리는 언약궤가 나무로 된 창고에 숨겨졌다고 배웠다"라고 말했다. 그는 또한 다음과 같이 말했다. "우리는 또한 다음과 같이 배웠다. '느긋하게 시간을 보내고 있던 어떤 제사장이 보도의 한 구역이 다른 것들과 다른 것을 보았다. 그는 돌아와서 그의 동료들에게 알려 주었지만, 그가 설명을 마치기 전에 그의 영혼이 떠났다. 그래서 그들은 언약궤가 그곳에 숨겨졌음을 확실히 알았다'"(b. *Yoma* 54a).

메시아 시대에 제1성전에는 있었지만 제2성전에는 없었던 다섯 가지—불, 언약궤, **메노라**, 영, 그룹들—가 회복되리라는 또 다른 전통이 있었다(*Numbers Rabbah* XV.10). 이 전통이 요한계시록 11:15-19의 토대다. 일곱 번째 천사가 메시아의 왕국을 선포하고(계 11:15) 하늘의 성전이 열려 언약궤를 드러낸다(계 11:19). 신약성경 시대에는 성전에 언약궤가 없었다. 요세푸스는 지성소가 비어 있었다고 말한다(『유대 전쟁사』, V.219).

그룹들

왕 중 왕이시여,

나를 주님의 전능한 날개 아래 두소서.

T. 켄(T. Ken)

그룹들은 고대 근동의 미술에서 자주 등장하는 괴기한 혼합 형상이었다. 구약성경에서 그것들은 성막의 휘장과 속죄소 위에 묘사되었고, 마차 보좌의 운반자로도 등장한다. 그것들이 원래는 히브리 전통에서 바람들을 나타냈을 수도 있다. 사무엘하 22장(그것은 시 18편과 동일하다)은 야웨가 어떻게 자기의 성전으로부터 오셔서(삼하 22:7) 다윗을 위험에서 구하시는지를 (삼하 22:10-11) 생생하게 묘사한다.

그가 또 하늘을 드리우시고 강림하시니

그의 발 아래는 어두캄캄하도다.

그룹을 타고 다니심이여.

바람 날개를 타고 높이 솟아오르셨도다(시 18:9-10).

그 시의 병행구는 그룹과 바람이 동의어임을 보여준다. 시편 104편에 성전과 마차에 관한 또 다른 생생한 묘사가 있는데, 이곳에서도 병행구는 그룹 마차가 바람이었음을 암시한다.

> 주는…존귀와 권위로 옷 입으셨나이다.
>> 주께서 옷을 입음 같이 빛을 입으시며
> 하늘을 휘장 같이 치시며
>> 물에 자기 누각의 들보를 얹으시며
> **구름으로 자기 수레를 삼으시고**
>> **바람 날개로 다니시며**
> 바람을 자기 사신으로 삼으시고
>> 불꽃으로 자기 사역자를 삼으시며(시 104:1-4).

바람에 대한 히브리어 단어는 **루아흐**(*ruah*)인데, 그 단어는 "영"으로도 번역될 수 있다. 그리고 사신에 해당하는 히브리어 단어 말르아크(*mal'ak*)는 "천사"로도 번역될 수 있다. 그러므로 이 시의 저자에게는 천사적인 인물로서의 그룹과 바람에 대한 묘사로서의 그룹 사이의 차이가 존재하지 않았다. 이것들은 신적 보좌를 둘러쌌던 바람과 불의 영들에 대한 구체적인 표현이었다. (우리는 이것을 기독교 미술에서 비둘기가 영을 상징하는 것과 비교할 수 있을 것이다.)

야웨의 현존은 종종 폭풍 구름들과 관련이 있었다. "보라, 여호와께서 빠른 구름을 타고 애굽에 임하시리니"(사 19:1), "여호와의 길은 회오리바람과 광풍에 있고 구름은 그의 발의 티끌이로다"(나 1:3). 욥은 절망 가운데서 다음과 같이 질문했다.

> 하나님이 무엇을 아시며
>> 흑암 중에서 어찌 심판하실 수 있으랴?
> 빽빽한 구름이 그를 가린즉 그가 보지 못하시고
>> 둥근 하늘을 거니실 뿐이라(욥 22:13-14).

에스겔이 그의 환상에서 야웨의 큰 보좌를 보았을 때 그는 먼저 "북쪽에서부터 폭풍과 큰 구름이 오는데 그 속에서 불이 번쩍번쩍하여 빛이 그 사방에 비치며 그 불 가운데 단 쇠 같은 것이 나타나 보이는" 것을 보았다(겔 1:4). 그의 시대에는 이전에는 둘이었던 그룹들이 넷이 되었는데, 그것들은 그 위에 하나님의 남보석 보좌가 있는 궁창을 지지하는 네 바람을 나타냈다(겔 1:5, 22). 에스겔은 성전에 있던 그룹 보좌를 실제로 알았던 마지막 구약성경 저자였을 수도 있으며, 그의 환상은 틀림없이 그가 보좌라고 이해했던 것을 묘사했을 것이다. (혹자는 에스겔의 시대로부터 약 50년 전에 이미 므낫세 왕에 의해 그룹 보좌가 **데비르**에서 제거되었다고 생각한다. Patai, *Man and Temple*을 보라. 므낫세는 그 숭배에 외국의 많은 요소를 들여왔는데, 므낫세가 성전 자체에 세운—**데비르** 안에 세웠을 수도 있다—"아로새긴 아세라 목상"은 그것들 가운데 하나였다[왕하 21:7].)

성전에서 그룹들이 없어지고 나서 오랜 뒤에도 그것들에 대한 기억은 남았다. 그룹들은 천상의 세계에 대한 이스라엘의 환상에서 지워지지 않았다. (기원전 3세기에 쓰였을 가능성이 있는)「에녹1서」18.2은 에녹이 하늘의 궁창을 그룹들이 지탱했던 것처럼 네 바람이 궁창을 지탱하는 것을 보았다고 말한다.「에녹1서」40.2-9에 기록된, 쓰인 연대를 추정할 수 없는 자료는 좀 더 중요하다. "영들의 야웨(에녹 판 만군의 야웨다)의 네 측면에서 나는 네 존재를 보았다.…그리고 나는 그들의 이름을 알았다." 생물들, 즉 그룹들은 네 천사장인 미가엘과 라파엘과 가브리엘과 바누엘이 되었는데, 그들은 하나님의 전령들이자 하나님의 현존의 가시적인 현현이었다.

필론은 그룹들의 역할과 의미에 대해 매우 정교한 견해를 제시했는데, 그 견해의 많은 부분은 교육을 받은 그의 독자들이 기대했을 법한 그리스 철학의 관점에서 표현되었지만, 그가 그룹들에 관한 이런 믿음을 만들어냈을 것 같지는 않다. 그에게 있어 두 그룹 역시 하나님의 측면들을 나타냈다. 그는 그것들을 하나님의 두 권능이라고 부르며 그것들이 경전에서 **야웨**(주)와 **엘로힘**(하나님)이라는 하나님의 두 이름으로 표현되었다고 말한다. 그 두 이름은 각각 하나님의 창조의 측면과 왕의 측면을 나타냈다. 이는 네 천사장이 하나님의 측면들을 나타냈다는 아이디어와 매우 유사하다. 특히 필론도 야웨와 엘로힘이 물질세계에서 보이는 존재가 된, 하나님의 현존의 천사장 로고스에 대한 이름이라고 말했다.

존재하는 자의 두 주요 권능, 즉 그것을 통해 그가 세상을 만드신 자비로운 권능(이는 하나님이라고 불린다)과 그것을 통해 자기가 만드신 것들을 다스리시고 명령하시는 징벌적인 권능(이는 주라는 이름을 가진다)은, 모세가 우리에게 말하듯이, 위에 계시는 하나님과 그들 가운데 계시는 하나님에 의해 구분된다. "내가 그룹들 가운데 속죄소 위에서 네게 말하겠노라"라는 말은…그가 존재하는 자의 근원적이고 가장 높은 권능들인 자비로운 권능과 징벌적인 권능이 동등하게 나뉜다는 것을 보여주시려는 것이다 (*Who is the Heir?*, 166).

다른 곳에서 그는 하나님의 로고스가 그룹들 사이에 서 있다고 말한다.

> 하나님은 참으로 한 분이시지만 그의 가장 높고 주된 권능들은 선하심과 주권이라는 두 권능이다.…그리고 그 둘 사이에 그들을 연합시키는 세 번째 권능인 로고스가 존재한다. 하나님은 로고스를 통해 통치자이시면서 선하시기 때문이다. 그룹들은 주권과 선하심이라는 이 두 권능에 대한 상징이며, 불타는 검은 이성의 상징이다(*Cherubim*, 27-28).

이 대목에서 필론은 보좌의 두 그룹을 에덴동산의 문을 지켰던 두 그룹과 동일시하는데, 이는 에덴동산에 있던 보좌에 대한 또 다른 기억이다. 팔레스타인 타르굼도 비슷하다. "그리고 그가 그 사람을 내쫓으시고 **셰키나**(*Shekinah*)[1]의 영광을 처음부터 두 그룹 사이에 있는 에덴동산의 동쪽에 거하게 하셨다"(Targum *Neofiti* to Gen. 3.24).

다른 곳에서 필론은 말씀을 하나님의 지시하에 우주를 인도하는

---

1   **셰키나**는 성막을 위한 단어와 관련이 있으며 신적 현존을 의미한다. 이는 야웨 자신이 에덴동산을 지키셨음을 암시한다.

권능들의 마부라고 말했다(*On Flight*, 101). 그가 마차 보좌를 염두에 두지 않았다면 그가 마차라는 단어를 사용한 것이 이상하다. 필론은 하나님의 보좌를 둘러쌌던 천사들에 대해서도 설명했으며, 그 천사들이 자신의 그리스인 독자들에게 이해되게 하려고 노력했다. 그는 천상의 무리들을 "권능들"이라고 불렀다. 그것들은 구약성경이 "하나님의 영광"이라고 부른 것이었다. 필론은 모세가 하나님의 영광을 보여달라고 요청한 것을 기록한 출애굽기 33:18을 설명할 때 이 점을 명확히 보여주었다. 모세는 자기가 하나님의 얼굴은 보지 못하고 하나님이 지나가실 때 그의 등만 볼 것이라는 말을 들었다(출 33:23). 필론은 야웨 "뒤"에 있었던 것은 그의 권능들이었다고 말했다. 따라서 그는 자신의 저작에서 "주의 영광을 통해 나는 주의 주위를 지키는 권능들을 이해하나이다"라고 말했다(*Special Laws*, I.45). 모세가 하나님에 관해 볼 수 있었던 것은 **창조세계에 나타난 그의 가시적인 현현**이었다. 로고스는 이런 권능들 가운데 최고였기 때문에(*Who is the Heir?*, 166) 우리는 이 대목에서도 버금 하나님, 가시적인 하나님, 영광이라는 주제를 볼 수 있다.

팔레스타인 타르굼은 모세의 생애에서 일어난 이 사건을 비슷하게 이해한다. "그리고 내가 내 앞에 서서 섬기는 천사들의 군대를 지나가게 할 것이다. 너는 내 셰키나의 영광의 말씀을 볼 것이다. 하지만 너는 내 셰키나의 영광의 얼굴은 보지 못할 것이다("Targum *Neofiti* to Exod. 33:23).

언약궤 덮개 위 또는 마차 보좌로서의 어두운 **데비르** 안에 있던 그룹들은 성전 안으로 들어온 원시적인 이교도의 상징들 이상의 것이었다. 성전이 존재하던 전체 기간에, 그리고 그 종교의 중심으로서의 보좌가 존재하지 않게 되고 나서 오랜 뒤에도 그룹들은 야웨의 현존의 상징들로서 기억되었다. 에스겔의 환상에서 머리가 넷 달린 그룹들이 요한의 환상에서는 각각 이 동물의 머리들 가운데 하나를 지닌 네 생물이 되었는데 그것들은 사자, 황소, 사람, 독수리였다(계 4:7; 참조. 겔 1:10). 에스겔의 환상에 등장하는 그룹들에게는 날개 네 개가 있었는데 (겔 1:11), 이사야의 환상에 등장하는 스랍과 요한의 환상에 등장하는 생물들에게는 날개 여섯 개가 있었으며(사 6:2; 계 4:8), 모두 눈들이 가득했다. 기독교 미술 안으로 들어온 그룹들은 눈이 가득하고 불타는 듯한 여섯 날개를 지닌 생물들이지만, 그것들은 여전히 하늘의 천장의 네 받침대로서의 고대의 역할을 보존한다. 예를 들어 베네치아에 있는 산마르코 대성당의 안뜰에는 세상의 창조를 묘사하는 소형 둥근 지붕이 있다. 인접한 두 아치 사이의 삼각형 모양의 빈 부분 네 곳에 창조세계의 둥근 지붕인 궁창을 지탱하는, 여섯 날개를 지닌 네 천사장인 네 생물이 묘사되어 있다. 우리는 솔로몬 성전과 큰 보좌를 살펴볼 것이다.

좌정

위에 계신 영광의 왕을 예배하라.
그의 능력과 그의 사랑을 감사하며 노래하라.

R. 그랜트(R. Grant)

야웨는 그룹들 위에 좌정하셔서 그의 성전에 계셨다. 시편들은 자기의

성에 계시는 야웨와 그의 현존이 가져온 안전과 희망에 대해 끊임없이
말한다.

> 내가 환난 중에서 여호와께 아뢰며
> > 나의 하나님께 부르짖었더니
> 그가 그의 성전에서 내 소리를 들으심이여.
> > 그의 앞에서 나의 부르짖음이 그의 귀에 들렸도다(시 18:6).

> 성소에서 너를 도와주시고
> > 시온에서 너를 붙드시며(시 20:2).

> 내가 여호와께 바라는 한 가지 일 그것을 구하리니
> 곧 내가 내 평생에 여호와의 집에 살면서
> 여호와의 아름다움을 바라보며
> > 그의 성전에서 사모하는 그것이라.
> 여호와께서 환난 날에 나를 그의 초막 속에 비밀히 지키시고
> 그의 장막 은밀한 곳에 나를 숨기시며
> > 높은 바위 위에 두시리로다(시 27:4-5).

> 하나님이 그 성 중에 계시매 성이 흔들리지 아니할 것이라.
> > 새벽에 하나님이 도우시리로다.…
> 만군의 여호와께서 우리와 함께하시니
> > 야곱의 하나님은 우리의 피난처시로다(시 46:5, 7).

하나님이여, 위엄을 성소에서 나타내시나이다.

이스라엘의 하나님은 그의 백성에게 힘과 능력을 주시나니 하나님을
찬송할지어다(시 68:35).

이 몇 가지 예는 고대 성전의 세계 속으로 들어가는 가장 쉬운 방법은
시편들을 읽고 그것들이 쓰인 배경을 상상해 보는 것임을 보여주기에
충분하다. 우리에게 매우 친숙한 그 생생한 이미지는 원래 자신의 성전
에서 큰 바위 위에 좌정하시고 자신의 백성과 도시를 지키시는 야웨에
대한 문자적인 묘사였다.

야웨가 자기의 성전에 들어가셔서 보좌에 앉으실 때의 큰 행진을
묘사하는 것으로 보이는 시편들이 있다. 아마도 이것은 왕으로서의 야
웨를 기념하는 것과 관련된 의식이었을 것이다. 이 대목에서도 우리는
이런 단어들이 적절했을 배경을 상상해야 한다.

문들아, 너희 머리를 들지어다.

영원한 문들아, 들릴지어다.

영광의 왕이 들어가시리로다.

영광의 왕이 누구시냐?

강하고 능한 여호와시요

전쟁에 능한 여호와시로다(시 24:7-8).

하나님께서 즐거운 함성 중에 올라가심이여.

여호와께서 나팔 소리 중에 올라가시도다(시 47:5).

하나님이여, 그들이 주께서 행차하심을 보았으니
　　곧 나의 하나님, 나의 왕이 성소로 행차하시는 것이라.
소고 치는 처녀들 중에서 노래 부르는 자들은 앞서고
　　악기를 연주하는 자들은 뒤따르나이다(시 68:24-25).

많은 학자가 가을, 곧 그들의 신년 때 바로 그런 의식이 있었다는 이론에 기여했다. 야웨가 악과 그의 적들에 대해 승리를 거두시고 왕으로서 보좌에 앉으셨다. 누가 이런 의식들에서 야웨를 대표했는지가 문제다. 가장 가능성이 큰 대답은 왕이 그 역할을 했다는 것이다.

　　왕의 직무는 재판으로부터 분리될 수 없다. 이것은 후대의 보좌 이미지 사용에 대해 많은 것을 이해할 수 있는 중요한 열쇠다. 그 연결 관계가 시편 93-99편에서 명확히 드러나는데, 그것들은 이 의식과 관련된 순서라고 생각된다.

세계를 심판하시는 주여, 일어나사(시 94:2).

그가 의로 세계를 심판하시며
　　그의 진실하심으로 백성을 심판하시리로다(시 96:13).

여호와여,
　　시온이 주의 심판을 듣고 기뻐하며
　　유다의 딸들이 즐거워하였나이다(시 97:8).

그가 의로 세계를 판단하시며

공평으로 그의 백성을 심판하시리로다(시 98:9).

능력 있는 왕은 정의를 사랑하느니라.

주께서 공의를 견고하게 세우시고

주께서 야곱에게

정의와 공의를 행하시나이다(시 99:4).

야웨는 자기 백성에게 왕과 재판관으로서 오셨다. 그 의식은 추분 때, 즉 수확 때 치러졌다고 생각된다. 이 점은 성경 전통에서 수확의 이미지와 심판의 이미지가 병행하는 것을 설명할 것이다. 아모스가 가장 이른 시기의 예인데, 그는 여름 과일 한 광주리를 심판의 경고로 보았다(암 8:1-3). 야웨가 포도주 틀을 밟으시는 이사야의 묘사(사 63:1-6)도 있었으며, 하나님의 진노의 포도주 틀에서 밟히는 악의 포도의 수확이 아마도 가장 무서운 묘사일 것이다(계 14:18-20).

큰 빛

내 영혼의 태양이신 귀하신 주님,

주님이 가까이 계시면 밤이 아닙니다.

J. 케블(J. Keble)

추분은 아마도 왕으로서의 야웨에 대해 빈번하게 사용된 또 다른 이미지를 설명할 것이다.

주의 얼굴을 주의 종에게 **비추시고**
　　주의 사랑하심으로 나를 구원하소서!(시 31:16).

온전히 아름다운 시온에서 하나님이 빛을 비추셨도다(시 50:2).

하나님은 우리에게 은혜를 베푸사 복을 주시고
　　그의 얼굴 빛을 우리에게 비추사(67:1).

그룹 사이에 좌정하신 이여, 빛을 비추소서.…
　　주의 얼굴빛을 비추사 우리가 구원을 얻게 하소서(시 80:1, 3).

친숙한 이사야서의 구절들도 이 그림의 한 부분이다.

흑암에 행하던 백성이 큰 빛을 보고(사 9:2).

일어나라. 빛을 발하라. 이는 네 빛이 이르렀고
　　여호와의 영광이 네 위에 임하였음이니라.
보라, 어둠이 땅을 덮을 것이며
　　캄캄함이 만민을 가리려니와
오직 여호와께서 네 위에 임하실 것이며

그의 영광이 네 위에 나타나리니(사 60:1-2).

알려진 가장 이른 시기의 대제사장들의 축복과 기원전 2세기에 쓰인 다니엘서에 등장하는, 구약성경에 기록된 가장 늦은 시기의 기도 모두 떠오르는 태양이라는 이 이미지를 사용한다.

> 여호와는 네게 복을 주시고 너를 지키시기를 원하며
> 여호와는 그의 얼굴을 네게 비추사 은혜 베푸시기를 원하며
> 여호와는 그 얼굴을 네게로 향하여 드사 평강 주시기를 원하노라(민 6:24-26).

성전의 문은 동쪽을 향했다. 추분 때 떠오르는 태양 빛이 성전 문을 향해 비춰서 **데비르**에 있는 큰 황금 보좌를 조명했다고 한다. 이는 야웨가 그의 백성에게 오시는 것을 상징했다.

아마도 에스겔은 야웨의 영광이 성전으로 돌아오는 것을 묘사할 때 이것을 염두에 두었을 것이다. 그는 신년에 환상을 보았다(겔 40:1). "이스라엘 하나님의 영광이 동쪽에서부터 오는데 하나님의 음성이 많은 물소리 같고 땅은 그 영광으로 말미암아 빛나니…여호와의 영광이 동문을 통하여 성전으로 들어가고 영이 나를 들어 데리고 안뜰에 들어가시기로 내가 보니 여호와의 영광이 성전에 가득하더라"(겔 43:2, 4, 5). 사가랴도 야웨가 자기 백성에게 오실 때인 이 새벽을 노래했다. "돋는 해가 위로부터 우리에게 임하여 어둠…에 앉은 자에게 비치고"(눅 1:78-79). 틀림없이 이 모든 이미지를 생기게 한 뭔가가 있었을 것이다.

우리가 고대 성전의 잃어버린 세계를 자세하게 재구성할 수는 없을지라도, 현존하는 제1성전 시기의 문헌들과 후대에 쓰인 문헌들에서 유의미한 단서들이 윤곽을 드러낸다.

떠오르는 해가 요시아 왕의 개혁 기사에 등장하는 신기한 정보를 설명할지도 모른다. "유다 여러 왕이 태양을 위하여 드린 말들을 제하여 버렸으니 이 말들은 여호와의 성전으로 들어가는 곳…에 있던 것이며 또 태양 수레를 불사르고"(왕하 23:11). 요시아의 개혁에 관한 이 기사는 이스라엘의 엄격한 종교 개혁가들이었던 신명기 사가들의 이상에 공감하는 사람들에 의해 쓰였다. 그들이 이교도적이라고 정죄했던 것이 모두 이교도적인 것은 아니었을 수도 있다. 그것은 단순히 그들이 좋아하지 않았던 고대 종교의 일부였을 수도 있다. 그들이 야웨가 그의 성전에서 황금 보좌 위에 앉아 계신다는 아이디어를 좋아하지 않았듯이 말이다. 이 성전의 말들은 다른 곳에서 야웨의 대리인들의 말들로서 등장한다. 기원전 6세기 때 바빌로니아에서 돌아와 제2성전이 세워지기 전에 스가랴가 본 모든 환상은 제1성전의 이미지에 기초했다. 그의 첫 번째 환상에서 그는 말 네 마리가 땅을 순찰하러 나가는 것을 보았다(슥 1:8-11). 또 다른 환상에서 그는 마차 네 대가 땅의 네 구석을 순찰하러 나가는 것을 보았다(슥 6:1-8). 아무도 이 말들이나 그것들이 당시의 믿음에 어떻게 들어맞는지를 설명하지 못한다. 야웨가 자신의 성전으로부터 보내시는 심판의 드라마에서 그것들에게 모종의 역할이 있었을 것이다. 6세기 후 요한의 심판 환상에서 이와 동일한 말들이 등장한다(계 6:1-8). 초기 그리스도인 환상가에게 그것들은 여전히 야웨의 심판의 일부였다!

보좌 환상들

내 마음의 주님, 내게 보이소서.

주님 외에 다른 것은 내게 아무것도 아니게 하소서.

고대 아일랜드인, M. E. 번(M. E. Byrne)과 E. H. 휠(E. H. Hull) 역

그의 성전에 좌정하신 야웨는 몇몇 예언적 환상의 주제였다. 예언자들의 환상들이 성전의 의식에 기초했다고 말하는 것은 정확하지 않다. 오히려 성전의 의식이 신적 실재인 천상 세계의 성전을 가시적으로 만들었다. 예언자들은 바로 **이것**을 보았다. 달리 말하자면 성전의 의식들이 예언자들의 환상의 세계로부터 나온 것이지 그 반대가 아니었다. 예언서들에서 이런 기사들을 읽을 때 우리는 성소의 황금 그룹들이 「안식일 제사의 노래들」에서처럼 살아나는 것을 본다. 그때 성전 벽에 있던 그림들이 하늘 성소의 영들이 된다.

> 살아 있는 신적 존재[의 모양]가 왕이 들어가는 현관 방들에 새겨져 있었는데, 그것들은…장엄한 영들의 가운데에 있는 밝은 영들의 형상들로서 화려한 색상들로 된 작품이고 살아 있는 신적 존재들의 형상들이다(4Q 405.14-15).…그것들은 신적 존재들의 형태들의 그림들로서 영광스러운 벽돌 건물을 둘러 새겨졌으며 화려하고 장[엄]한 벽[돌] 건물의 영광스러운 이미지들이다. 살아 있는 신적 존재들은 그것들의 건조물이며, 그것들의 형상들의 이미지들은 거룩한 천사들[이다](4Q 405.19 ABCD).

가장 이른 시기의 보좌 환상 묘사는 기원전 8세기 때 쓰인 이사야의 소명인데, 그럼에도 우리는 그 성전 이미지가 약 8세기 후에 쿰란 공동체에 의해 사용된 「안식일 제사의 노래들」의 이미지임을 알 수 있다. 그런 유사성은 그동안 그 그림에 세부 사항을 덧붙여줄 만한 내용은 남은 것이 별로 없지만, 제1성전의 내적 의미는 잊히지 않았음을 암시한다. 이사야는 그 보좌를 다음과 같이 묘사한다.

> 웃시야 왕이 죽던 해에 내가 본즉 주께서 높이 들린 보좌에 앉으셨는데, 그의 옷자락은 성전에 가득하였고 스랍들이 모시고 섰는데 각기 여섯 날개가 있어 그 둘로는 자기의 얼굴을 가리었고 그 둘로는 자기의 발을 가리었고 그 둘로는 날며 서로 불러 이르되 "거룩하다, 거룩하다, 거룩하다. 만군의 여호와여, 그의 영광이 온 땅에 충만하도다" 하더라. 이같이 화답하는 자의 소리로 말미암아 문지방의 터가 요동하며 성전에 연기가 충만한지라. 그때에 내가 말하되 "화로다 나여, 망하게 되었도다. 나는 입술이 부정한 사람이요 나는 입술이 부정한 백성 중에 거주하면서 만군의 여호와이신 왕을 뵈었음이로다" 하였더라.
>
> 그때에 그 스랍 중의 하나가 부젓가락으로 제단에서 집은 바 핀 숯을 손에 가지고 내게로 날아와서 그것을 내 입술에 대며 이르되 "보라, 이것이 네 입에 닿았으니 네 악이 제하여졌고 네 죄가 사하여졌느니라" 하더라. 내가 또 주의 목소리를 들으니 주께서 이르시되 "내가 누구를 보내며 누가 우리를 위하여 갈꼬?" 하시니 그때에 내가 이르되 "내가 여기 있나이다. 나를 보내소서" 하였더니(사 6:1-8).

이 대목에 보좌 환상의 모든 요소—야웨가 왕으로 계시는 성소에 있는 보좌, 주위의 무리, 향의 연기, 임박한 심판의 분위기, 천사들의 노래—가 등장한다. 이 장면에 모든 세부 사항이 존재한다. 심지어 보좌 앞의 향단은 그 예언자의 입술에 대서 정화할 숯도 제공한다. 야웨의 영광의 환상을 본 후 그 예언자는 심판의 사자가 되었다.

미가야의 환상은 덜 알려져 있지만 그것은 예언자들이 야웨의 환상들을 통해 어떻게 정치 조언자로서 기능했는지를 보여준다. 전쟁에 나갈 준비를 하고 있던 이스라엘과 유다의 왕들은 예언자들과 상의했다. 미가야는 야웨가 무리에 둘러싸여 그의 보좌에 앉아 계신 환상을 보았다. 그는 야웨가 거짓말하는 영을 왕의 고문들인 다른 예언자들의 입 안으로 보내시는 것을 들었으며, 왕들에게 야웨가 그들에게 선고하신 파멸을 선언했다(왕상 22:13-23). 아모스는 야웨가 성전의 단 옆(또는 위)에 서 계신 것을 보았다. 그에게도 심판의 메시지가 주어졌다(암 9:1-4).

구약성경에 등장하는 모든 보좌 환상 가운데 가장 무서운 것은 에스겔의 환상들이다. 그는 유배 시기에 살았으며 성전의 파괴를 보았다. 그는 예루살렘에서 멀리 떨어진 곳에 사는 사람들에게 말했는데, 그들의 질문은 다음과 같았을 것이다. "성전은 파괴되었고 우리는 그 성전에서 멀리 떨어져 있는데, 야웨가 성전에 거하신다면 우리는 야웨의 현존에서 멀리 떨어져 있는가?" 에스겔은 사악한 예루살렘에 야웨의 심판이 쏟아지기 직전에 야웨의 마차 보좌가 그 도시를 떠나는 환상을 통해 이 질문에 대답했다. 야웨의 그 마차 보좌는 그의 백성과 함께 동쪽으로 이동해서 바빌로니아의 그발강 가에 있는 에스겔에게 나타났다(겔 1:1). 에스겔의 두 번째 환상에서 그는 옮겨져 성전에서 자행되는 악한 관행들(그중 하나는 태양 숭배였다! 겔 8:16)을 보았으며, 이어서 야웨가 그 도시에 멸망의 천사들을 보내시는 것을 보았다. 그들은 성전의 북쪽 문을 통해 와서 큰 놋 제단 옆에 섰다(겔 9:2). 이스라엘의 하나님의 영광이 그룹들로부터 일어나 심판을 시작하라고 명령했다(겔 9:3). 그룹들 위에 남보석 보좌가 나타났다(겔 10:1; 참조. 출 24:10, 이는 시내산에 나타난 야웨의 환상에 대한 매우 오래된 기사다). 천사들 가운데 하나가 제단에서 취한 숯들을 그 도시 위에 던지라는 말을 들었다. 이는 성전에 있는 보좌 아래의 향단이었음이 틀림없지만, 이 대목에서는 생생한 심판 장면의 일부다. 그 그룹들은 더 이상 금으로 만든 형상들이 아니라 생물들이었으며, 그 예언자는 그 곁에 있는 바퀴들을 보았다. 에스겔은 보좌를 마차로 묘사하지 않지만, 역대상 28:18은 그룹이 보좌였음을 보여주며, 그룹은 보좌라고 기억되었다. "에스겔은, 주님께서 그룹의 수레 위에서 보여주신 영광스러운 영상을 본 사람이다"(집회서 49:8). 마차가 떠올라 동쪽 문을 통해 떠났다(겔 10:19).

에스겔이 바빌론에서 본 환상은 그 마차에 대해 좀 더 자세하게 말해준다. 그것은 폭풍 구름과 함께 왔으며(겔 1:4) 그룹들은 **사람의 모습**이었지만 네 얼굴과 네 날개가 있었다(겔 1:5-6). 그룹들의 머리 위에 수정 궁창이 있었으며(겔 1:22), 그 위에 남보석 보좌가 있었고, 그 위에 사람의 모습을 지닌 존재가 있었다(겔 1:26). 이는 사람의 모습을 하고 보좌에 앉은 존재에 대한 가장 이른 시기의 언급인데, 이는 **제1성전에서 제사장이었던** 사람에 의해 쓰였다(겔 1:3). 그것은 "야웨의 영광의 형상의 모양"이었다(겔 1:28). 두 번째 마차 환상에서 에스겔은 동일한 인물을 보았는데 그는 불과 놋의 사람이었다(겔 8:2; 참조. 1:27). 그는 에스겔을 들어 올려 환상 가운데 예루살렘으로 데려갔다. 그 인물은 보좌 위에 있지 않고 에스겔의 안내인으로서 행동했으며, 그에게 예루살렘을 처벌받게 만든 악을 보여주었다. 우리가 에스겔 9장을 주의 깊게 읽어보면 이 불과 놋의 사람이 심판을 인도하고 있음을 알 수 있다. 그는 북쪽으로부터 온 여섯 집행자와 그들과 동행한 가는 베옷을 입은 심판의 서기관에게 명령했다(겔 9:1). 에스겔 1:28에 의하면 사람의 형상을 띤 이 인물은 **야웨의 영광의 형상**을 띠었다. 에스겔이 본 성전 환상에서 이 영광은 그룹 보좌에서 일어나 성전의 문지방에 섰다(겔 9:3). 그 순서를 살펴보면 영광이 보좌를 떠났고, 그가 베옷 입은 서기관을 불렀으며, 야웨가 그에게 말씀하셨다.…셋(영광과 사람의 형상을 띤 인물과 야웨) 다 같은 인물이다. 에스겔과 동행한 사람은 "**내 성소에서** 시작하라"라고 말했다. 향단에서 취한 숯이 그 도시에 던져진 뒤 야웨의 영광이 문지방에서 떠나 그룹 보좌에 합류했으며(겔 10:18) 그 후에 성전을 떠났다. 에스겔은 이 존재가 자기가 바빌로니아 그발강 가에서 보았던 것과 같은 존재임을 알다(겔 10:20). 이것은 구약성경에 등장하는 가장 현저한 신인동형론이다. 불타는 듯한 인물이 그룹 보좌에 앉았으며 이스라엘의 하나님의 영광의 형상이라고 묘사되었다. 그는 보좌를 떠나 그 예언자의 환상 중의 여행에 동행했으며, 예루살렘에서 경배를 받았고 그 도시에 심판을 가져왔다.

후대의 전통은 사람의 형상에 관한 이 모든 것들을 기억했다. 「아브라함의 묵시」에서 한 천사가 아브라함이 하늘 보좌에 오르는 길에 동행하도록 보내졌다. 이 천사는 이아오엘이라고 불렸다. 이아오는 현재 이 묵시록이 보존된 구 슬라브어에서도 신적 이름의 그리스어 형태의 하나로서 인식된다. 이 묵시록에 원래는 "야웨-엘"로 불린 천사의 기억이 남아 있다. 그는 일곱째 하늘에 살았던 천사였으며(「아브라함의 묵시」 10.8) 특별히 아브라함과 그의 후계자들에게 배정되었다. "보라, 나는 너와 너로부터 예정된(태어날) 세대들과 함께 (있으라고) 배정되었다"(「아브라함의 묵시」 10.17). 그 천사는 대제사장처럼 옷을 입었으며 대제사장의 관을 썼다. 그는 황금 규를 지녔으며 그의 얼굴은 빛이 났다(「아브라함의 묵시」 11.2-4). 필론은 로고스를 천사장과 우주의 대제사장 및 "그의 형상을 따른 사람"이라고 불렀다(On the Confusion of Tongues, 146).

마지막으로—그리고 왜 살아남은 신인동형론적 표현이 별로 없는지를 설명하는, 후대의 신인동형론 혐오에 대한 가장 중요한 증거로서—보좌 마차를 묘사하는 에스겔서의 이 장은 읽는 것이 금지되었다. "그들은 마차에 관한 이 장을 예언서 읽기 자료로서 사용할 수 없다"(Mishnah, Megillah 4.10). "마차에 관한 장은 그가 자신의 지식으로 이해하는 현자가 아닌 한, 한 사람 앞에서 (설명될 수 없다)"(Mishnah, Hagigah 2.1). 보좌에 앉은 사람의 환상을 본 후 에스겔은 자신의 백성에게 심판의 메시지를 전하라고 위임되었다. 이후의 환상들에서 에스겔은 야웨의 영광이 신년에 성전에 돌아와 동쪽 문을 통해 들어가는 것을 보았다(겔 43:1-5).

구약성경에는 예언자들이 심판에 대한 이러한 기대를 넌지시 언급하는 곳들이 있다. 이사야는 그의 동시대인들에게 야웨가 그의 성전에 나타나셔서 자기의 원수들에게 복수하시리라고 경고했다(사 66:6). 말라기는 "주가 갑자기 그의 성전에 임하시리니 곧 너희가 사모하는…[사자가 임하실 것이라.]…내가 심판하러 너희에게 임할 것이라"라고 경고했다(말 3:1, 5). 사악한 자들의 손에 고통을 당한 어떤 사람은 "하나님의 성소에 들어가 그들의 종말을 깨달을 때까지" 지쳐 있었다(시 73:17). 이사야 때부터 요한계시록이 쓰일 때까지 인간의 모습을 한 신적 인물이 보좌에 앉아 심판을 가져온다는 보좌 환상의 전통이 계속되었다. 우리는 이제 그것들 가운데 일부를 간략하게 살펴볼 것이다.

묵시 문헌들에 등장하는 보좌 환상들

영원하시고, 보이지 않으시며, 지혜로우신 하나님.

가까이할 수 없는 빛에 거하시고 우리 눈으로부터 숨겨져 계시는 분.

W. 차머스 스미스(W. Chalmers Smith)

묵시 문헌들은 천상의 세계에 대한 계시들이다. 그 단어의 문자적인 뜻은 "휘장을 벗기다"인데, 묵시 문헌들은 바로 그 일을 했다. 묵시 문헌들은 성전의 휘장 너머를 드러냈는데, 그것들의 주요 주제는 우리가 예상하는 바와 같이 신적 보좌다. 관습적으로 예언서와 묵시 문헌 사이 및 예언서와 지혜 문헌 사이에 선을 긋지만, 이런 선들은 현대 학자들에 의해 편의상 그어진 경계선들일 뿐이다. 실제로는 현자들과 예언자들이 비슷한 일을 했으며, 묵시 문헌 저자들은 후대에 양쪽 모두의 역할을 한 사람들이었다. 이 점은 현대 학자들에게는 (구약성경에서 유일한) **묵시 문헌**으로 분류되지만 우리의 구약성경(그것의 순서는 다니엘서가 끝부분의 "성문서"에 놓이는 히브리 구약성경에서 유래한 것이 아니라 그리스어 구약성경에서 유래했다)에서는 예언서에 놓이며, 다니엘 자신은 꿈들을 해석할 수 있는 **지혜자**로 묘사되는 다니엘서에서 가장 잘 예시된다(단 1:4; 2:25).

가장 잘 알려진 보좌 환상은 다니엘 7장의 환상이다.

> 내가 보니 왕좌가 놓이고 옛적부터 항상 계신 이가 좌정하셨는데, 그의 옷은 희기가 눈 같고 그의 머리털은 깨끗한 양의 털 같고 그의 보좌는 불꽃이요 그의 바퀴는 타오르는 불이며 불이 강처럼 흘러 그의 앞에서 나오며, 그를 섬기는 자는 천천이요 그 앞에서 모셔 선 자는 만만이며 심판을 베푸는데 책들이 펴 놓였더라.…내가 또 밤 환상 중에 보니 인자 같은 이가 하늘 구름을 타고 와서 옛적부터 항상 계신 이에게 나아가 그 앞으로 인도되매, 그에게 권세와 영광과 나라를 주고 모든 백성과 나라들과 다른 언어를 말하는 모든 자들이 그를 섬기게 하였으니, 그의 권세는 소멸되지 아니하는 영원한 권세요 그의 나라는 멸망하지 아니할 것이니라(단 7:9-10, 13-14).

이 환상의 맥락은 안티오코스 에피파네스에 의한 유대인 핍박이었다. 성전이 더럽혀졌고 매일 드리는 번제가 중지되었다. 안티오코스는 감히 야웨와 그의 성을 대적한 타락한 천사적 인물들 가운데 하나로 여겨졌다. 이후의 환상에서 다니엘은 그를 "스스로 높아져서 군대의 주재를 대적하며 그에게 매일 드리는 제사를 없애 버렸고 그의 성소를 헌" 작은 뿔로 묘사했다(단 8:11). 두로의 군주에 대한 신탁에서처럼 성소의 군주가 쫓겨나면, 그의 백성이 패배했다. 다니엘 7장의 환상은 이 과정을 거꾸로 보여준다. 군주가 천상의 자기 자리에 회복되었으며, 따라서 그 환상의 해석이 보여주듯이, 그들의 군주의 회복은 그 백성의 회복을 의미했다. "나라와 권세와 온 천하 나라들의 위세가 지극히 높으신 이의 거룩한 백성에게 붙인 바"될 것이다 (단 7:27).

많은 학자가 이 환상을 설명하려고 시도했다. 그 환상은 시편 2편과 관련이 있으며, 확실히 그 시편과 똑같은 즉위 배경을 지니고 있다. 그 환상은 또한 바알 신이 가나안의 최고 신인 엘의 보좌 앞으로 올라가는 고대 우가리트의 기사를 닮았다. 바알과 엘에 대한 이 묘사는 다니엘 7장보다 1,000년 이상 오래되었는데, 그 기사가 결코 다니엘서에 등장하는 이미지의 직접적인 원천일 수는 없다. 하지만 이스라엘의 왕과 이스라엘의 하나님 사이의 관계를 최초로 묘사한 사람들이 그것을 바알과 엘의 관점에서 묘사했을 가능성이 있다. 초기 왕정 시대는 우가리트의 바알 기사로부터 불과 몇 세기만 떨어져 있었는데, 이는 왕에게서 현시된 이스라엘의 수호천사가 바알이 엘에게 올라간 것이나 두로의 군주가 에덴동산에 올라간 것과 같은 방식으로 지존하신 하나님의 현존 앞에 올라갔다고 믿어졌음을 의미할 것이다. 이스라엘의 문화가 주변 민족들의 영향으로부터 차단된 것은 아니었다. 이스라엘이 그들 자신의 아이디어를 비슷한 방식으로 표현했다고 해도 놀랄 일은 아닐 것이다. 그러나 그것은 가장 이른 시기의 이스라엘의 종교가 필론이 로고스로 묘사했고 그리스도인들이 구약성경에서 성육신 전의 예수를 발견할 정도로까지 예수와 동일시했던 버금 신적 인물에 대한 믿음을 지녔으리라는 것을 의미한다. 예를 들어 유스티누스는 다음과 같이 말했다.

모세와 아브라함 및 다른 족장들에게 나타나 그들과 대화하시고, 아버지의 뜻에 따라 그들에게 사역하신 존재는 예수이셨다(*Trypho*, 113).

따라서 아브라함이나 이삭이나 야곱이나 다른 어떤 사람도 결코 모든 것과 그리스도 자신의 형언할 수 없는 주님이신 아버지를 보지 못했다. 하지만 그들은 그의 뜻에 따라 그의 아들이시자 그의 뜻을 집행하시는 그의 천사적 형상이신 분을 보았다(*Trypho*, 127).

2세기 말에 저술한 히폴리투스는 다니엘에게 나타난 놋 천사(단 10:5-6)는 "야웨이셨고 단지 이름이 밝혀지지 않은 천사가 아니었음"을 알았다. "그는 야웨를 보지만, 그가 말하는 바와 같이 인간의 모양과 형태를 지닌 존재로서 본다"(*Commentary on Daniel*, IV.36). 이레나이우스는 그 인물이 에덴동산에서 거닐었던 하나님의 말씀이었음을 알았다. "동산은 매우 아름답고 멋있었으며, 하나님의 말씀이 끊임없이 그 안에서 거닐고 계셨다. 그는 그 사람과 거니시고 말씀하셨으며, 장차 일어날 일을 예시하셨다"(*Proof*, 12). 그는 아브라함을 만난 세 천사(창 18:1-2) 가운데 하나였다. "셋 중 둘은 천사였지만 하나는 하나님의 아들이었다.…그 아들은 아브라함과 말한 사람이었으며 '주'로서 '하늘의 주'로부터, 즉 모든 사람에 대한 주이신 아버지로부터 소돔 사람들을 처벌할 권한을 받으셨다"(*Proof*, 44). 이 버금 신적 인물이 유대교와 초기 기독교 모두에 널리 알려졌음을 보이기에는 이러한 몇 가지 예로 충분하다. 다니엘의 환상에는 이전의 그러한 양상의 모든 요소가 들어있었다. 짐승들과 하늘 보좌를 둘러싼 적대적인 바다가 있었으며, 인간의 형태를 취하고("인자 같은 이") 구름을 타고 이동했던 버금 신적 인물이 있었다. 버금 신적 인물은 심판의 대행자로 임명되었다.

「에녹1서」에 수록된 가장 초기의 자료는 다니엘서와 동시대의 작품이거나 아마도 그것보다 약간 오래되었을 것이다.

그리고 나는 구름을 보았는데 그들이 나를 부르고 있었다. 그리고 별들과 번개들의 경로가 내게 달려오고 있었고 나로 하여금 [나도 날 수 있기를] 원하게 만들었다. 그리고 그 환상에서 바람들이 나를 날아올라 하늘 높은 곳으로 돌진하게 했다. 그리고 나는 계속 (하늘 안으로) 들어가 흰 대리석으로 지어졌으며 불꽃으로 둘러싸인 벽에 다다랐다. 그것은 나를 놀라게 했다. 나는 불꽃 안으로 들어가 흰 대리석으로 지어진 큰 집에 가까이 다가 갔다. 그 집의 내부 벽(들)은 흰 대리석으로 된 모자이크 같았고, 바닥은 수정 같았으며, 천장은 별들과 번개들의 길 같았는데 그 사이에 불타는 듯한 그룹들이 서 있었으며 물의 하늘이 있었다. 타오르는 불이 벽(들)을 둘러쌌고 벽의 문들은 불타고 있었다. 나는 그 집 안으로 들어갔는데 그곳은 불처럼 뜨거웠으며 얼음처럼 차가웠고 안에 아무것도 없었다. (그래서) 두려움이 나를 엄습했고 나는 전율에 사로잡혔다. 나는 떨면서 얼굴을 땅에 대고 엎드려 한 환상을 보았다. 내 앞에 구멍 하나와 두 번째 집이 있었는데 그 집은 첫 번째 집보다 컸으며 모든 것이 불꽃으로 지어졌다. 그리고 그 집은 모든 면에서 (다른 집을) 능가했다.…영광과 큰 영예…면에서 내가 그것의 영광과 위대함에 대해 설명할 수 없을 정도였다. 그리고 바닥에 관해 말하자면 그것은 불로 만들어졌고 그 위에는 번개와 별들의 길이 있었다. 천장에 관해 말하자면 그것은 맹렬한 불이었다. 그리고 내가 살펴보니 그 안에 높은 보좌가 있었다.…그것의 모습은 수정 같았고 그것의 바퀴들은 빛나는 태양 같았다. (나는) 그룹들의 음성(을 들었다). 보좌 아래서 살아 있는 불길이 나오고 있었다. 그것을 바라보기가 어려웠다. 그리고 큰 영광(Great Glory)이 그 위에 앉아 계셨다.…태양보다 밝게 빛나는 그의 옷은 어떤 눈보다 희었다. 천사들 가운데 아무도 들어와 지존하시고 영광스러우신 분의 얼굴을 볼 수 없었으며, 어떤 육체도 그를 볼 수 없다. 맹렬한 불이 그의 주위에 있었고 큰불이 그의 앞에 서 있었다(「에녹1서」 14,8-22).

첫째, 이것은 하늘의 환상이었다. 에녹은 구름들과 바람들에 의해 위로 올려졌는데, 그것들은 아마도 이전의 텍스트들에 등장하는 그룹들과 영들이었을 것이다. 그는 마차 보좌를 보았는데, 이는 이 환상이 확실히 성전 환상이었음을 의미하며 그 묘사들은 지상 성전이 나타낸 것들에 대한 묘사였을 것이다. 그는 대리석과 불의 벽들을 통과하여 역시 대리석으로 지어진 바깥쪽 집에 왔다. 스가랴는 야웨를 자신의 성읍 주위의 불의 벽으로 묘사했는데 그것은 같은 믿음을 언급한 것이었을 수도 있지만, 이사야 33장은 누가 영원히 타는 불과 함께 거하겠느냐고 물었다(사 33:14). 불을 견딜 수 있었던 사람은 바로 성산 위의 야웨의 장막에 서도록 허용된 사람(시 15:1)과 같을 것이다. 이사야는 이 사람이 "높은 곳에 거하고" "아름다움을 입은 왕을 볼" 것이라고 말했다(사 33:16-17). 불은 일찍이 이사야 때에도 하늘 성전의 일부였음이 분명하다. 그 환상에서 지상 성전에서는 에덴을 나타냈던 바깥 집에는 수정 바닥이 있었다. 에스겔서에 등장하는 천상의 에덴은 두로의 군주가 "불타는 돌들 사이를" 걸었던 곳이었다(겔 28:14). 에녹은 그곳에서 **헤칼**의 벽들에 그려진 것처럼 불타는 듯한 그룹들을 보았으며, 그곳에서 역시 불로 지어진 두 번째 집을 보았다. 이것은 지성소였으며 그 안에 마차 보좌와 그룹들의 소리가 있었다. 그곳에 흰옷을 입었지만, 인간의 형태라고 묘사되지 않은 큰 영광이 있었다. 어떤 육체도 그를 바라볼 수 없었다. 우리는 이어서 이 환상에서 에녹이 제사장의 역할을 하고 있음을 본다. 그는 타락한 천사들에 의해 지극히 거룩하신 이에게 중재하라고 보내졌지만, 그들이 인간을 위해 중재해야지 죽을 운명인 인간이 그들을 위해 중재해서는 안 된다는 말을 들었다. 오히려 에녹은 그들에게 심판의 메시지를 전해야 했다. 그 후에 에녹은 하늘을 여행하면서 모든 자연 현상의 원천들과 타락한 천사들에 대한 최종 심판의 장소를 보았다. 이 환상에는 중요한 함의들이 있다. 에녹은 제사장 역할을 하며 이를 토대로 신적 현존 앞에 올라간다. 그는 돌아올 때 보좌에서 나온 메시지를 가져온다. 이는 대제사장의 역할이었음이 분명하며, 바로 필론이 대제사장이기도 한 버금 하나님, 즉 말씀의 역할을 묘사하는 내용이다. 그는 하나님께 중재했으며 신적 명령을 땅으로 가져왔다(*Who is the Heir?*, 205; 이 책의 3장을 보라).

에녹이 보좌에 올라간 것에 관한 두 번째 기사가 있는데, 이것은 훨씬 더 주목할 만하다. 그 기사는 에녹의 영이 하늘에 올라가 하나님의 아들들을 본 것을 묘사하기 때문이다. 천사장 미가엘이 그에게 하늘의 모든 비밀을 보여 주었으며, 미가엘은 그 후에 에녹을 가장 높은 하늘인 "하늘들의 하늘"에 데려갔다. 에녹은 거기서 수정으로 만들어진 집 및 스랍들과 그룹들과 **오판들**(*ophannim*, 역시 살아 있는, 마차의 "바퀴들")에 의해 호위되는 영광의 보좌를 보았다. 천사들이 그 집에 들락날락했으며 에녹 자신은 시간보다 먼저 계시는 이(Antecedent of Time) 앞에서 변화되는 것을 느꼈다(『에녹1서』71.11).

이 변화 환상은 사실상 병행하는 세 개의 보좌 환상 모음집인 에녹의 비유들(『에녹1서』37-71장, 역자주)의 결론이다. 이것들은 두 가지 이유로 주목할 만하다. 첫째, 에녹은 좀 더 오래된 텍스트에 접붙여지기라도 한 것처럼 환상들의 틀에만 등장한다. 둘째, 병행하는 세 기사는 그것들이 모두 좀 더 오래된 전통적인 기사의 이형들임을 암시한다. 예를 들어 핵심 인물의 이름이 다양하게 등장한다. 그는 인자로 불리기도 하고(예컨대 『에녹1서』48.2) 선택받은 자로 불리기도 한다(예컨대 『에녹1서』49.4). 그는 영들(무리들)의 주의 기름 부음을 받은 자이며(『에녹1서』48.10), **선택받은 자로서**(『에녹1서』51.3; 55.4; 61.8) 또는 **인자**로서 영광의 보좌에 앉는다. 이것들은 성전 이미지로 가득 찬, 오래된 제왕 전통의 잔존물이다.

첫 번째 비유에서 선택받은 자는 "영들의 주의 날개 아래"(『에녹1서』39.7), 즉 그룹들의 날개 아래에 있는 보좌 위에 있었다. 필론의 로고스는 그룹들 사이에서 말했으며, 출애굽기에서 야웨도 그러셨다. 보좌 주위에는 "잠을 자지 않고" 이사야서에 등장하는 스랍들의 노래를 부르는 이들이 있었다. "거룩하시도다, 거룩하시도다, 거룩하시도다. 영들의 주시여. 영들이 땅에 가득하도다"(『에녹1서』39.12). 이 대목에서는 이사야 6:3에서처럼 만군의 야웨가 그의 영광으로 땅을 가득 채우시지 않지만, 우리가 필론의 저작과 타르굼 모두에서 발견하는 영광에 대한 동일한 이해가 등장한다. 영들, 즉 하나님의 능력들이 그를 둘러쌌으며 세상에서 보이게 되었다. 네 존재, 즉 네 천사장이 보좌 주위에 서 있었다(「에녹1서」40.1-9).

두 번째 비유는 선택받은 자가 재판관으로서 영광의 보좌에 앉을 것이라고 약속한다. 그는 선택받은 자들 가운데 거할 것이고, 야웨가 그분의 때에 땅을 변화시키실 것이다. 이 대목에서는 독특하게 하늘과 땅이 함께 등장한다. 선택받은 자는 하늘 보좌 위에 앉지만, 땅을 변화시키기 위해 선택받은 사람들 가운데서 산다(「에녹1서」45.3-6). 동일인에 대한 자세한 묘사가 이어지는데, 그 인물이 이번에는 "인자"라고 불린다(「에녹1서」46.2). 그는 "시간 전의 시간이 그에게 속하고 그의 머리는 양털처럼 흰 이"와 함께 있었다. 두 번째 인물은 "그의 얼굴이 인간의 얼굴 같은 또 다른 인물이었다. 그의 용모는 거룩한 천사들 가운데 있는 자의 용모 같이 은혜로 가득했다"(「에녹1서」46.1). 그는 숨겨진 것들의 계시자였으며(「에녹1서」46.3), 재판관으로서의 그의 역할은 마리아 찬가의 용어와 매우 유사한 용어로 묘사된다. "네가 본 이 인자가… 강한 자들의 속박을 풀고, 죄인들의 이빨을 부러뜨리고, 왕들을 그들의 보좌들과 왕국들에서 폐위할 것이다. 그들이 자기의 왕권의 원천인 그를 높이거나 그에게 영광을 돌리지 않았으며 그에게 순종하지도 않았기 때문이다"(「에녹1서」46.4-5). 그 인자는 창조 전에 지명되었으며(「에녹1서」48.3), 영들의 주와 함께 숨겨졌다(「에녹1서」48.6). 그는 영들의 주의 기름부음을 받은 자였으며(「에녹1서」48.10), 이사야 11장에 등장하는 메시아적 인물처럼 지혜의 영을 받았다(「에녹1서」49.3). 그는 지혜와 의의 샘들이 있는 곳에서(「에녹1서」48.1; 49.1) 영들의 주의 보좌에 앉았다(「에녹1서」51.3). 세상의 강한 자들은 선택받은 자가 아사셀과 그의 모든 천사를 심판하고 심판의 천사들을 보내는 것을 지켜봐야 할 것이다(「에녹1서」 55.3).

세 번째 비유의 주제와 세부 사항도 비슷하다. 선택받은 자가 재판관으로서 보좌에 앉는다(「에녹1서」 61.8). 그는 지존자에 의해 숨겨졌으며 선택된 자들에게만 계시된다(「에녹1서」 62.7). 그는 "영광의 옷"을 입고 자기와 함께 살게 될 선택받은 사람들을 위해 한 곳을 마련할 것이다(「에녹1서」 62.14-16). 그의 이름은 창조된 질서를 제한한 큰 "맹세"의 접착제였다(「에녹1서」 69.25-26). 그 비유는 다음과 같이 마무리한다.

> [그때] 그들에게 큰 기쁨이 찾아왔다. 그리고 그들은 인자의 이름이 그들에게 드러난 것으로 인해 [야웨를] 축복하고 그에게 영광을 돌리고 그를 높였다. 그는 결코 지면에서 없어지거나 사라지지 않을 것이다. 그러나 세상을 그릇된 길로 이끈 자들은 사슬로 결박될 것이고 그들의 파괴적인 회중은 감옥에 갇힐 것이다. 그들의 모든 행위는 지면에서 사라질 것이다. 그러므로 부패하기 쉬운 것은 아무것도 발견되지 않을 것이다. 인자가 나타났고 영광의 보좌에 앉았으며 모든 악이 그의 면전에서 사라질 것이기 때문이다(「에녹1서」 69.26-29).

에녹의 비유들은 많은 문제를 제기하는데 그 비유들이 언제 누구에 의해 쓰였는지가 그 가운데 가장 큰 두 가지 문제다. 쿰란 텍스트들 가운데 「에녹1서」의 이 부분에 수록된 파편들은 존재하지 않는데, 이는 이것들이 기독교 이전 시기에 존재했다는 물리적 증거가 없음을 의미한다. 한편으로는 성전에서의 제왕 종교에서 유래한 많은 주제와 세부 사항이 존재하기 때문에 그것들이 에녹의 비유들이 쓰인 시기가 언제이든 원래의 작품이었다는 데 의문의 여지가 없다. 누가 그 비유들을 썼든 그 저자는 버금 신적 존재인 천사적인 재판관과 통치자에 대한 기대를 사용했다. 그 배경은 성전이었고 그룹 보좌와 보좌에서 흘러나오는 에덴의 물이 있었다. 그 비유들의 현재 형태가 기독교 이전에 쓰인 것이라면 그것들은 최초의 그리스도인들이 알았을 천상의 세계를 묘사했다. 그것들이 그리스도인의 작품이라면, 그것들은 그리스도인들이 좀더 오래된 전통과 얼마나 밀접하게 동일시되었는지를 보여준다. 그것들의 내용에는 명백히 기독교의 창작물인 것이 없다. 인자라는 인물은 옛 성전 종교의 핵심에서 비롯되었다.

예수 자신의 비유들 중 하나(에녹의 환상들 역시 비유들이라고 불리는 것을 주목하라)는 하늘 보좌를 묘사한다. 양과 염소의 비유(마 25:31-46)는 보좌 환상이다. 인자가 자기 앞에 모인 모든 민족 앞에서 재판관으로서 앉을 것이다. 그는 자기 **아버지**가 복 받은 자들을 위해 준비한 나라의 **왕**이다(마 25:34). 심판을 받은 자들은 마귀와 그의 천사들을 위해 준비된 불로 보내진다(마 25:41). 그 비유에는 비밀의 모티프도 있다. 정죄를 받은 자들은 자기들이 주를 알아보지 못했다고 탄원하며(마 25:44), 그들의 도움이 필요한 모든 사람에게서 주를 보아야 했다는 말을 듣는다. 이는 심판 주제에 대해 예수 자신이 덧붙이신 것으로서, 고대의 전통에 창세기 1장에서 시작된 대중화—모든 사람이 하나님의 형상대로 만들어졌으며, 단순히 에덴동산에 있었던 이전의 "아담"이었던 현시된 천사적 인물이 아니었다—를 들여온 것이다.

신구약 중간기와 초기 기독교 시기에 그런 보좌 환상들의 많은 예가 있다. 「레위의 유언」은 하나의 예인데, 그것은 아마도 기원전 2세기에 쓰였지만 몇몇 사람에 의해 재작업된 것으로 보이며, 현재 몇 군데 혼동되는 곳이 있다. 원래의 판본은 세 하늘을 묘사한 것처럼 보인다. 첫째는 큰 바다가 있는 장소였고(「레위의 유언」 2.7), 둘째는 심판의 날을 위해 준비된 하늘 군대들의 장소였으며 "가장 높은 곳에서는 모든 거룩함을 능가하는 큰 영광이 거주한다"(「레위의 유언」 3.4). 이것은 성전 뜰(바다), **헤칼**(그룹들의 정원)과 지성소라는 삼중의 양상이다. 레위의 기도들이 들렸으며 그는 **지존자의 아들**(즉 신적 인물, 시 82:6을 참조하라)이자 그의 현존의 하인이자 섬기는 자였다(「레위의 유언」 4.2). 그 후 그 천사가 레위를 위해 하늘의 문들을 열어주었고 그는 "거룩한 성전과 지존자의 영광의 보좌 위를 보았다"(「레위의 유언」 5.1). 레위는 야웨 자신이 오셔서 그의 백성들 가운데 거하실 때까지 제사장으로 임명되었다. 이는 그가 야웨 자신의 대표자, 대리인이었음을 암시한다. 그는 전사가 되어 세겜에 보복을 집행하라는 말을 들었다. 이는 친숙한 전사와 제사장의 결합으로서, 신명기 32:43에서 최초로 발견되며 그 구절에서 야웨가 친히 자기 종들을 위해 복수하시고 그 땅을 위해 속죄하신다. 두 번째 환상은 이 첫 번째 환상을 확대한 것으로 보인다. 레위는 대제사장으로서 "일곱 천사가 그에게 하얀 옷을 입힌다"(「레위의 유언」 8.2).

> 첫째가 나를 거룩한 기름으로 바르고 내게 심판의 지팡이를 주었다.
> 둘째가 나를 깨끗한 물로 씻기고 내게 (심지어) 가장 거룩한 것들인 빵과 포도주를 먹였으며, 거룩하고 영광스러운 옷을 입혔다.
> 셋째가 내게 에봇 같은 베옷을 입혔다.
> 넷째가 내게 자색 허리띠 같은 것을 둘렀다.

다섯째가 내게 풍성한 올리브나무 가지를 주었다.

여섯째가 내 머리에 관을 씌웠다.

일곱째가 내 머리에 제사장의 띠를 씌우고 내 손에 향을 채워 내가 야웨 하나님께 대한 제사장으로서 섬길 수 있게 했다(「레위의 유언」 8.5-10).

그 대제사장은 정확히 여호수아의 경우에서처럼 천사들에 의해 옷이 입혀졌다(슥 3:1-5). 그렇다면 레위의 환상은 대제사장직에 관한 전통적인 믿음의 일부였지 이 유언의 저자에게 독창적인 뭔가가 아니었다. 초기 기독교 세례 관행들과의 유사성으로 인해 혹자는 그 텍스트가 변경되었다고 주장했다. 특히 빵과 포도주는 기독교가 덧붙인 것이라고 생각되었지만, 반드시 그렇게 생각될 필요는 없다. 예루살렘에 있는 대제사장에 대한 최초의 언급은 창세기 14장에 등장하는데, 그곳에서 제사장-왕인 멜기세덱이 아브라함에게 빵과 포도주를 가져오며(창 14:18), 빵과 포도주는 성전에서 제물들과 함께 드려졌다. 어떤 텍스트가 변경되었다고 말하기에는 우리가 제사장 삼기에 관해 아는 내용이 너무 적다.

두 번째 예는 기원후 1세기에 쓰인 텍스트인 「모세의 승천」에서 나온다. 그 텍스트는 이스라엘의 천사의 현현을 묘사하는데 「모세의 승천」 전부가 신명기 마지막 장의 확장이기 때문에 이 구절은 신명기 32:43과 조화되며, 그 구절이 이 시기에 어떻게 이해되었는지를 보여준다.

그리고 그때 그의 나라가 그의 온 창조세계에 나타날 것이다.

그때 사탄은 더 이상 없을 것이고

슬픔은 그와 함께 사라질 것이다.

그때 수장으로 임명된

천사의 손들이 채워질 것이다.

그리고 그는 곧 그들의 원수들에게 보복할 것이다.

하늘의 존재가 그의 왕좌에서 일어날 것이고

그의 아들들로 인해 화냄과 분노를 품고

그의 거룩한 처소에서 나올 것이기 때문이다(「모세의 승천」 10.1-3).

이어서 무서운 사건들을 묘사하는 구절이 이어진다. 해와 달이 어두워지고, 별들이 무질서해지고 바다가 심연 속으로 빨려 들어간다. 마지막으로, 이스라엘이 높여지고 하늘로 올려져 게헨나에 있는 자기의 원수들을 내려다본다.

이 예는 보좌 환상의 다른 용법을 보여준다. 하늘의 존재는 수석 천사이자 자기 백성을 구원하기 위해 그의 보좌와 거룩한 처소를 떠나는 전사("그들의 원수들에게 보복할 것이다") 겸 제사장("천사의 손들이 채워질 것이다")이다. 대개 그 천사는 미가엘이라고 가정되지만, 그 구절이 야웨에 관해 신명기에 등장하는 이에 상응하기 때문에 이 환상은 지성소를 떠나시는 야웨의 환상일 가능성이 좀 더 크다. 구약성경에는 이것이 묘사되는 다른 구절 두 개가 있는데, 둘 다 기원전 8세기에 쓰였다. "여호와께서 그의 처소에서 나오시고…그 아래에서 산들이 녹고"(미 1:3-4). "보라, 여호와께서 그의 처소에서 나오사 땅의 거민의 죄악을 벌하실 것이라 "(사 26:21). 그렇다면 이 환상은 불과 놋의 천사가 그 성에 벌을 내리시기 위해 마차 보좌를 떠나시는 것으로 묘사된 야웨를 본 에스겔의 환상과 같은 유형의 환상이다.

세 번째 예는 「아브라함의 묵시」에 등장하는데, 그곳에서 그 족장은 위로 올라가 큰 불과 다음과 같은 광경을 본다.

불 아래 불의 보좌와 그 주위에 많은 눈이 달렸으며 노래를 부르는 이들이 있었다. 보좌 아래에는 불타는 것 같은 네 생물이 노래를 부르고 있었다 (「아브라함의 묵시」 18.3).

서서 보고 있던 나는 생물 뒤에서 불타는 바퀴들이 달린 마차를 보았다. 각각의 바퀴 주위에는 눈들이 가득했다. 그것 위에 내가 보았던 보좌가 있었다. 그 보좌는 불로 덮였으며 불이 보좌 주위를 빙 둘렀고, 형용할 수 없는 빛이 불타는 군중을 둘러쌌다(「아브라함의 묵시」 18.12-13).

이 텍스트의 일부는 전달 과정에서 오염된 것으로 보이지만, 아래의 내용은 명확하다. 보좌가 있는 곳에서 내려다보는 아브라함에게 이스라엘 역사의 전경이 펼쳐진다.

보좌는 「아담과 하와의 생애」 및 유사한 「모세의 묵시」에서도 묘사된다. 아담은 환상을 보았다. "우리가 기도하고 있을 때 하나님의 전령인 천사장 미가엘이 왔다. 나는 바람 같고 그것의 바퀴들은 불타는 마차를 보았으며, 의인들의 낙원으로 올려져 야웨가 앉아 계신 것을 보았는데 그의 얼굴은 견딜 수 없는 맹렬한 불 같았다. 그리고 수천의 천사가 그 마차 좌우를 둘러싸고 있었다"(「아담과 하와의 생애」 25.1-3). 낙원에 있는 마차 보좌는 바다에 의해 둘러싸여 있었다(「아담과 하와의 생애」
28.4). 이후에 천사장 미가엘이 아담의 심판을 보도록 모든 천사를 낙원
으로 불렀다. "그리고 하나님이 낙원에 나타나셔서 그의 그룹들의 마차
에 오르셨을 때 천사들은 그의 앞에서 행진하고 찬송의 노래를 불렀으
며, 낙원에 있는 너의 조상들의 몫과 내 몫의 모든 식물이 꽃을 피웠다.
그리고 하나님의 보좌는 생명나무가 있는 곳에 고정되었다"(「모세의 묵
시」22.3-4).

　　성경에서 가장 위대한 묵시 문헌은 요한계시록인데, 그것은 다른
보좌 환상들의 모든 특징을 지니고 있다. 전체 묵시의 배경은 천상의
성전이다. 요한은 일곱 등잔(계1:12)과 제단(계 6:9)과 흰옷을 입고 종려
나무 가지를 든 군중과 고대 왕들의 즉위의 때인 천상의 초막절(계 7:9-
12)과 보좌 앞에 있는 금 향단(계 8:3; 8:5; 9:13)과 언약궤(계 1:19)를 보았
다. 그는 큰 추수로서의 심판을 보았다(계 14:14-16). 그는 하늘의 음악
을 들었다(계 4:8, 11; 5:9; 11:17; 15:3-4; 19:6-7). 그는 짐승이 원시 바다
에서 올라오는 것을 보았다(계 13:1). 그는 보좌를 보았는데(계 4:1-4),
보좌 앞에 일곱 횃불과 하나님의 일곱 영과 스가랴서에 등장하는 "야웨
의 눈"(계 4:5)이 있었다. 보좌 주위에는 그룹들이 있었으며(계 4:5-8) 보
좌 앞에 바다가 있었다(계 4:6; 15:2). 보좌 위에 벽옥과 홍보석 같은 이
가 있었는데(계 4:3), 그에게 손이 있었고(계 5:7)—우리는 아마도 인간
의 형태를 가정하겠지만 그는 인간으로 묘사되지 않았다—천상의 재
판관이 드러났다(계 5:6-7). 그는 야웨의 일곱 영 가운데 하나, 즉 고대
의 **메노라**에 의해 상징된 존재였다. 그는 또한 희생된 어린양이었다. 기
름 부음을 받은 자가 드러났으며 그의 나라가 선포되었다(계 11:15). 심

판이 시작되었고, 천상의 대리인들인 말 탄 자 넷이 거룩한 곳에서 나와 땅으로 내려갔다(계 6:1-8). 에스겔의 환상에서와 마찬가지로 선택된 자들은 야웨의 이름으로 표시되었는데(계 14:1), (에스겔서를 필사한 서기관은 그들을 문자 "타우"로 표시했는데 그것은 신성한 이름의 표지였다[겔 9:4]. 그 표시는 고대 히브리어 필사본에서 십자가 모양이었다. 의심할 나위 없이 이것이 십자가로 서명하는 기독교의 관행의 기원이다. 그것이 훗날 십자가 처형의 십자가와 관련이 있게 되었지만 말이다.) 에스겔의 환상(겔 10:2)에서처럼 향단에서 취해진 불이 땅 위에 던져졌다(계 8:5). 신적 전사가 하늘에서 말을 타고 땅에 내려와 싸웠다(계 19:11-16). 그의 눈들은 불같았으며 그에게 비밀스러운 이름이 있었는데, 그것은 분명히 신성한 이름을 의미했을 것이다. 그는 하나님의 말씀이라고 불렸는데, 그 이름은 요한계시록과 거의 동시대의 문헌인 솔로몬의 지혜[지혜서]에 등장하는 신적 전사에게 주어진 이름이다. 이스라엘 백성이 이집트를 떠나던 날 밤에 죽음의 천사가 이집트 전역을 지나갔는데, 원래의 출애굽 기사는 이 천사가 야웨 자신이었다고 말한다(출 12:12, 29). 그러나 솔로몬의 지혜의 저자는 장자의 죽음을 다음과 같이 묘사했다. "하늘의 **옥좌**로부터 주님의 전능하신 **말씀**이 마치 사정없는 전사처럼 멸망한 땅 한가운데로 뛰어들었다. 그는 날카로운 칼과 같은 주님의 확고부동한 명령을 가지고 와 우뚝 서서 온 세상을 시체로 가득 채웠다. 그는 아래로는 땅을 딛고 위로는 하늘까지 닿았다"(지혜서 18:15-16). 요한계시록의 전사도 왕의 왕과 주의 주로 불렸다. 그는 심판의 검과 (사 11장에 등장하는 메시아적 인물처럼) 막대기를 지녔으며 전능하신 하나님의 진노의 포도즙 틀을 밟을 터였다. 그런데 이사야 63장에서 포도즙 틀을 밟은 이는 야웨 자신이셨다. 다른 보좌 환상들에서처럼 환상을 본 사람은 예언하도록 위임되었으며(계 10:11), 다른 환상들에서처럼 그는 천사의 명령에 따라 자기의 말들을 기록했다. 요한의 경우에 그 천사는 예수의 천사였다(계 22:16).

신비주의자들의 보좌 환상들

천사들의 음성이 항상 노래하네,
주의 빛의 보좌 주위에서.

F. 포트(F. Port)

가장 주목할 만한 하늘 보좌 묘사들 가운데 하나가 쿰란과 마사다의 파편들에서 발견된 「안식일 제사의 노래들」에 등장한다. 그것은 남아 있는 부분이 너무 적어서 방대하지도 않고 확실하게 번역할 수도 없지만, 읽을 수 있는 곳이 상당히 많이 있는 부분에서는 그것을 통해 등장하는 그림이 우리가 요한계시록이나 히브리서의 배경이라고 이해하는 것을 영원히 바꿀 것이다. 이것은 **분명히** 1세기 팔레스타인 사람들이 그들의 성전 종교로 여겼던 방식이었을 것이다. 천상의 **데비르**는 **엘로힘**(즉 신들이나 천사적인 존재들), 즉 다채롭고 보좌를 둘러쌌던 진리와 지식의 영들이 있는 곳으로 여겨졌다.

그룹들은 궁창 위 마차 보좌의 형상을 축복하며, 그의 영광의 좌석 아래의 빛나는 궁창의 장엄함을 찬양한다. 바퀴들이 앞으로 나아갈 때 거룩한 천사들이 왕래한다. 그것들 주위에 불의 시내 모양이 있는데 그것은 어렴풋이 빛나는 놋 모양이고 [~의] 작품이며…다채로운 영광이 발산하고 멋진 염료들이 명확하게 섞였다(4Q 405.20.ii 21-22).

그들의 놀라운 장소에 영들, 즉 직공의 작품처럼 다채롭게 새겨진 화려한 인물들이 있다. 가장 거룩한 영적 빛의 색상인 홍색의 영광스러운 외양을 띤 그들은 왕 앞에서 자기의 자리를 지켰다. 그 영들은 흰색의 외양을 띠고 순수한 색상의 옷을 입었다. 영광스러운 영들의 모습은 직공의 작품 같다. 이들은 섬기기 위해 놀라운 옷을 입은 군주들, 곧 그의 영광스러운 왕국의 성소들의 모든 높은 곳에 있는 거룩한 왕의 거룩한 자들의 왕국의 군주들이다(4Q 405.23.ii).

남아 있는 텍스트 중에 누가 이 하늘의 장소들을 보았는지를 말하는 것은 전혀 없다. 그러나 신비하게 올라가 마차 보좌를 보는 것을 묘사하는 다른 텍스트들이 있다. 실로 신적인 보좌 마차는 메르카바 신비주의(마차를 의미하는 히브리어 **메르카바**에서 나왔다)로 알려진 초기와 중기 유대교 신비주의의 핵심 주제가 되었다. 그런 승천은 위험하며 안내하는 천사의 특별한 보호가 필요하다고 생각되었다. 그것들은 또한 큰 논란의 중심이 되었다. 신적 보좌 위에 있는 또는 그 보좌에서 내린, 인간의 형태로 나타난 인물은 유일신론에 위협을 제기하는 것으로 여겨졌으며 이들이 하늘에 있는 두 권능인지 아닌지를 두고 격렬한 논쟁이 벌어졌다. 이 신비주의 텍스트들이나 그것들에 대한 언급이 쓰인 연대를 추정하기는 쉽지 않다. 쿰란에 「에녹1서」와 「안식일 제사의 노래들」이 존재했다는 사실은 그것들의 뿌리가 적어도 기원전 1세기 팔레스타인으로 거슬러간다는 것과 그 논쟁들과 관련된 랍비들이 모두 팔레스타인 땅의 사람들이었다는 것을 보여준다. (이에 관한 충분한 설명은 A. F. Segal, *Two Powers in Heaven*에서 찾아볼 수 있다.)

히브리어 에녹서(「에녹3서」)는 원래는 **세페르 헤칼로트**(*Sepher Hekalot*), 즉 왕궁들의 책이라고 불렸다. 그것은 단일 저자의 작품이 아니라 어느 신비주의 학파의 축적된 전통이었다. 우리가 현재 가지고 있는 형태는 기원후 5/6세기에 등장했다고 믿을 요소가 많이 있기는 하지만, 그것의 연대에 관해 합의가 이루어지지 않고 있다. 그 전통은 기원후 132년에 사망한 팔레스타인의 학자 랍비 이스마엘에게 거슬러 올라간다고 주장된다. 그는 신비주의적인 황홀경 가운데 승천하여 여섯 하늘을 통과했다. 이스마엘은 일곱째 하늘의 문에서 자기를 아래로 던질지도 모르는 천사들로부터 보호해 달라고 기도했으며, 거룩한 이가 그에게 메타트론을 보내 그의 보호자가 되게 했다. 그는 안으로 들어가 보좌를 보았다. 이후에 그는 메타트론에게 그가 누구냐고 물었고, 그가 높아져서 일흔 개의 이름을 지닌 위대한 천사로 변화된 에녹이라는 것을 알게 되었다. 메타트론은 그가 선택된 자로서 어떻게 땅에서 들어 올려져 불타는 마차로 옮겨졌는지를 설명했다. 그 후 그는 임재의 군주로 임명되었다.

이 모든 일 후에 거룩하신 이―그에게 복이 있을지어다―가 내게 영광의 보좌 같은 보좌를 만들어 주셨으며 그 위에 영광의 보좌 위의 덮개처럼 장엄하고 빛이 나고 아름답고 사랑스러우며 은혜로운 덮개를 펼치셨다. 그

덮개에는 세상의 발광체들의 다양한 화려함이 새겨져 있었다. 그는 그 보좌를 일곱째 궁궐의 문에 두시고 나를 그 위에 앉히셨다. 그리고 전령이 하늘 곳곳에 다니며 나에 관해 발표했다. "내가 메타트론을 높은 곳의 주민들의 군주이자 통치자로서의 내 하인으로 임명했다"(「에녹3서」 10장).

그 후에 메타트론에게 영예의 옷과 영광의 의복이 주어졌다. 그에게 화려한 왕관이 씌워졌으며 작은 야웨라는 이름이 주어졌다. 마지막으로, 거룩하신 이는 그의 왕관 위에 그것을 통해 세상이 창조된 신성한 문자들을 적으셨다. 천상의 모든 군주는 그 광경에 몸을 떨었다(「에녹3서」 12-14장).

이 텍스트가 언제 쓰였든, 그것의 뿌리가 어디에 놓여 있는지를 알기란 어렵지 않다. 메타트론은 하늘에서 최고의 지위로 높여진 인간이었다. 이 점에서 「에녹3서」는 에녹의 비유들의 끝―그곳에서 에녹에게 인자라는 이름이 주어졌다―에 기록된 전통의 다음 단계를 보여준다. 메타트론은 영광스러운 휘장 뒤 하늘의 문에서 보좌에 앉혔으며 위대한 재판관으로 임명되었다. 그에게 야웨의 이름이 주어졌고 그 신성한 이름이 그의 왕위에 새겨졌다. 「에녹3서」는 그 제왕 신화가 그렇게 늦은 시기까지 기억되었음을 보여준다. 한 인간이 하늘로 올려져 신적 재판관으로서 즉위했다. 그에게 성전의 대제사장에게 행해졌던 것처럼 야웨의 이름이 주어졌으며 그의 왕관에 신성한 이름이 새겨졌다. 그는 필론의 말씀이 에덴동산의 문에 있는 그룹들 사이에 좌정했으며 야웨가 성전 휘장 뒤에 있는 그룹들 사이에 좌정하셨던 것 같이 하늘 문에 있는 휘장 뒤 보좌에 앉았다. 인간으로서 하늘의 2인자인 메타트론은 두 권능 논쟁의 핵심에 있었다.

엘리샤 벤 아부야(Elisha b. Abuyah)는 유명한 이단자였던 사람의 이름을 부르는 것을 피하기 위해 아헤르(Aḥerr, "다른 사람")로도 알려졌다. 그는 2세기 초의 인물이며 신비주의자였다. 그는 자신의 환상들 가운데 하나에서 메타트론이 하늘에서 (에녹이 그랬던 것처럼 말이다. 「희년서」 4.23) 하늘의 서기관으로 앉아 있는 것을 보았다. 아헤르는 이 앉아 있는 위치로부터 메타트론이 보좌에 앉았다고 가정했었다. 바빌로니아 탈무드에 기록된 그 이야기는 이 아이디어에 대한 아헤르의 전율을 묘사한다. "그는 메타트론이 앉아서 이스라엘의 공적을 적을 수 있도록 허용되는 것을 보았다.…아마도—그러지 않기를!—두 권능이 있을 것이다. 그 후에 그들은 메타트론을 끌어내 60대의 세찬 매질을 가하고 그에게 말했다. '너는 왜 그를 보았을 때 그의 앞에서 일어나지 않았느냐?'"(b. Hagigah 15a) 그 이야기는 「에녹3서」 16장에도 등장한다. "그러나 아헤르가 와서 마차의 환상을 보았을 때 나를 바라보았으며 두려워했고 내 앞에서 떨었다.…그리고 그는 입을 벌려 말했다. '하늘에 참으로 두 권능이 있구나!'" 그러자 군주인 아니엘이 와서 그에게 매질하고 그를 일어서게 했다. 이는 아니엘이 아헤르에게 그런 악한 생각을 준 데 책임이 있었기 때문이었다.

바빌로니아 탈무드에 등장하는 아헤르의 이단 기사에 앞서 네 명의 랍비 벤 아자이, 벤 조마, 아헤르, 랍비 아키바의 이야기가 잘 알려져 있었다. 그들은 한 "동산"에 들어갔는데 벤 아자이는 보고 죽었고 벤 조마는 매를 맞았으며 아헤르는 "식물들을 잘랐고", 랍비 아키바는 "평안히 올라갔다가 평안히 내려왔다." 이 신비로운 기사는 승천이 위험한 일로 인식되었다는 것과 그들이 무엇을 보았는지를 말하지는 않지만, 그들은 그 동산에서 그것을 보았고 그 광경이 그들 중 두 명에게 치명적이었음을 입증한다. 그들이 본 것은 틀림없이 에덴동산 안에 있는 마차 보좌였을 것이다.

성경의 특정한 구절들과 그것들이 어떻게 이해되어야 하는지에 관해 두 권능 논쟁이 벌어졌다. 그런 구절들 가운데 하나는 출애굽기 24:1이었다. "모세에게 이르시되 '…여호와께 올라오라.'" 어떤 이단자는 왜 하나님이 "내게 오라"라고 말씀하시지 않았는지 물었다. 야웨와 하나님은 하늘에 계신 별도의 두 권능이셨는가? 3세기 초의 랍비 이디가 말한 것으로 전해지는, 이 질문에 대한 공식적인 답변은 이곳에서의 **야웨**는 "내 이름이 그에게 있음이니라"라고 언급된 천사(출 23:21)인 **메타트론**을 의미했다는 것이다. 이 논쟁이 있었다는 사실은 당시에 구약성경에 두 신적 권능이 있다고 본 사람이 있었음을 보여준다. 랍비들은 그것은 그곳에 현시된 천사였다고 말했지만, 이단자들은 그 천사는 야웨 자신이었음이 분명하다고 말했다(b. *Sanhedrin* 38b).

다니엘 7:9은 매우 중요한 텍스트다. 그 구절은 하늘에 보좌들(복수)이 놓였는데 하나는 옛적부터 항상 계신 이를 위한 것이었고 다른 하나는 아마도 그에게 "권세와 영광과 나라가" 주어진(단 7:14) 인자 같은 이를 위한 것이었다고 말한다. 바빌로니아 탈무드는 그 구절의 해석을 두고 기원후 2세기 전반부에 두 랍비 사이에 벌어진 논쟁을 기록한다.

"한 구절은 '그의 보좌는 불꽃 같다'라고 말하고 다른 구절은 '왕좌들이 놓이고 옛적부터 항상 계신 이가 좌정하셨는데'라고 말한다(개역개정에서는 단수인 '왕좌'로 번역되었다, 단 7:9). 그 구절에 모순은 없다. 하나는 그분을 위한 것이고 다른 하나는 다윗을 위한 것이다." 이것이 랍비 아키바의 견해다. 갈릴리 사람인 랍비 요시가 그에게 말했다. "아키바, 당신은 언제까지 신적 현존을 모독하려고 하는가! 그 보좌들은 하나는 정의를 위한 것이고 다른 하나는 은혜를 위한 것이오." 아키바가 그에게서 나온 이 설명을 받아들였는가, 받아들이지 않았는가? "와서 들으라. 하나는 정의를 위한 것이고 다른 하나는 은혜를 위한 것이다." 이것이 랍비 아키바의 견해다(b. *Hagigah* 14a).

랍비 아키바는 한때는 분명히 두 번째 보좌가 다윗 계열의 메시아를 위한 것이라고 말했지만, 그 논쟁의 결과로 두 보좌가 하나님의 두 측면인 그의 자비와 그의 공의의 측면을 위한 것이라는 데 동의했다. 하나님의 이 두 측면은 궁극적으로 "두 권능" 문제에 대한 해답으로 제시되었다. 그들은 구약성경에 등장하는 **하나님**이라는 이름은 정의의 측면을 나타냈고 **야웨**라는 이름은 자비의 측면을 나타냈다고 말했다.

다니엘서에 등장하는 두 보좌 문제는 하나님을 다른 측면에서 보여주는 것처럼 보이는 다른 텍스트들에 의해 좀 더 심각해졌다. 특히 두 텍스트가 그 논쟁에 사용되었다. 출애굽기 15:3은 "여호와는 용사시니"라고 말하며, 출애굽기 24:10에서는 보좌에 앉으신 분이 다니엘 7장에서처럼 옛적부터 항상 계신 존재라고 가정되었다. 후대의 랍비들은 이는 이런 텍스트들이 암시하는 두 권능이 있는 것이 아니라, 노인 같은 하나님과 전사 같은 하나님이라는 하나님의 두 측면을 보여준다고 주장했다. 문제는 이런 텍스트들이 후대의 랍비들이 귀속시키는 두

속성과 정반대의 귀속을 필요로 한다는 것이다. 전사로서의 야웨는 정의를 보이실 것이고 시내산에 나타나신 이스라엘의 하나님은 자비를 보이실 것이다. 사실 이것들은 필론이 랍비 아키바와 랍비 요시 사이의 논쟁이 있기 한 세기 전에 할당한 하나님의 속성들이었다. 필론은 야웨(주)는 정의를 나타내며 엘로힘(하나님)은 자비를 나타낸다고 말했다 (Philo, *Who is the Heir?*, 166). 더욱이 필론의 저작에서 이것들은 모두 지존하신 하나님의 속성들이 아니라 현시된 하나님인 로고스의 속성들이었다.

이 상당한 혼란으로부터 기원후 2세기에 구약성경에서 하나님이 묘사된 방식들, 특히 인간의 형태로의 현현을 두고 논쟁이 벌어지게 되었다. 해석들이 다시 이루어지고 입장들이 재정리되었다. 이 시기는 유스티누스가 『트리포와의 대화』(*Dialogue with Trypho*)에서 유대인 트리포에게 구약성경에서 야웨를 인간의 형태를 띤 천사로 묘사한 곳에서 말씀이 현현했다고 주장한 시기였다. 이것은 신적 이름을 지녔으며(출 23:21 이하에 등장하는 천사도 마찬가지였다) 하늘 보좌에 앉은 인간이기도 한 메타트론이라는 위대한 천사와 결합하여 보좌 환상들이 유대교를 기독교와 구분한 그런 논쟁들의 핵심에 있었음을 보여준다. 다음과 같은 초기 기독교의 주장들을 보면 우리는 "두 권능 이단들"이 누구였는지를 깨달을 수 있다. "이러므로 하나님이 그를 지극히 높여 모든 이름 위에 뛰어난 이름을 주사 하늘에 있는 자들과 땅에 있는 자들과 땅 아래에 있는 자들로 모든 무릎을 예수의 이름에 꿇게 하시고"(빌 2:9-10), 또는 "[지금 우리가 하는 말의 요점은] 이러한 대제사장이 우리에게 있다는 것이라. 그는 하늘에서 지극히 크신 이의 보좌 우편에 앉으셨으니 성소와 참 장막에서 섬기는 이시라. 이 장막은 주께서 세우신 것이요 사람이 세운 것이 아니니라"(히 8:1-2).

불타는 듯한 천사들

나의 하나님, 주는 얼마나 멋지신지요.

주의 위엄이 얼마나 밝은지요.

불타는 빛의 깊은 곳에 있는

주의 속죄소가 얼마나 아름다운지요.

F. W. 파버(F. W. Faber)

보좌는 불이 있는 곳이었다. 에스겔서에 등장하는 장면은 그 거대한 불에 대한 가장 이른 시기의 묘사였다. "생물들의 모양은 타는 숯불과 횃불 모양 같은데 그 불이 그 생물 사이에서 오르락내리락하며 그 불은 광채가 있고 그 가운데에서는 번개가 나며 그 생물들은 번개 모양 같이 왕래하더라"(겔 1:13-14). **그 불은 합성물이었고 생물들은 그 불의 일부였다.** 그 위에 역시 불붙는 듯한 인간의 형체가 있었다. 그 윗부분은 녹은 놋 같았지만, 아랫부분은 불로부터 분리되지 않았다(겔 1:26-7). 그 인물이 보좌에서 내렸을 때도 그는 여전히 불의 사람이었다(겔 8:2). 시편 저자도 비슷한 것을 암시했다. "바람을 자기 사신[즉 천사들]으로 삼으시고 불꽃으로 자기 사역자를 삼으시며"(시 104:4). 「안식일 제사의 노래들」은 천사들을 불붙는 듯한 생물들로 묘사했다.

그의 영광스러운 바퀴들 사이에 말하자면 가장 거룩한 영들의 불붙는 듯한 모습이 있다. 그것들 주위에 불의 시내 모양이 있는데 그것은 어렴풋이 빛나는 놋 모양이고⋯작품이며 다채로운 영광이 발산하고 멋진 염료들이 명확하게 섞였다(4Q 405,20,ii 21-22).

가장 거룩한 영적 빛의 색상인 홍색의 영광스러운 외양을 띤 그들은 왕 앞에서 자기의 자리를 지켰다. 그 영들은 흰색의 외양을 띠고 순수한 색상의 옷을 입었다. 영광스러운 영들의 모습은 번쩍이는 순금으로 된 예술 작품 같다. 그것들의 모든 패턴은 직공의 [예술] 작품처럼 명확하게 섞였다(4Q 405,23,ii).

그들도 영광의 일부로서 거대한 불 안으로 혼합되었다. 에녹은 그의 하늘 여행에서 "불타는 듯한 사람들이 있고 그들이 원할 때는 인간처럼 보이는" 곳으로 안내되었다(「에녹1서」 17.1). 그가 보좌를 바라보았을 때 "하나님의 거룩한 아들들이 있었다. 그들은 불꽃을 밟고 있었다. 그들의 옷은 흰색이었고, 그들의 얼굴은 눈처럼 빛이 났다"(「에녹1서」 71.1). 야웨의 측면들인, 보좌 주의의 불의 천사들은 나그함마디에서 발견된 영지주의 텍스트인 "요한의 외경"(Apocryphon of John)에서도 발견된다. 이 작품의 가르침들이 이레나이우스에게 알려진 점으로 미루어 볼 때, 그것은 분명히 기원후 2세기 말에 사용되고 있었을 것이다. 그것은 지혜의 아들 얄테바오트(Yaltebaoth)의 기원을 묘사했는데, 우리는 그에게서 구약성경의 하나님을 알아본다. 비록 그는 영지주의 텍스트들의 특징답게 적대적으로 묘사되지만 말이다. 지혜는 자기의 자식을 보았을 때 그를 거부하고 그를 가장 높은 하늘에서 쫓아냈다.

> 그리고 그녀는 그것[자기 자식]을 빛나는 구름으로 둘러쌌으며, 그 구름의
> 한가운데 보좌를 두어서 모든 산 것의 어머니인 거룩한 영 외에는 아무도
> 그것을 볼 수 없게 했다. 그리고 그녀는 그의 이름을 얄테바오트라고 불렀
> 다(CG. II.l 10).

> 그러나 얄테바오트에게는 많은 얼굴이 있었다.…그래서 그는 스랍들 한가
> 운데 있으면서 그들 모두의 앞에 자기가 원하는 대로 한 얼굴을 제시할 수
> 있었다. 그는 자신의 불을 그들과 공유했다. 따라서 그는 그들의 주가 되었
> 다(CG.II.l 12).

이 영지주의 텍스트의 이상한 변형들은 야웨의 가시적인 형태가 된, 분
리되어 생물이 된 불이라는 친숙한 그림의 변형들이다. 이 불의 천사들
은 어떻게 신비주의자 자신들이 천사의 지위로 변화되었는지에 관한
주목할 만한 묘사들도 설명한다. 에녹이 그 보좌와 그것의 불들을 보았
을 때 "내 온몸이 부드러워졌고 내 영이 변화되었다"(「에녹1서」 71.11).
이사야가 승천했을 때 "내가 하늘에서 하늘로 갈 때 내 얼굴의 영광이
변화되고 있었다"(「이사야의 승천」 7.25). 에녹은 비슷한 방식으로 메타트
론으로 변화되었다.

> 거룩하신 이―그에게 복이 있을지어다―가 내게 영광의 보좌와 마차의 바
> 퀴들과 셰키나의 모든 필요를 섬기게 하셨을 때, 곧바로 내 육신이 불로 변

했고 내 뼈들은 노간주나무 숯들로 변했으며 내 눈썹들은 번개의 번쩍임들이 되었고 내 눈동자들은 불타는 횃불들이 되었다. 내 머리털들은 뜨거운 화염이 되었고 내 사지는 타오르는 불의 날개가 되었으며 내 몸통은 맹렬한 불이 되었다(「에녹3서」 15.1).

『대헤칼로트』(Greater Hekalot)로 알려진 텍스트인 후대의 찬송들 가운데 하나에 하나님의 의복을 응시하는 이 경험에 대한 묘사가 등장한다.

> 그의 의복은 안팎으로 수가 놓여 있으며 YHWH YHWH로 전부 덮여 있다. 육과 혈의 눈이든 그의 종들의 눈이든 어떤 눈도 그것을 볼 수 없다. 그것을 보는 자는 누구나, 그것을 얼핏 보는 자는 누구나 그의 눈동자들이 불덩이들에 붙들리고 그의 눈동자들에서 맹렬한 횃불이 나와 그를 태우고 그를 소멸할 것이다. 그 의복을 보는 사람에게서 나온 불이 그를 태우고 그를 소멸할 것이기 때문이다(*The Penguin Book of Hebrew Verse*, p. 199에 수록된 번역).

하나님의 보좌 앞에서 변화하는 것에 대한 가장 이른 언급이 출애굽기 34:29-35에 등장할지도 모른다. 그 구절은 모세가 야웨를 만난 뒤 그의 얼굴에서 빛이 나서 수건으로 자기 얼굴을 가려야 했다고 말하는데, 이는 불타는 듯한 모습으로의 변모가 아주 오래된 믿음임을 암시한다.

보좌 주위의 불의 천사들은 또한 기독교의 삼위일체가 된 아이디어들에 대한 가장 이른 표현들이었다. 초기 환상들에서는 큰 보좌의 양쪽에 두 천사가 있었다. 아마도 이들은 필론이 하나님의 두 측면이라고 알았던 그룹들이었을 것이다. 기원후 1세기에 쓰인, 대체로 동시대의 세 텍스트인 「이사야의 승천」과 「에녹2서」와 「헤르마스의 목자」를 비교함으로써 알 수 있듯이 이 두 천사는 다양하게 묘사되었다. 헤르마스는 영광스러운 어떤 사람을 묘사했는데 그의 옆에 다른 여섯 명이 있었다. "영광스러운 사람은 하나님의 아들이고 여섯 명은 좌우에서 그들 뒷받침하는 천사들이다"(Parables, 9.xii.8). 이 대목에서 야웨의 천사들/영들에 대해 **메노라**에 대한 7중의 패턴이 사용되었다. 언제나 그랬듯이 말이다. 다른 곳에서는 그 영광스러운 사람이 야웨의 천사(Parables, 8.ii.1), 미가엘(Parables, 8.iii.3), 모든 탑의 주(Parables, 9.vii.1)라고 불렸다. 요한은 미가엘과 말씀 모두를 하늘의 전사라고 불렀다(계 12:7-9; 19:11-16). 「에녹2서」에서 미가엘은 에녹을 하나님의 현존 안으로 안내한 천사였다. 「아브라함의 묵시」에서 안내 천사는 그의 이름에 야웨가 들어 있는 천사인 이아오엘(즉 야웨-엘)이었다.

비슷한 비교들은 가브리엘도 거룩한 영이었음을 보여준다. 「에녹2서」는 보좌 왼쪽의 천사를 묘사했다. "야웨가 나를 부르셨다. 그리고 내게 말씀하셨다. '에녹아, 가브리엘과 함께 내 왼쪽에 앉거라'"(「에녹2서」 24.1). 이사야는 이 천사가 성령의 천사라고 말했다. "그리고 나는 주와 버금 천사를 보았는데 그들은 서 있었고 내가 본 이인자는 내 주의 왼쪽에 있었다. 나는 나를 인도한 천사에게 '이분이 누구신가요?'라고 물었다. 그는 내게 '그에게 예배하라. 이는 네 안에서와 다른 의인들 안에서 말씀하신 성령의 천사이기 때문이다'라고 말했다"(「이사야의 승천」 9.36). 주와 거룩한 천사 모두 큰 영광이라고 불리는 주를 예배했다. 이 이상한 환상은 보좌 양쪽에 있는 천사들로서 삼위일체에 대한 가장 이른 시기의 묘사들 가운데 하나다.

이 두 천사는 또한 보좌 양쪽에 있는 두 생물과 동일시되었다. 구약성경의 두 구절, 곧 이사야 6:2-3과 하박국 3:2이 사용되었는데, 그리스어 하박국 3:2에는 **"주께서 두 생물 가운데 계시는 것으로 알려지리이다"**라는 추가적인 행이 있다. 3세기 전반에 저술한 오리게네스는 이 두 텍스트 모두 아들과 성령을 가리키는데 자기가 이것을 유대인 교사에게 배웠다고 말했다. "그 히브리인 교사는 이사야가 하박국의 시에서 묘사하는 두 스랍이…하나님의 외아들과 성령으로 이해되어야 한다고 말하곤 했다. 우리로서는 '주께서 두 생물 가운데 계시는 것으로 알려지리이다'라고 한 말 역시 그리스도와 성령을 가리키는 것으로 여겨져야 한다고 생각한다"(Origen, *De principiis*, 1.3.4). 그는 자신의 로마서 주석에서 언약궤 위의 두 그룹을 속죄소이신 그리스도(롬 3:25) 안에 거하셨던 말씀 및 성령과 동일시했다.

이 모든 천사는 보좌 주위에 있는 불타는 듯한 존재들로서 하나님의 현존과 능력의 가시적인 측면들이었다. 이 점은 삼위일체를 설명하기 위해 사용된 가장 이른 시기의 이미지들 가운데 하나를 설명한다. 유스티누스는 기원후 100년경에 세겜 근처에서 태어난 팔레스타인의 원주민이었다. 그는 『트리포와의 대화』에서 아버지와 아들 사이의 관계를 설명했다.

하나님은 그의 모든 창조물 전에 시작으로서 자신으로부터 일종의 이성적인 능력을 낳으셨다. 이 존재는 성령에 의해 때로는 주의 영광으로 불리며 때로는 아들, 지혜, 천사, 하나님, 주님과 말씀으로 불린다.…우리가 보듯이 불의 경우 또 다른 불을 생기게 했던 원래의 불이 약해지지 않으면서 또 다른 불이 생기며, 그렇게 생겨난 불을 약하게 하지 않으면서 스스로 존재하는 것처럼 똑같이 유지된다(*Trypho*, 61).

유스티누스는 이후에 트리포에게 다음과 같이 설명했다. "그리스도는 주님이시고 하나님의 아들이신 하나님이시다. 그분은 옛날에는 그의 능력으로 인간으로 및 천사로 나타나셨고 떨불에 나타나셨을 때처럼 불의 영광으로도 나타나셨으며, 소돔에 내려진 것 같은 심판에서처럼 심판에서도 나타나셨다"(*Trypho*, 128). 그는 하나님과 말씀이 동일하다는 어떤 주장도 받아들이려고 하지 않았다.

그러나 [그들은] 태양은 하늘에 있지만 땅에 비치는 햇빛이 태양으로부터 단절되거나 분리될 수 없듯이 이 능력은 결코 아버지로부터 단절되거나 분리될 수 없다[고 주장한다]. 그리고 태양이 지면 그것과 함께 빛도 사라진다. 그들은 따라서 아버지가 원하시면 그의 능력이 나오게 하시고, 또 원하시면 그 능력을 거둬들이신다고 주장한다. 그들은 그가 이러한 방식으로 천사들도 만드셨다고 가르친다*(*Trypho*, 128).

항상 천사들의 몇몇 계급이 존재해 왔는데, 이 시기의 천사론을 이해할

---

*   이 말은 시 33:6을 설명하는 바빌로니아 탈무드에 수록된 구절을 가리킨다. "그에게 봉사하는 천사들이 날마다 불의 시내로부터 창조되며 그들은 노래를 발하고…를 그친다. 거룩하신 이—그에게 복이 있을지어다—가 말씀을 발설하실 때마다 천사 하나가 창조된다. '여호와의 말씀으로 하늘이 지음이 되었으며 그 만상을 그의 입 기운으로 이루었도다'라고 기록되었듯이 말이다"(b. Hagigah 14a).

수 있다면 우리가 특히 히브리서의 첫 장이나 유스티누스와 트리포 사이의 이 논쟁 같은 기독교 사상의 기원을 좀 더 잘 이해하게 될 것이다.

필론은 기원후 1세기에 하늘에 두 권능—지존자(아버지)와 말씀(아들, 이스라엘의 천사)—이 있다고 믿은 유대인들이 있었음을 보여준다. 이는 **메노라**에 일곱 등불이 있었던 것 같이 이스라엘의 천사가 여러 형태로 현현한 가장 오래된 성전 전통이 살아남은 것이다. 필론은 말씀이 권능들의 수장이었으며, 구약성경에 등장하는 하나님의 두 이름인 야웨와 엘로힘은 이런 두 권능과 이런 두 측면을 나타냈다고 말했다. 트리포는 지존하신 하나님과 야웨를 동일시한 유대교라는, 유대교의 또다른 형태를 대표했다. 그는 지존하신 하나님의 아들들이 개별 국가들의 수호신들이었다는 개념을 더 이상 받아들이려고 하지 않았다. 트리포와 그가 대표했던 사람들에게 있어 가능한 유일한 예시는 태양과 햇빛의 예였다. 그러나 유스티누스와 그리스도인들은 좀 더 오래된 믿음의 후계자였으며, 그들은 예수가 야웨의 현현, 곧 지존자의 아들이라고 주장했다. 그들에게 있어 가능한 유일한 예시는 [원천인] 불에서 취해져 독립적으로 존재하는 횃불의 예였다.

보좌 위의 인간의 형상을 한 존재는 "메시아"가 무엇을 의미했는지에 대한 우리의 이해에 매우 중요하다. 그리고 이 보좌 전통에 대한 적대감이 최초의 그리스도인들과 그들이 궁극적으로 분리해 나온 유대교 사이의 적대감을 설명한다. 당시의 문화가 자신의 왕들을 하나님의 형상이라고 묘사한 왕정 시기부터 기름 부음을 받은 이스라엘의 왕들 역시 야웨의 가시적인 현현, 곧 이스라엘의 수호천사로서 성전의 신적 보좌에 앉았다. 모든 천사가 인간의 형태를 지닌 것은 아니었다. 예를 들어 사해 두루마리 가운데 하나인 「아므람의 유언」(4Q Amram)에서 악한 천사는 뱀 모양을 한 생물이었다. "그의 용모와 그의 얼굴은 독사의 모습 같았다." 영지주의자들의 악한 통치자는 사자의 모습이었다. 몇몇 텍스트에서 그는 사자와 인간의 합성으로 묘사되었다. "물에서 먼저 한 통치자가 나왔는데 그는 사자 모양이었으며 남녀 양성이었다"(CG. II.5.100). 그리고 다른 텍스트에서는 "뱀-사자, 즉 사자의 얼굴을 한 뱀의 형태"로 묘사되었다. "그리고 그것의 눈들은 번쩍이는 번갯불 같았다"(CG. II.1.10). 그러므로 인간의 형태는 중요하다. 왕정이 소멸했음에도 왕이 나타냈던 천사는 사라지지 않고 대천사, 대제사장이자 전사, 지존자의 오른쪽에 있도록 임명된 하늘의 재판관으로서 성경이 아닌 텍스트들에 살아남았다.

유배기의 대예언서인 제2이사야서는 한 하나님만 계시며 다른 모든 신은 아무것도 아니라고 선언했다. 이후의 텍스트들에서 지존자와 이스라엘의 수호천사가 융합하여 나타났으며, 두 이름을 지닌 한 하나님으로 해석되었다. 몇몇 진영에서는 대천사가 자신의 본래 이름을 상실하기는 했지만 잊히지는 않았다. 그에게 이름을 부여하지 않은 사람도 있었고 그를 미가엘로 부른 사람들도 있었으며, 그가 야웨, 곧 주님이시라고 기억하는 사람도 있었다. 이 사람들이 자기들이 아버지라고 부른 지존자와 아들이라고 부른 주 사이의 구분을 유지했다. 그들은 지존자의 아들이자(눅 1:32) 인간의 형상을 취한 주님으로 인식된 존재의 탄생을 기록했다. 그들은 그의 전 생애와 죽음을 고대의 메시아적 천사의 관점에서 해석했다. 그들은 처음부터 이러한 성전 이미지를 일관성 있게 사용하여 예수의 생애와 죽음과 승천을 묘사하고 해석했다. 대천사를 억압하려고 노력했던 사람들은 그리스도인들이 하나의 위협이라고 생각했고 메르카바 신비주의자들이 큰 골칫거리라고 생각했다. 그들은 하늘에 두 권능이 존재할 수 없다고 말했다. 그러나 성전 종교에 반영된 그들의 가장 오래된 전통들은 그 입장과 다르게 말한다.

"그 형상을 찬찬히 보는 사람들은 원래의 모형에 대해서도 알게 된다." 니사의 그레고리오스

5장

"하지만 이스라엘에는 신화가 없었다"

오랫동안 이스라엘에는 신화가 없었다는 것이 학계의 정설이었다. 우리는 유일신교 문화에서는 신화가 존재할 수 없다고 들었다. 신화는 신적인 존재들과 반신(半神)적인 존재들의 이야기였는데 이스라엘은 한 신만 알았다. 신화는 율법이 없는 좀 더 열등한 종족들을 위한 것이었다. 그것은 사제의 기술과 비밀스러운 의식들의 풍미를 풍겼고 선민이라면 신속히 벗어나야 할 대상이었다. 아무튼 이스라엘은 달랐다. 하지만 언제나 그런 견해에 반대하는 목소리들이 있었고 학자들은 시편과 예언서들 배후를 읽어내 고대 종교를 재구성하려고 노력해왔다. 그들의 연구들은 흥미 있게 그러나 다소 의구심을 가진 가운데 읽혔다. 그들의 저작들이 무시되지는 않았지만 그것들은 구약성경을 읽는 방식에 내면화되지 않았다. 신화가 구약성경 연구에서 가능한 하나의 결론일 수는 있지만, 그것은 여전히 핵심적인 가정과는 거리가 멀다. 이는 그것이 너무 부정확한 연구이기 때문이거나 이런 신화 연구의 함의들이 다소 고통스럽기 때문이다. 나는 그리스도인인 학자들에 대해서만 말할 수 있을 뿐이지만, 구약성경을 있는 그대로 읽기를 꺼려하는 것을 잘 알고 있다. 언어와 고고학, 그리고 아마도 사회학과 이야기 같은 불가결한 예비 연구는 많이 이뤄졌지만, 신학 분야의 연구는 매우 적다. 적지 않은 부분이 에큐메니칼 세대의 압력에 기인한다. 우리는 의견 불일치에 이를 수도 있는 사항에 대한 논의를 피함으로써 다른 구약성경 사용자들과의 갈등을 회피한다. 또는 학계에서와는 달리 교회에서는 구약성경이 단순히 시대에 뒤떨어진 것으로 여겨지고, 신약성경이 그것을 즉각적으로 모든 사람에게 이용 가능해지도록 만들려는 의도에서 그것의 뿌리로부터 단절된다.

신약성경은 구약성경과 별도로 이해될 수 없다. 그렇다고 해서 내가 고대 이스라엘의 광야 방랑이나 지파의 구조를 자세히 연구해야 한다고 주장하는 것은 아니다. 이런 것들은 학문적이다. 성전을 중심으로 하는 구약성경의 신화가 신약성경에 생명을 불어넣고 초기 기독교의 예전들을 형성했다. 어느 단계에서 성전 신화는 그것의 핵심을 잃고 붕괴하기 시작했다. 이는 바빌로니아인들과 신명기 사가들에 의한 최초의 파괴와 더불어 일어났을 수도 있지만, 후대 저자들이 성전 이미지를 빈번하게 사용했다는 사실은 그 신화가 몇몇 진영에서는 제2성전기까지 얘기되고 있었음을 암시한다. 성전의 돌 하나도 다른 돌 위에 올려져 있지 않게 된 날들이 왔는데, 이렇게 고립된 돌들조차도 고대의 양상의 조각들로 꾸며져 있다. 그 양상들의 재구성은 시작에 불과하다. 전체를 재구성하여 그 양상들이 서로에 대해서 및 건물 전체에 대해 어떻게 관련되는지를 보는 것은 좀 더 큰 과제일 것이다. 달리 말하자면 신화의 이런 조각들이 이스라엘의 초기의 종교에 어떻게 들어맞는가? 그리고 그 초기는 얼마나 이른 시기였는가? 그리고 그것들이 기독교의 기원들에 대해 얼마나 많은 빛을 비춰줄 것인가?

부분적으로는 우리의 구미에 맞는 형태의 순수한 원본을 발견하려는 가당치 않은 희망으로 말미암아 재구성이 어려워진다. 문서비평의 모든 노력에도 불구하고 오염되지 않은 이스라엘 종교의 원천을 찾으려는 갈망이 남아 있다. 학자들은 아직도 텍스트에 대한 추가와 삭제 등을 말하면서 좀 더 오래된 순수한 원본으로 거슬러 올라가려고 한다. 그러나 그와 반대로 합리적인 사람들은 그러한 삭제와 추가가 궁극적으로 우리가 시내산에서 전달된 내용이기를 바라는, 인식할 수 있고 합리적인 체계를 만들어낸 일련의 변화들에 대한 증거임을 안다. 따라서 우리는 신기한 긴장을 지니고 산다. 이스라엘은 참으로 자기 민족의 초기의 신화에서 벗어났지만, 모종의 방식으로 훨씬 더 초기의 진리로 복귀했다. 이 진리는 유일신론, 모세의 율법 및 하나님이 그것을 통해 자기 백성에게 말씀하신 수단으로서 신명기 사가들의 역사관이었다. 그들의 견해에서 신화는 이교도의 문화가 침입한 것으로서 원시의 순수성으로부터의 일탈이었다. 동일한 그 신화가 기독교의 텍스트들에 나타났을 때도 그것이 배후에 있는 자신의 이교도 신앙에서 참으로 떠나지 않은 그리스인 개종자들에 의해 기독교 안으로 들어왔다고 가정하라는 압력이 거셌다. 따라서 유대교와 기독교의 기원 모두를 이해하는 데 매우 중요한 텍스트들에서 불가결한 이미지가 이교 신앙으로 설명되게 되었다.

이스라엘의 신화들은 로버트 그레이브스(Robert Graves)의 그리스 신화 모음집처럼 이야기들의 기록된 일람표로 존재하지 않았을 것이다. 오히려 그것들은 세계관, 즉 정상 상태의 표현이나 명백한 것에 대한 진술이었다. 사람들은 그것들이 삶에 영향을 준다는 것을 알고서 그것들과 관련을 맺고 살았다. 중력에 대한 우리의 지식이 정신이 온전한 사람이라면 시도할 일에 제한을 가하듯이 말이다. 세상의 다른 모든 지식과 마찬가지로 이런 신화들은 성장하고 발전했다. 이스라엘의 역사를 영화에 비유하자면 그 영화에는 우리가 재생을 중단하고 "이 대목이 그 신화들의 가장 완전하고 가장 명확한 지점이다. 그것들은 이 지점 전에는 불완전했고 이 지점 후에는 쇠퇴했다"라고 말할 만한 지점이 없다. 신화의 회복과 이해는 결코 정확한 작업이 될 수 없다. 정확성과 확고한 증거를 갈망하는 사람들에게는 그것이 매우 부정확해서 배제하는 것이 낫다고 여겨질 것이다. 그러나 신학, 즉 신화를 대체한 단어의 문제에는 결코 정확성과 확고한 증거가 있을 수 없다.

신화들을 역사로 만든 사람들에 의해 신화론에 치명타가 가해졌다. 그 결과 우리는 오늘날까지도 아담과 하와에 대해 어려움을 느끼고 있다! 신화를 단번에 역사 안으로 편입함으로써 신화의 힘이 깨졌다. 에덴은 역사 과정의 일부가 되었고 최후의 심판은 먼 미래에 일어날 일이 되었다. 그 두 사건 사이에 역사, 즉 실제 역사가 일어났다는 것이다. 그런 견해와 대조적으로 우리는 남아 있는 그런 신화로부터 에덴과 최후의 심판이 하나였고 동일했음을 깨닫는다. 처음과 마지막이 동시에 존재했다. 이와 같은 사실들에 거함으로써만 우리의 인식에 큰 문제가 있음이 명백해진다. 이스라엘의 많은 사람에게 있어 "역사"는 그 신화의 두 부분 사이에 일어난 것이 아니라 그것들과 병행했다. 그 신화들은 항상 타당한 자연법칙을 표현했다. 즉 에덴과 심판은 일상의 사건들 너머에 있었고 그 사건들에 형태를 부여했다. 신적 현존이 물질세계의 휘장을 넘어와 가시적인 형태를 띠었다.

하나님이 인간의 형태로 현현하셨다는 사실에 대한 믿음이 그 신화들에 핵심적이었다. 인간의 형상을 한 인물이 신적 보좌에 앉았고 심판을 가져왔다. 그 인물의 현존은 또한 새로워진 삶과 비옥함을 가져왔다. 인간의 형상을 한 그 인물은 아마도 한때는 대제사장이기도 했던 왕이었을 것이다. 그는 가장 거룩한 곳에 들어갈 수 있었다. 후대에 대제사장은 보좌가 있는 곳, 곧 그곳으로부터 모든 것을 볼 수 있고 모든 것을 알 수 있는, 시간과 공간 너머의 지점으로 생명-피를 가져갔다. 혹자는 위로 올라가 그 보좌에 앉은 이전의 왕들에 의해 무슨 일이 행해졌는지 궁금해한다. 히브리서의 배후에 대제사장이 자신의 생명-피를 위한 대체물을 가져갔다는 믿음이 놓여 있는 것으로 보인다. 이 의식의 배후에 어떤 실제가 놓여 있었는가? 신적 현현인 인간이 왜 자신의 생명-피를 성소 안으로 가져갈 필요가 있었는가? 하늘과 땅의 이 합류가 무엇을 성취했는가? 우리가 이런 질문들에 대답할 수는 없지만, 그것들은 고대 성전의 신화와 상징이 기독교의 기원의 많은 부분을 이해하기 위한 열쇠이기 때문에 매우 중요하다. 이 이미지를 모호하게 만드는 현대의 신약성경 번역본은 비생산적이다. 우리는 이 상징이 아무것도 말하지 않는 정도로까지 그것을 현대화할 것이 아니라 그것에 대한 이해를 회복해야 한다. 이런 상징들의 의미가 상실되면 기독교의 의미 역시 상실될 것이기 때문이다.

야곱이 잠이 깨어 이르되 "여호와께서 과연 여기 계시거늘 내가 알지 못하였도다." 이에 두려워하여 이르되 "두렵도다, 이곳이여. 이것은 다름 아닌 하나님의 집이요 이는 하늘의 문이로다"(창 28:16-17).

참고 문헌

유교 텍스트

미쉬나(*The Mishnah*)는 기원후 3세기 초에 랍비 유다 하-나시 1세에 의해 수집된 모음집으로서 이전의 서기관들과 바리새인들의 전통을 대표한다. 그것은 탈무드의 토대가 되었다. H. 댄비의 영어 번역본(Oxford 1933)이 있다.

토세프타(*The Tosefta*)는 미쉬나에 대한 "첨가들"이다. J. 뉴스너(J. Neusner)의 영어 번역본이 있다(New York 1979-81).

바빌로니아 탈무드는 3세기에서 4세기에 바빌로니아의 랍비들에 의해 만들어졌으며, 미쉬나에 대한 그들의 해석을 기록한다. Soncino translation, ed. I. Epstein, 35 vols. (London 1948-62). (일반적으로 팔레스타인 탈무드라고 불리는 좀 더 짧은 판본도 있다.)

타르굼 위 요나단(*Targum Pseudo-Jonathan*)은 팔레스타인 전통에서 오경의 아람어 번역본 가운데 하나다. Tr. in J. W. Etheridge, *The Targums on the Pentateuch* (London 1962-65).

타르굼 네오피티(*Targum Neofiti*)는 팔레스타인 전통에서 오경의 또 다른 아람어 번역본이다. *Targum Neofiti*, ed. A. Diez Macho(Madrid 1970-78)에 영어 번역본이 있다.

미드라쉬 라바(*The Midrash Rabbah*)는 학계의 숙고에서 나온 것이 아니라 회당에서 전해진 설교에서 유래한 경전 주석 모음 텍스트들이다. 즉 그것들은 경전을 그 당시의 문제들에 적실성이 있게 만드는 설교 전통을 나타낸다. **창세기 라바**(*Genesis Rabbah*)는 아마도 6세기부터 그리고 그 후에 쓰였을 테지만 그것은 좀 더 오래된 전통적인 많은 자료를 통합한다. *Midrash Rabbah*, ed. H. Freedman and M. Simon(Soncino translation, London 1939에 영어 번역본이 있다).

The Dead Sea Scrolls in English, tr. G. Vermes (3rd edn, London 1987).

요세푸스는 기원후 37년경부터 기원후 100년 이후까지 살았던 장군이자 역사가였다. *Works*, tr. R. Marcus and others, 9 vols. (Loeb Classics, London, 1961-65).

필론은 기원전 20년경부터 기원후 40년 이후까지 알렉산드리아에서 살았던 유대인 철학자였다. *Works*, ed. and tr. F. H. Colson and others, 12 vols. (Loeb Classics, London, 1929-53).

「에녹1서」와 「에녹2서」, 「모세의 승천」, 「열두 족장의 유언」, 「아브라함의 묵시」, 「희년서」, 「아리스테아스의 편지」, 「아담과 하와의 생애」, 「모세의 묵시」는 모두 R. H. Charles, ed., *The Apocrypha and Pseudepigrapha of the Old Testament*, vol. 2 *Pseudepigrapha*(Oxford 1913)에서 찾아볼 수 있다. 이 모든 텍스트와 「에녹3서」를 포함한 좀 더 많은 텍스트를 J. H. Charlesworth, ed., *The Old Testament Pseudepigrapha*, vols. 1 and 2(New York and London 1983, 1985)에서도 찾아볼 수 있다. 아쉽게도 후자의 영어가 좋지 않은 곳들이 있으며 검토자들은 번역상의 몇몇 부정확성에 관해 경고한다. 하지만 전문가가 아닌 사람들에게는 그 책이 다른 모음집들보다 훨씬 많은 자료를 제공한다.

영어로 된 몇몇 메르카바 찬송들을 *The Penguin Book of Hebrew Verse*, ed. T. Carmi(Penguin 1981)에서 찾아볼 수 있다.

Justin Martyr, *The Dialogue with Trypho*, tr. and notes by A. L. Williams. London 1930.

The Epistle of Barnabas, in *Early Christian Writings. The Apostolic Fathers*, tr. M. Staniforth. Penguin 1968.

The *Shepherd* of Hermas, and the *Stromata* of Clement of Alexandria in The Ante-Nicene Fathers, vol. II, *The Fathers of the Second Century*, ed. A. Roberts and J. Donaldson. Reprinted Michigan 1979.

Hippolytus, *On Daniel*, in The Anti-Nicene Christian Library, ed. A. Roberts and J. Donaldson (hereafter ANCL) vol. vi, *The Writings of Hippolytus*. Edinburgh 1868.

The Excerpta ex Theodoto of Clement of Alexandria, Studies and Documents I, tr. R. P. Casey. London 1934에 수록된 테오도투스 단편.

Irenaeus, *The Proof of the Apostolic Preaching*, tr. J. Armitage Robinson (London 1920); Against Heresies in ANCL vols. v and ix, *The Writings of Irenaeus* (Edinburgh 1868).

Origen, *Homilies on Genesis and Exodus*, tr. R. S. Heine (Washington 1982); *De Principiis* in ANCL vol. x, *The Writings of Origen* (Edinburgh 1869).

Eusebius, *The History of the Church*, tr. G. A. Williamson. Penguin 1965.

The Odes of Solomon, in *The Odes and Psalms of Solomon*, tr. J. Rendel Harris. Cambridge 1909.

Melito of Sardis, *On Pascha*, text and tr., ed. S. G. Hall. Oxford 1979.

The Liturgy of James, in ANCL vol. xxiv, *Early Liturgies and Other Documents*. Edinburgh 1883.

The Book of James, in *The Apocryphal New Testament*, tr. M. R. James. Oxford (1924) 1980.

St Ephrem, *Hymns on Paradise*, tr. S. P. Brock. New York 1990.

The Gospel of Thomas, The Hypostasis of the Archons. 대개 "세상의 창조에 관하여"와 "요한의 외경"으로 알려진, 제목이 없는 그 작품은 *The Nag Hammadi Library*, ed. J. M. Robinson. Leiden 1977에서 찾아볼 수 있다. 이 영지주의 텍스트들은 그것들의 이름과 콥트어 영지주의(Coptic Gnostic, 약어는 CG) 총서에서의 그것들의 숫자로 표시된다.

Pausanias, *Description of Greece*, tr. W. H. S. Jones, 5 vols. Loeb Classics, London 1954-71.

더 읽을 자료

Barker, M., *The Older Testament*. London 1987.

Cassirer, E., *The Philosophy of Symbolic Forms*, 3 vols., tr. R. Mannheim, vol. 2, *Mythical Thought*. New Haven 1953-57.

Childs, B. S., *Myth and Reality in the Old Testament*. London 1960.

Clements, R. E., *God and Temple*. Oxford 1965.

Clifford, R. J., *The Cosmic Mountain in Canaan and the Old Testament*. Cambridge, Mass., 1972.

Cook, R., *The Tree of Life. Image for the Cosmos*. London and New York 1974.

Cross, F. M., *Canaanite Myth and Hebrew Epic*. Cambridge, Mass., and London 1973.

Daniélou, J ., *A History of Early Christian Doctrine before the Council of Nicaea, I:*

The Theology of Jewish Christianity. 1958, ET London 1964.

Eaton, J. H., *Kingship and the Psalms*. London 1976.

_____. *Festal Drama in Deutero-Isaiah*. London 1979.

Edersheim, A., *The Temple*. London 1874, reprinted Eerdmans 1987.

Emerton, J., "The Origin of the Son of Man Imagery", in *Journal of Theological Studies*, New Series, vol. ix, Pt. 2, 1958.

Engnell, I., *Studies in Divine Kingship in the Ancient Near East*. Oxford 1967.

Ginzberg, L., *Legends of the Jews*, 7 vols. Philadelphia 1909–38.

Goodenough, E. R., *Jewish Symbols in the Greco-Roman Period*, 11 vols. New York 1953–65.

Gray, J. G., *The Legacy of Canaan*. Supplements to Vetus Testamentum 5. Leiden 1957.

_____. *Near Eastern Mythology*. London 1969.

Haran, M., *Temples and Temple Service in Ancient Israel*. Oxford 1978.

Johnson, A. R., *Sacral Kingship in Ancient Israel*. Cardiff 1967.

Keel, O. *The Symbolism of the Biblical World*. London 1978.

Meeks, W. A., "Moses as God and King", in J. Neusner, ed., *Religions in Antiquity*. Leiden 1970.

Mettinger, T. N.D., *The Dethronement of Sabaoth*. Lund 1982.

Meyers, C., *The Tabernacle Menorah*. Missoula, Mon., 1976.

Morgenstern, J., "The Mythological Background of Psalm 82," in *Hebrew Union College Annual* 14, 1939.

_____. "The Cultic Setting of the Enthronement Psalms," in *Hebrew Union College Annual* 35, 1964.

Murray, R., *Symbols of Church and Kingdom*. Cambridge 1975.

Patai, R., *Man and Temple in Jewish Myth and Ritual*. London 1947.

Rapoport, S., *Myths and Legends of Ancient Israel*. London 1928.

Rosenau, H., *Vision of the Temple*. London 1979.

Rowland, C., *The Open Heaven*. London 1982.

Safrai, S., and Stern, M., *The Jewish People in the First Century*, II. Amsterdam 1974-76.

Scholem, G., *Jewish Gnosticism, Merkabah Mysticism and the Talmudic Tradition*. New York 1960.

_____. *Major Trends in Jewish Mysticism*. New York 1965.

Schürer, E., *The History of the Jewish People*, II. Edinburgh 1979.

Segal, A. F., *Two Powers in Heaven*. Leiden 1978.

Selwyn, E. C., "The Feast of Tabernacles, Epiphany and Baptism," in *Journal of Theological Studies* xiii, 1912.

Suter, D. W., "Fallen Angel, Fallen Priest," in *The Hebrew Union College Annual* 50, 1979.

De Vaux, R., *Ancient Israel*. ET London 1965.

Widengren, G., *The King and the Tree of Life in Ancient Near Eastern Religion*. Uppsala 1951.

Wilkinson, J., *Egeria's Travels: newly translated with supporting documents*. London 1971.

Yarden, L., *The Tree of Light*. London 1971.

1차 자료 색인

구약성경

창세기
1:2 143
1:27 192
2-3장 100
2:7 143
2:10 140
2:10-14 143
3:19-20 165
3:22 115, 123, 202
9:16 131
12:6-7 37
14장 259
14:18-20 34
14:18 259
18:1-2 250
22장 62
26:31-33 51
26:3 171
26:24-25 38
28:16-17 288
28:18 38

출애굽기
12:1-10 69
12:12 263
12:13 71
15:3 270
15:17 110
16:33 223
19:6 122
20:24 64
20:25 58
23:14-17 69
23:18 64
23:21 269, 271
24:1 269
24:10 244, 270
24:11 106
25-31장 28, 220

25:8 203, 220
25:10 147, 154, 223
25:17-21 222
25:17 147
25:20 223
25:22 220
25:23 147
25:31-37 55
25:31-40 147
25:32 151
25:33-34 150
25:40 36
26:1 51
26:6 51
26:7 50
226:33 169
27:20 55
28장 180
28:36 187
30:34-38 54
33:7-11 219
33:11 219
33:18 232
33:20 220
33:21 220
33:23 232
34:29-35 27
35:10-39 220
36-40장 28
36:35 171
37:1 147
37:6 147
37:10 147
37:17-24 53, 147
37:25 147
38:8 53
40:34-38 220

레위기
1-7장 61
1:3-17 61

1:4 61
2장 61
2:1 54
3장 61
3:1-17 63
3:16-17 63
4:1-5 61
4:17 65
5:14-6:7 61
6:15 54
7:8 61
7:12-15 63
7:14 63
7:16-17 63
16장 131, 224
16:4 182
16:8 72
16:14 72
16:16-19 73
16:17-18 73
16:22 73
17:14 62
19:19 51
23:11 71
23:40 136
24:5-9 55
3:1 64
3:3-4 70
12:1-5 114
16장 131
16:14 214
16:21-22 75

민수기
5:3 220
6:24-26 239
7:89 224
10:35-36 223
11:16-30 219
15:27-31 64
17:8 150, 223

24:17 149
25:12 127
25:12-13 131, 132
28:2-8 66
28:9-10 68

신명기
4:12 218
6:4 55
8장 24
10:1-5 225
11:13-14 135
12장 218
12:5 22
12:11 55
14:1-2 122
22:9 51
22:11 51
26:15 218
32:1-43 77
32:43 77, 258-59

여호수아
18:1 33
22:29 33
19:51 33

사사기
6:26-28 62
13:15-20 62
18:14 34

사무엘상
1:21 33
2:12-17 63
3:3 33
3:21 33
4:3-4 223
4:17-22 33
7:9 62
8:1-7 36
8:10-22 35
10:5 81
10:6 81
10:17 33
11:15 33
13:14 35
15:28 36
15:33 33
21:6 33

21:9 34

사무엘하
6장 35
6:5 80
6:6-7 103
6:17-18 62
6:17-19 64
7장 28
7:2 35
7:5 218
21:17 149
22장 174, 227
22:7 227
22:10-11 227
22:12 174
22:29 146
23장 121
23:1-2 121
24:16 38

열왕기상
5-8장 20
5:10-11 43
5:15 43
5:17 43
6-8장 171
6:2 45
6:5 45
6:7 43
6:15 51
6:20 45, 51
6:23-28 52
6:29 51, 113
6:36 45
7:12 45
7:15-22 55
7:23-26 56
7:38 56
7:46 43
7:48-49 53
8:6 52
8:9 225
8:10 220
8:12-13 217
8:27 217
8:35-36 135
8:62-64 64
8:64 56
9:10-11 44

9:25 62
9:27 43
11:26 44
11:26-12:20 44
11:36 149
12:28-29 33
12:28 34
18:23 62
22:13-23 243

열왕기하
3:15-16 81
3:27 62
8:19 149
12:16 65
16:10-16 57
16:15 68
18:4 21, 113
18:7 21
19:35 22
21:1-9 22
21:5 46
21:7 229
22:8-13 22
23장 22
23:11 240
23:22 22, 69
23:29 23
24:3-4 21, 24
24:3 216
25:8-17 20

역대상
6:31-47 80
6:31 80
9:33 80
16:4-6 80
21:15 38
22:1 38
25:1 80
25:5 81
28:2 36
28:18 52, 244
28:19 36
29:2-9 43
29:23 122, 216

역대하
2:13 43
2:15 43

2:16　43
2:17-18　44
3-4장　20
3:5-7　51
3:9　119
3:13　223
3:14　53, 171
4:1-6　56
4:1　57
4:6　56
4:7　53
5:11-13　80
7:6　80
8:7-10　44
20:5　46
26:16-21　160, 202
29:27-30　79
29:30　81

에스라
1:7-11　24
2:36-54　24
3:1-6　73
3:2-6　24
3:8-13　20
4:1-5　24
6:1-12　24
6:4　45
6:16-18　20, 24
7:11-20　24
9:5　68

느헤미야
10:32-39　24
12:1-26　30

욥기
22:13-14　229
36:29　117
41장　110

시편
2편　120-21, 249
2:6-7　120
2:7　216
11:4　215
15:1　252
18편　117, 174, 227
18:6　234
18:9-10　228

18:11　117
20:2　234
20:3　78
24편　82, 109
24:3　109
24:4　140
24:7-8　235
26:6　78
26:8　220
27:4-5　234
27:5　117
29:10　40, 109
31:16　238
31:20　117
33:6　278
33:7　110
36:7-9　140
46:4　140
46:4　220
46:5　234
47:5　235
48편　82
48:2　107
50:2　238
61:2-4　206
66:13　79
67:1　238
68편　135
68:6　135
68:24-27　136
68:24-25　236
68:35　235
72:1　216
72:2-3　126
73:17　118, 247
74:7　220
74:13　110
76:2　117
78:60-61　33
80:1　238
81편　82
81:2-3　79
82편　82
82:1　104
82:6-7　118
82:6　258
89:9-11　41
89:9　110
89:19　120
89:25-27　42

92편　82
92:13　113
93편　82, 109
94편　82
94:2　236
96:13　236
97:8　236
98:9　237
99:4　237
99:5　225
104:1-4　228
104:2　174
104:4　272
107:22　79
113-118편　82
116:17　79
118:25　136-37
118:26　137
118:27　136
122:1-2　9
132편　225
132:6-8　226
132:7　220
150편　79

잠언
3:18　152
8:22-31　143

이사야
1:11　64
2:2-4　113
4:2　150
5:1-7　207
6장　81, 218
6:1　121
6:1-8　242
6:2　233
6:2-3　277
6:3　254
7:14　149-50
9:2　238
10:13-19　21
11장　112, 255, 263
11:1　150
11:1-9　129
11:2　153
14장　128
14:12-15　123
14:12　149

14:13-14 106
14:14-27 21
19:1 229
19:21 64
22:8 117
24-27장 130
24:4-6 130
24:5 127
24:21-23 131
26:21 260
33:14 140, 252
33:16-17 252
33:17 140
33:21 141
37:16 52, 224
37:35 21
40:1-2 103
40:22 174
41:9 121
42:3 151
42:4 151
43:27-28 118
51:3 112
51:9 110
52:7 104
53:10 65
54:10 127
57:7 177
57:7-8 31
60:1-2 239
63장 263
63:1-6 237
65:17-25 112
65:25 112
66:1 28
66:6 103, 246

예레미야
1:1 81
1:11-12 150
3:16-17 226
5:22 110
8:19 216
17:12 216
23:5 150
25:38 117
31:35-36 128
33:15 150
36:10 46
36:32 88

예레미야애가
4:11-13 90

에스겔
1:1 243
1:3 81, 244
1:3 120
1:4 229, 244
1:5 229
1:5-6 244
1:10 233
1:11 233
1:13-14 272
1:22 244
1:26 244
1:26-27 272
1:27 244
1:28 244-45
3:27 221
8:2 244, 272
8:9 164
8:16 244
9:1 245
9:2 182, 244
9:3 244, 245
9:4 187, 263
10:1 244
10:2 263
10:18 245
10:19 244
10:20 245
16:59 131
28장 100, 128
28:13-14 107
28:13 116
28:14 252
28:18 118
40:1 141, 239
40:2 113
40:17 46
40:31 113
40:38-43 47
40:39 65
40:47 46
41:17 113
41:18 52
42:13 65
42:13-14 46
42:15-20 46
43:1-5 246

43:2 239
43:4 141
43:13-17 57
44:29 65
45:18-20 73
46:1-3 46
46:21-24 46
47:1-12 113
47:1 141, 144
47:8 141
47:12 141

다니엘
1:4 248
2:25 248
7:2-7 110
7:9 269-70
7:9-10 248
7:11-12 110
7:14 269
7:17 110
7:27 249
8:11 66, 118, 248
8:13 66
9:21 68
9:27 58
10:5 182, 250
11:31 58, 66
12:11 58

요엘
1:9 101
1:17 101
2:2 143
2:13 101
2:28 132
3:18 113, 141

호세아
2:18 131
4:8 65
4:15 33
9:15 33
12:11 33

아모스
3:3 33
3:7 121, 205
4:4 33, 64
5:23 80

7:13 33
8:1-3 237
9:1 188
9:1-4 243
9:11 117

미가
1:3-4 260
4:1-3 113
6:7 62

나훔
1:3 229

하박국
2:1-3 206
2:20 215
3:2 277

학개
1:1 145
1:9-11 126
2:9 126

스가랴
1:1 145
1:8-11 240
1:8 145
3:1-10 30
3:1-5 259
3:1 81, 146
3:3 184
3:7 184
3:8 150
4:2 81
4:10 55, 146
4:11-14 148
4:14 146
6:1-8 145, 240
6:12 150
14장 141
14:8-9 142
14:8 113
14:16-17 134

말라기
2:1-9 30
2:5-8 132
3:1 188, 247
14장 141

신약성경

마태복음
2:2 149
25:31-46 57
25:34 257
25:41 257
25:44 257
27:51 198

마가복음
13:2 91
15:38 170, 198

누가복음
1:8-10 68
1:11 188
1:32 280
1:78 239
4:5 207, 211
19:41-46 84
21:5-36 91
23:45 198

요한복음
1:14 222
2:19 222
3:13 210
6:38 210
7:14 142
7:37-39 142
8:23 210
10:7 197
15:5 165

사도행전
2장 132
21:27-40 48
21:28 48
21:31-34 47

로마서
3:25 214, 277
8:12-21 133
11:16 72

고린도전서
15:20 71

에베소서
1:9-10 211

빌립보서
2:6 123
2:9-10 271

골로새서
1:15 123
2:15 77, 104

히브리서
3:1 210
4:14 170
8-9장 76
8:1-2 272
8:5 37
9:4 223
9:15 132
10:19-21 198
10:19-20 170
13:8 205
12:22-24 138

베드로전서
2:5 207

요한계시록
1:12 152, 262
1:19 262
4:1-4 262
4:1 102, 179
4:3 262
4:4 183
4:5 262
4:5-8 262
4:6 111, 262
4:7 233
4:8 83, 233, 262
4:11 83, 262
5:6-10 83
5:6-7 262
5:7 262
5:9 262
6:1-8 240, 263
6:9 262
7:3 187
7:9-12 138
7:9 142, 183, 262
8:3 262

8:5 262-63
9:13 262
10:11 264
11:15 227, 262
11:17 262
11:19 227
12:7-9 276
12:7-8 139
13:1 262
14:1 187, 263
14:4 72
14:14-16 262
14:18-20 237
15:2 111, 262
15:3-4 83, 262
17:1 32, 84
17:4 177
17:6 84, 177
17:15 177
17:16 84
19:6-7 262
19:11-16 263, 276
19:13 139
21:12 49
21:16 49
22:1-2 142
22:2 165
22:16 264

신명기 사가 문헌

솔로몬의 지혜
7.27 143
9.8 37
18.24 181
18.15-16 263

집회서
24.10 143
24.15 143
24.25-27 143
24.30-31 143
24.30 143
49.8 244

마카베오상
1.20-24 26
1.21-22 173

1.54 26, 58
1.59 58
4.36-59 26
4.42-47 59
4.44-47 59
9.54-56 46

마카베오하
2.7 226
3.25 26
4.13 30
6.1-6 26
6.2 173

위경 문헌

「아리스테아스의 편지」
83 25
87-88 58
88-91 25
92 83
95 83
98 188

「에녹1서」
6-11장 100
10장 74
10.4-7 74
10.9 74
10.19 104
14.8-22 252
17.1 273
18.2 230
25.3-5 148
39.7 254
39.12 254
40.2-9 230
45.3-6 255
46.1 255
46.3 255
46.4-5 255
48.1 141, 144
48.2 254
48.10 254
49.1 144
49.3 255
49.4 254
51.3 254

55.4 254
61.8 254
62.7 256
65.25-26 256
69.26-29 256
71.1 273
71.11 274
80.2 31
80.4 31
87.2 182
87.3-4 205
89:73 29, 206
90.21-22
90.28-29

「에녹2서」
8.3 144
8.3-4 148
8.3-5 163
8.5 144
22.8 183
22.10 183
24.1 276

「이사야의 승천」
7.25 274
8.14-15 183
9.2 183
9.8-9 183
9.13 210
9.36 276

「모세의 묵시록」
22.3-4 116
29:5-6 115

「모세의 승천」
2.4 207
10.1-3 260

「아브라함의 묵시」
10.8 246
10.17 246
11.2-4 246
18.3 261
18.12-13 261
21.1-5 208

「아담과 하와의 생애」
25.1-3 261

28.4 111, 262

「솔로몬의 시편」
14.2-3 155

「열두 족장의 유언」
「유다의 유언」
24.4 150

「레위의 유언」
2.7 258
3.4 258
4.2 258
5.1 258
8.2 258
8.5-10 259

「베냐민의 유언」
9.4 199

「희년서」
1.14 31
3.9 114
3.27 114
4장 100
4.23 114, 268
4.25 114
16.24 54
21.12 66
21.13 66

「바룩2서」
1.1 90
1.4 90
4.2-7 113
6.3-8.2 90
20.2 91
20.4 91
34장 208
51.8-10 209
59.4 209
59.5 209
59.8 209

「에스라4서」
7.47-48 91
13.5 177

유대 문헌

필론
Who is the Heir?
166 231-32, 271
197 54, 182
199 182
205 151, 187, 203
215 151
Special Laws
I.45 232
I.66 176, 232
I.84 184
I.84-87 181
I.96-97 181
I.151 61
Questions on Genesis
I.10 149
II.62 185
Questions on Exodus
II.13 151
II.73 178
II.85 176
II.91 178
II.95 178
On Dreams
I.215 186
I.241 151
On Flight
101 186, 232
110 186
118 151, 187
Allegorical Interpretation
III.96 192
On the Confusion of Tongues
41 187
146 246
Life of Moses
II.114 187
II.194 178
On Agriculture
51 187
Cherubim
27-28 231

요세푸스
「유대 전쟁사」
I.148 26
V.193-94 47

V.212-13
V.218 54
V.219 227
V.225 59
VI.228 86
VI.232-33 86
VI.252-53 86
VI.259 87
VI.299 85
VI.387-90 87
VI.420-25 71
VII.148-50 88
VII.158-62 88
VII.162 173

「유대 고대사」
III.124 176
III.126 176
III.180 176
III.181 108
III.183 176
III.184 180
XIV.71-72 27
XV.390-91 28
XV.394-96 28
XV.421 28
XV.425 28
Against Apion
I.198 58
Life
417-18 92

미쉬나
Pesaḥim
5.1 68
5.5-10 70
Shekalim
6.4 55
8.4 172
8.5 172
Yoma
5.1 172
5.2 75
5.6 60
Sukkah
3.15 207
5.1 60
Megillah
4.10 246

Hagigah
2.1 246
Menaḥoth
11.3 55
Tamid
1.1 47
2.3 66
3.1 67
7.3 82
Middoth
2.5 67
5.5-6 82
3.1 59
Kinnim
1.1 60
Kelim
1.6-9 50

바빌로니아 탈무드
Berakoth
18b 210
Yoma
52b 171
53b 226
54a 40, 226
77a 209
Sukkah
51b 108
53b 40
Hagigah
12b 210
14a 270
15a 268
Baba Bathra
60b 93
Sanhedrin
38b 269
89b 209
Menaḥoth
28b 88, 147

토세프타
Kippurim
2.16 173
Sukkah
3.15 60, 207
3.17 138
Targum Neofiti
Gen. 3.24 231
Exod. 33.23 232

Targum PseudoJonathan
Lev. 16.21-22 75
Genesis Rabbah
XV.6 144
XXI.8 115
Exodus Rabbah
XXXVI.16 146
Numbers Rabbah
XV.9 146
XV.10 227

「에녹3서」
10장 267
12-14장 267
16장 268
15.1 275
16장 268
45.1 294
45.6 205

쿰란 텍스트
Commentary on
  Habbakkuk
lQpHab VIII 30
The Community Rule
lQS VIII 155
1QS XI 155
The Hymns
1QH III 158
1QH IV 158
The Blessings
1QSb IV 188
The Copper Scroll
3Q15 92
*Songs of the Sabbath
  Sacrifice*
4Q 400 403
4Q 403 403
4Q 405 241, 265, 273
The Testament of Amram
4QAmram 280
Melchizedek
11Q Melch 104
The Damascus Rule
CD III 31

영지주의 문헌

The Apocryphon of John
CG. II.l.l0 274
CG. II.l.12 274
The Gospel of Thomas
18장 166
113장 166
CG. II.2.18,
The Nature of the Archons
CG.II.4 191
CG.II.4.93 191
CG.II.4.94 191
CG.II.4.95 192
CG.II.4.96 192
On the Origin of the World
CG. II.5.98 193
CG. II.5.99 194
CG. II.5.100 194
CG. II.5.101 164
CG. II.5.105 194
A Valentinian Exposition
CG. XI.2.25-26 195

기독교 문헌

Epistle of Barnabas
7장 78
*The Shepherd of Hermas
  Parable*
3.ii.4 207
8.ii.1 138, 276
8.ii.3 138
8.iii.3 138, 276
9.iii.1 207
9.vii.1 276
9.xii.1 207
9.xii.8 139, 207, 276

유스티누스
Dialogue with Trypho
42 200
61 278
113 250
127 250
128 278

멜리토
On the Pascha
98 199
New Fragment
II.101-6 199

히폴리투스
On Daniel
I.17 144, 154
IV.36 250

알렉산드리아의 클레멘스
Stromata
V6 178
Excerpts from Theodotus
22 197
26 197
27 196
35 197
38 196
42 197
64 197

이레나이우스
Aginst Heretics
III.18.1 211
V.10.1 154
The Proof of the Apostolic Preaching
9 153
12 250
31 201
44 250
71 210
The Book of James
X 203

오리게네스
Homily on Exodus
IX 203
De Principiis
1.3.4 277

에우세비오스
History of the Church
2.23 84

에프렘
Hymns on Paradise
1.6 162

1.7 163
2.11 159
3.2 160
3.3 161
3.14 160-61, 202
3.15 162
4.4 162
5.6 162
6.8 159
12.4 160
Nisibene Hymns
43 201
Hymns on the Nativity
11 202
The Odes of Solomon
11편 156
20편 156
25편 156
36편 156
38편 158

기타 문헌

The Pilgrim of Bordeaux 39

파우사니아스
Discription of Greece
V.12.2 173

포르코피오스
History of the Wars
V. xii. 41 93

하늘의 문

예루살렘 성전의 역사와 상징

Copyright ⓒ 새물결플러스 2025

1쇄 발행 2025년 2월 27일

지은이 마가레트 바커
옮긴이 노동래
펴낸이 김요한
펴낸곳 새물결플러스

편 집 왕희광 정인철 노재현 이형일 나유영 노동래
디자인 황진주 김은경
마케팅 박성민
총 무 김명화 이성순
영 상 최정호
아카데미 차상희

홈페이지 www.holywaveplus.com
이메일 hwpbooks@hwpbooks.com
출판등록 2008년 8월 21일 제2008-24호
주 소 (우) 04114 서울시 마포구 신촌로28가길 29
전 화 02) 2652-3161
팩 스 02) 2652-3191

ISBN 979-11-6129-297-7 93230

책값은 뒤표지에 있습니다.